甲午战争诗话

王新顶 著

吾国四千余年大梦之唤醒，实自甲午一役始也。

梁启超

齊魯書社

谨以此书献给

在甲午战争中浴血奋战、舍身取义的英烈们！

图一　刘公岛中国甲午战争博物院陈列馆雕像（王蓉 摄）

寶 祚 延
扶 極 五 雲
澄 碧 春 輝 麗
集 鳳 鸞

图二　《北洋海军军歌》手抄件（陈悦 提供）

图三　1894 年 9 月 17 日黄海海战场面
（日本圣德纪念画馆壁画）

图四　中日两国代表在日本马关春帆楼和谈场景
（日本明治神宫藏画）

图五　李鸿章赠给日本总医监佐藤进的匾额、诗，诗被日本刻成诗碑（王记华 提供）

波之上宫
尚泰
尚寅
尚典

图六　同治五年（1866）六月，琉球国世子尚泰率百官在迎恩亭恭迎清政府册封使团

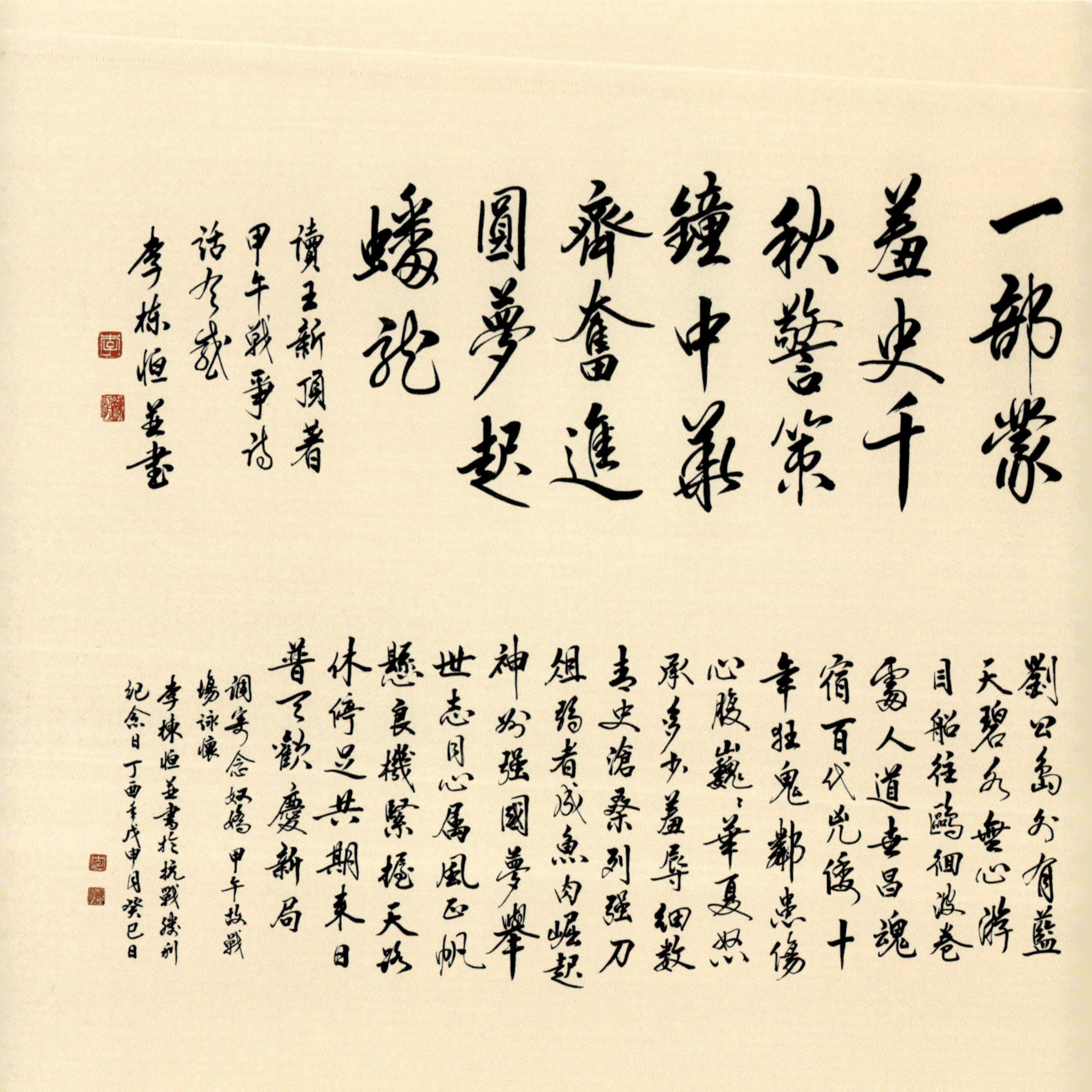

图七　李栋恒将军题诗

序　一

丁一平

《甲午战争诗话》是继《甲午战争120周年诗词选》之后的又一部以诗论史、深入研究甲午战争的作品。王新顶先生嘱我作序，深感力不从心。然为作者全身心投入和锲而不舍的精神所感动，我只能谈点品读《诗话》的初步感受和体会。

甲午战争是对中国近代历史产生重大影响的一场战争，伴随甲午战争的这段历史是中华民族最为刻骨铭心的一段屈辱史和觉醒史。百多年来，国人从不同角度分析研究这段历史，认识不断深化，热情至今不减，同时争议也从未中断。尤其是在当前形势下，日本右翼势力歪曲历史事实，否认战争罪行，修改和平宪法，在一系列涉及我国家主权与安全的问题上挑起事端，企图复活军国主义，从而引起更多有识之士的警惕。"以史为鉴"，研究甲午战争的热情因此更加高涨。剖析研究甲午战争这样一段极为严肃的历史，一个多世纪以来，各种文体的著作难以计数，以诗史互鉴的形式来回望这段历史的作品却非常少见，可谓凤毛麟角。作者以研究甲午战争为主线，析诗论史，借史谈诗，确实给我们深入认识甲午战争提供了新的视角，带来了新的感受和启示。

诗词是由凝练语言构成的，在中华文明漫漫历史长河中，诗词给人留下的故事最具穿透力和感染力，影响也最深远。本书作者在收集整理甲午战争相关诗词，用凝练语言展现战争历史方面是下了功夫的。比如，对指挥战争将领、亲历战争当事人部分诗作进行辨真伪、析内涵、追源头、深度挖掘，使诗作与历史事件相结合，再现了血雨腥风、殊死拼杀的战争画面，让人感慨、激奋。又如，对甲午战争见证人、知情人诗作进行分析解读，拓展了研究历史的宽度与厚度，为全面了解认识这段重要历史提供了新途径，令人思绪万千、浮想联翩。再如，对甲午战争当时以及之后部分名人志士、诗坛巨擘颇有历史纵深感、责任感的诗作进行品评导读，情深意浓，发人深省，给人以历史性启迪。选其精髓，拾其珠玉，可以说《诗话》展现的历史是更加凝练和更加浓缩的历史。

诗词是讲究节律韵味的，给历史融入诗词的节律韵味会使其更具影响力、感召力，更易令人产生回味和遐想，领悟也会更加深刻。本书作者在对名人名家有关甲午战争诗词吟诵、研读方面是下了功夫的。比如，谭嗣同、梁启超、黄遵宪、丘逢甲、陈玉树、秋瑾等人既是爱国的有识之士，又是著名的文豪诗人，对他们所作甲午诗词细细品读，抑扬顿挫之中会强烈感受到惨痛历史教训所激发出来的浓烈爱国情怀。又如，北洋海军军歌雄壮豪迈、节律高亢，唱吟军歌，领悟其内涵，挖掘其背后的故事，再现舰队成军之威武，可以真切感受到当时国人对这支花重金买来的舰队重如泰山般的寄托与期盼。再如，日本马关是李鸿章签订丧权辱国条约的伤心之地，以此为题的文章并不少见，但作者另辟蹊径，将历史名人的马关诗词串联起来，结合史实考证解读，犹如开启了一扇历史之窗，沉重之余可使人得到诸多教益和启迪。平仄押韵，纵横捭阖，可以说《诗话》描写的历史是更有节律和更有韵味的历史。

诗词是基于真情实景有感而发的，通过诗词走进历史，深挖历史本真，还原史实真相，从而言情励志，更能令人信服。本书作者从史料细节入手，诗史互鉴，在还原历史事件真相、把握历史人物真情实感方面也是下了功夫的。比如，李鸿章是研究甲午战争绕不开的重要人物，对李鸿章的评价历来褒贬不一、曲折复杂，《诗话》引用了李鸿章本人的诗作，考证了所谓李鸿章的《临终诗》和《遗诗》，对褒贬李鸿章的诸多评论、诗作分析比较，述其始末，论其成因，除其疑云，还其本原，评价更加趋于客观。又如，历史上引用的甲午战争诗词史料较多是在国内层面，《诗话》没有拘泥于此，而是把眼界放远，视角放宽，收集到了部分日本策划侵略战争军政要人的诗集诗作，像《春亩公诗文录》《日清交战录》《日清战争实记》中的汉诗等，通过对其剖析批判，将日本侵略者鼓吹极端民族主义，崇尚“弱肉强食、侵略有理”战争逻辑，及其烧杀掳掠、嗜血残暴的强盗嘴脸暴露于光天化日之下，有助于深化对侵略战争本质及其残酷性的认识。再如，实事求是、刨根究底地考证了悬疑诗案，纠正了以讹传讹的误导。所谓光绪皇帝的“挽邓世昌联”出自何处？是怎样误传的？经多方考证，找到了较为确切的源头，从而拨开迷雾，还原真相，令人信服。景情交汇、情理交融，可以说《诗话》记述的历史是更有真情实感和更具说服力的历史。

围绕甲午战争以来的诗词史话，对这段悲怆历史进行深度解读，精华荟萃，旁征博引，史经诗纬，这无疑是本书的最大特色。但我更想强调的是，诗词是有生命和灵魂的，正确价值观是诗词的生命，爱国主义是诗词的灵魂。立场观点模糊扭曲，有损国格、人格的诗词是不会有生命力的，古今皆无例外。爱与恨、情与仇、志与信、言与行皆是诗词所要表达的重要观念和情感，这些观念情感都不会是无缘无故产生的，更不会是没有根基的，国家民族之大义就是最重要的根基。《诗话》以爱国主义为主线，用辩证唯物主义和历史唯物主义的思想方法正视甲午战争、研究甲午战争，还原历史真相，总结失败教训，探索正确道路，从而产生“诗言志、志当酬、酬有行”、万众一心实现中华民族伟大复兴的激励效应，这正是我们今天研究甲午战争所迫切需要的。对待自己民族的历史，特别是失败史、屈辱史，不仅要有实事求是的精神、辩证唯物的思想，更要有正确的价值观和坚定的爱国主义立场，这应是这部《诗话》的灵魂所在。

“摘除障目层层叶，力拂尘埃史镜明。”从甲午战争失败到抗日战争胜利，从山河破碎、生灵涂炭到民族自立、富国安邦，我们盘点历史，抚今追昔，感慨万千。我们必须清醒地认识到，清政府签订丧权辱国的《马关条约》，割让了辽东半岛、台湾及澎湖列岛，承认了日本对朝鲜的占领，由此留下的后患至今尚未消除。要彻底雪甲午战败之耻，不仅在于将侵略者从我国领土上赶出去，还在于摆脱日本右翼势力对我周边安全环境的干扰，塑造一个和平稳定的周边海洋环境和朝鲜半岛形势，实现国家的完全统一。我们要达成这个战略目标，依旧任重道远。

当前，我国正坚定地向“两个一百年”奋斗目标迈进，经济、科技、国防实力不断增强，让世人刮目，中华民族从来就没有像今天这样接近民族复兴的宏伟目标。越是如此，我们面临的安全环境就越复杂，面临的困难挑战就越严峻，面临的压力阻力就越强大。我们只有坚定信念、齐心协力，精心筹划、沉着应对，克服险阻、迎难而上，才能继续向既定目标快速前进。深化甲午战争历史研究，应能起到这样的促进和激励作用。

2017 年 6 月于北京

丁一平，1951 年 2 月生，湖南湘乡人。中国人民解放军海军原副司令员，海军中将军衔。第十六、十七届中央委员会候补委员。现为中国军事科学学会副会长。著有《世界海军史》《逐鹿海洋》等。

序　二

李栋恒

读《甲午战争诗话》有感

一部蒙羞史，千秋警策钟。
中华齐奋进，圆梦起蟠龙。

调寄念奴娇·甲午故战场咏怀

刘公岛外，有蓝天碧水，无心游目。船往鸥徊波卷处，人道世昌魂宿。百代凶倭，十年狂鬼，邻患伤心腹。巍巍华夏，怒承多少屈辱。　细数青史沧桑，列强刀俎，弱者成鱼肉。崛起神州强国梦，举世志同心属。风正帆悬，良机紧握，天路休停足。共期来日，普天欢庆新局。

李栋恒，1944 年 7 月生，河南南阳人。中国人民解放军原总装备部副政委，中将军衔。现为中华诗词学会顾问，解放军红叶诗社社长，中国作家协会会员。有《李栋恒将军诗词书法作品集》四卷。

自序：诗中端倪

十分感谢丁一平、李栋恒两位将军为本书作序。序中饱含对作者的鼓励和对《诗话》中肯到位的评说，高屋建瓴，言辞谆谆，展现的爱国情怀和将军风采令人动容。

值此，作者亦袒露写作本书的心路历程：

甲午战争“两甲子”的2014年年初，编纂“甲午战争120周年诗词选”的想法甫一提出，威海诗词楹联学会诸位同仁便以“兹事体大”的共同认知，戮力迎难，迅速启动向全国征稿和编纂《甲午战争120周年诗词选》的工程。大家推荐我担任两位执行主编之一，分管征稿、约稿、来稿汇编和历史诗料的收集、发掘以及筹资等项工作，由此接触到了120年来纷繁芜杂的甲午战争诗词楹联作品和与之相关的一些材料和珍闻轶事。该书编成出版后，我心依然激荡，又一鼓作气地试编了《甲午战争诗词别裁集（初稿）》。本想到此为止，但随着接触史事材料的增多和浅唱低吟的日积月累，诗中隐现出许多端倪与真相，一直在脑海中翻腾，以致坐立难安、无法释怀，总觉得有许多与甲午战争诗词楹联相关的话要说……

直到2016年年初，一个围绕“诗史互证”而说话的念想，像擦出电火花似的迸发出来！于是，我决心放下正在试编的《甲午战争诗词别裁集》，先趁热赶早撰写这本《甲午战争诗话》。这就是写作本书的缘由及其“来电”过程。

诗中有何端倪，竟让我寸心荡漾，如此梦寐以求，非得一吐为快呢？

一、关于北洋海军将领们的诗联作品，包括北洋海军军歌的发现、征集和罗掘过程，应当予以介绍、说明和解读。尤其传播甚广的甲午战争诗联四大疑窦，即：所谓光绪皇帝挽邓世昌联，网传萨镇冰“举国沦亡缘汉城”诗，众说纷纭的李鸿章“临终诗”和另一首“遗诗”，有必要予以辨析和厘清。

二、关于对甲午战争中颇负争议的重要人物李鸿章功过是非的研究，史学界早已悄然进行，《辞海》亦随之逐版修订，颇有还原历史、更新体认之势。作为历史的一部分，甲午战争诗歌的研究和创作，亦不能深陷因循守旧的泥淖，继续沉迷在无谓的诟骂与讽刺之中。为此，我通过发掘120多年来的有关诗歌材料，以五六个章节的篇幅（其他章节亦有涉及），试图还原诗评李鸿章之历史本来面目，提醒今天品读和写作甲午战争诗词楹联的人们，以诗史为鉴，扩大视野，更新认识。

三、对于甲午战争各个战场爱国将领奋勇抗敌的诗歌，如左宝贵、刘永福、吴彭年；社会贤达的甲午战争诗作，如康有为、谭嗣同、梁启超、黄遵宪、连横、丘逢甲、秋瑾等，试图择要予以展现、评品，并说出其中一些背后的故事。

四、对于当代著名人物，如郭沫若、冰心、赵朴初，以及高级将领萧劲光、刘亚洲、李栋恒、丁一平、李文朝等的甲午战争诗词予以选录和推介，尽可能地述其背景和出处。

五、对于当代诗词名家，如丁芒、欧阳鹤、杨金亭、梁东、周笃文、星汉、杨逸明等的应征诗词予以介绍；对普通民众的甲午战争诗词楹联，以及甲午战争征稿花絮，给予必要的展示、交代和回应。

令人意想不到的是，本书在写作过程中，随着对伊藤博文手书《海陆大捷歌》条幅的考证，又发现了鲜为人知的《春亩公诗文录》以及书中的《征清歌》，由此得以进一步揭露日寇“侵略有理，殖民无罪”的战争理念和犹如饿狮、悍鹫一样弱肉强食、血腥撕夺而毫无人道可言的兽性。伊藤博文对侵略战争如此美化与歌颂，实为当今日本右翼狂徒热衷拜鬼、不断发出战争叫嚣的历史根源，也是他们继承伊藤博文理论衣钵之使然。

我又从日本当时出版的《日清交战录》中，偶尔发现了李鸿章写于马关议和时题为《赠日本总医监佐藤》[1] 的诗以及日本人的和诗。这无疑是研究中日甲午战争史弥足珍贵的诗材史料。

……

中华诗词是中华这个伟大民族的血脉和基因，它的朗朗韵律和深邃哲思，在这个古老民族的血脉中流淌传承至今，彰显中华民族灿烂文化之精髓。这是一笔巨大的精神财富。然而，甲午战争这段诗词历史，好像是这个民族的一块“疮疤”，很少有人去揭开探究。

我作为一个诗词爱好者，尤其是甲午战争诗词爱好者，一

---

〔1〕 经查，此诗另见于王揖唐著、张金耀校点《今传是楼诗话》，辽宁教育出版社 2003 年版，第 228 页。

不小心涉足这寂静之地，深陷其中而不能自拔，实在是勉为其难和不堪胜任。但凭着自己的痴迷与执着，借助名家学者以及同好的指点与鼓励，依靠网络淘书的可心与便利，加上日夜捧读和深研细究，方得以初步揭开一些内幕，理出一个粗浅的头绪，且不怕献丑，斗胆推出，盼能给甲午战争诗词史增添一个小小的注脚！

祈望甲午战争诗词爱好者和读者，以及诗学、史学界朋友不吝赐教！

2017 年 10 月 14 日晨

凡　例

一、本书对甲午战争诗词楹联予以收集、品评、考证，并以诗史互证为主轴，诵其诗、析其史、述其事、识其人。

二、书中所选诗词楹联，凡中华人民共和国成立前的均注明出处，中华人民共和国成立后的一般不注明出处。

三、本书所引史料、论述，一般均注明出处。

四、本书【自注】【夹注】为该诗、词、联作者注解；【原注】为所引书籍注解；【注释】【备注】为本书作者注解。

五、为方便阅读，凡对诗、词、联文义的注解，一律置于正文中，顺序号用①……表示；引文出处及相关注解一律置于页下，顺序号用[1]……表示。

六、本书所引诗文，除个别异体字照录外，余一律采用简化字。

目　录

○一　景星聚处五云多

——漫说北洋海军军歌

北洋海军有无军歌？一直是一个历史之谜。《北洋海军章程》第九节对国乐、军乐均有规定，由此可以猜想，北洋海军一定是会有军歌的。但军歌是什么内容，什么旋律，则不得而知。如果有，也可能随着甲午战争失败和北洋海军覆没的这段屈辱历史而湮灭了。

所幸中国海军史研究专家陈悦先生于 2012 年在清朝外交档案中发现了它的手抄稿，经鉴定为北洋海军将领萨镇冰的笔迹。歌词配有五线谱，虽然字迹模糊，但经音乐专家的恢复，并由海军军乐团演奏伴唱，成为六集电视纪录片《北洋海军兴亡史》的插曲，让国人重新听到了这首雄浑激昂、豪气十足的进行曲军歌。于是，我们在编选《甲午战争 120 周年诗词选》时，把它列为开篇之作。

对于这首军歌的发现，“百度”的结果是在英国发现的，电视纪录片的解说词说是在国内找到的。陈悦先生是这部纪录

萨镇冰像（摄于 1909－1910 年间）

片的顾问之一，怎么会出现两种不同的说法？经向同住威海的陈悦先生核实，他笑了笑说，这是因为媒体有点小误会，以为在同英国交往的外交档案中发现就是出自英国，其实这个外交档案是中国的。纪录片的说法是对的。

话说到此，似乎圆满了。陈先生是位热情、认真和严谨的人，他将这首军歌的档案原件照片发给我，并具体介绍："军歌词谱出自清代外务部档案，是宣统年间英国外交部为了便于和中国海军交往时施行外交礼节，而向中国索要海军军旗、军歌等文件……"我 2014 年参与编纂《甲午战争 120 周年诗词选》时，对萨镇冰诗作有所研究，并存有他的诗集《仁寿堂集》（海峡文艺出版社 2013 年版），书后附有"萨鼎铭先生（即萨镇冰）年谱"。该年谱明确记载：宣统元年（1909），"六月，以公为海军提督"。宣统三年（1911），"五月，英皇加冕。驻华英使请中国派船前往与会，遂派协统程璧光乘海圻往贺"，"九月二十六日，袁世凯组内阁成，以公为海军大臣"。宣统年号很短，仅两年八个月，可以看出，"英国外交部为便于和中国海军交往"云云，极有可能就是供海圻舰参加英皇加冕时演奏军乐之用。

经查，海圻舰是清政府 1896 年从英国购买的防护巡洋舰，也就是《马关条约》签订后的第二年购买的。

参加英皇乔治五世加冕典礼的海圻号防护巡洋舰

海圻舰水兵

宣统年间，萨镇冰任海军提督，故军歌词谱留下了萨镇冰的亲笔签字：“原件已送英馆，此系照抄之件，如遇调查之时，仍应向海军部行查。”〔1〕 这正好印证了英国外交部索要军旗、军歌的理由，形成了合理的链接。

下面，展示、解读一下北洋海军军歌歌词：

宝祚延庥万国欢①，景星拱极五云端②。
海波澄碧春辉丽③，旌节花间集凤鸾④。

【注释】

①宝祚：国运、帝位。延庥：庥，庇荫，保护。这句意为：大清帝国受到忠诚的保护，万方欢欣。

②景星：德星、瑞星。拱极：拱卫北极星，喻拱卫君主或四裔归附。这句意为：皇国威权像群星拱卫着北斗一样，呈现五彩瑞云。

③“海波”句意为：海疆波涛清澈碧蓝，闪耀着春天亮丽的光辉。

④旌节花：灌木，叶卵形，有锯齿。花小，成穗状的总状花。古代使者所持的节多称旌节，故亦指节度使；此处指肩负重任的军人，且与花名语带双关。凤鸾：泛指凤凰之类的神鸟，此处可理解为将士。全句意为：肩负重任的北洋舰队军人，像簇拥在旌节花间的凤鸾一样威武神勇。

这是一首七言绝句，标准的平水韵，辞藻华丽美妙，有一种皇家海军的骄傲、自豪与颂圣气息，表达了北洋海军开放、

〔1〕 见彩页图二《北洋海军军歌》手抄件。

包容的外交态度。文字虽略显古典、深奥，但也不难读出饱蕴卫国靖边的壮志豪情。遥想当年，这首军歌在舰上演奏，一定是曲调激越悠扬，鼓舞人心。

这首军歌的词作者无从知晓，或将是永远的谜。但是这首军歌在当时社会上确有所传颂，何以见得？

我在试编《甲午战争诗词别裁集》时，发现《普天忠愤集》卷十二《诗赋门》，有李光汉的《望治二首》，这两首诗与这首军歌歌词似有联系，现展示如下：

望治二首

一

藩篱蹙尽肆长鲸①，五色番旗②海上行。
三岛③至今为割土，中原何日可休兵④？
折冲樽俎需才辩⑤，擘画谋谟属老成⑥。
那得共球来辇下⑦，衣冠万国拱神京⑧。

【注释】

①藩篱：边界、屏障，这里指海疆。蹙尽：困窘。肆：放肆。长鲸：大鲸，喻巨寇番邦。

②五色番旗：言挂着外国旗帜的舰船。

③三岛：指传说中的蓬莱、方丈、瀛洲三座海上仙山，此处代指台、澎。

④中原何日可休兵：指华夏大地战祸频发。

⑤折冲樽俎：即樽俎折冲之倒装，不用武力在谈判中制敌取胜。才辩：即辩才，善说法义的才能。

⑥擘画：筹划。谋谟：有远大的眼光。属老成：需要经验多、成熟稳重的人才。

⑦那得：怎得。共球：同一个地球。辇下：指天子、王室坐的车子，此处指皇权。

⑧衣冠万国：即万国衣冠，出自王维“九天阊阖开宫殿，万国衣冠拜冕旒”句，指大唐声威远播、万邦来朝之盛况。拱：表示恭敬。神京：指帝都，京城。

二

横海何人似伏波①，尽销兵甲洗天河②。
关中风雨休骐骥③，塞外风烟息鹳鹅④。
甘露承时千叟宴⑤，景星聚处五云多⑥。
何当偃武修文治⑦，同上南薰绎止戈⑧。

【注释】

①横海：横行海上。伏波：汉将军马援名号，谓平息变乱。

②尽销兵甲：指消除战争。天河：本指银河，此处指河山。

③休：没有。骐骥：骏马。这里指强盛的军队。

④息：停止。鹳鹅：古军阵，此处指军队。

⑤甘露：甜美的雨露。承：双手捧着。千叟宴：清康、乾时期为笼络臣民而举行的大型酒宴，赴宴者多为老人，故称。

⑥景星：德星、瑞星。五云：五色瑞云。

⑦何当：何日、何时。偃武修文：指息武备，提倡文教。

⑧南薰：南薰礁，南沙群岛岛礁之一，或泛指南薰风来源地南沙一带。有《南薰歌》，相传为虞舜所作，歌中有“南风之薰兮，可以解吾民之愠兮”等句。绎：寻思，思索，寻求。止戈：停止干戈，平息战事。

又，同上南薰句，疑“南薰”或指“南薰殿”。唐杜甫

《丹青引》："丹青不知老将至，富贵于我如浮云。开元之中常引见，承恩数上南薰殿。"南薰殿是皇帝议事休息处，作者李光汉乃名气不大的诗人，并非王公大臣，"同上南薰（殿）"与其身份不符，为不可能之事（清制，李鸿章长驻天津，非诏不得进京。曾因违禁入圆明园罚俸一年）。而《望治二首》通篇写"海上""横海"，故作者认为，前说合乎诗意逻辑。

孔广德编纂的《普天忠愤集》于1895年仲冬刊印，其时甲午战争失败近一年，《马关条约》签订也已半年多。书中刊载李光汉《望治二首》，诗中运用了一些与军歌相同的字句，如"万国""景星""五云"等。特别是"景星聚处五云多"，是军歌"景星拱极五云端"的化用，应该不是一种巧合。

至此，关于北洋海军军歌已经形成了一条完整的证据链，即北洋海军军歌在北洋海军成军之时即已存在，而向英国外交部提供的军歌即北洋海军成军时的军歌。

从"景星拱极五云端"到"景星聚处五云多"，理念没有太大的变化，但毕竟甲午战争失败了，诗人在此作了必要的回顾与反省。人们想得更多的是，国家如何方能停息战争，恢复元气，逐渐强盛起来。诗人展开丰富的想象力，幻想着有一天能携手同上属于大清帝国的天涯海角——南薰礁或南沙一带，放声高唱古朴典雅的《南薰歌》。这是一种极为美好的愿望，也是诗人博大的家国情怀的体现。

李光汉（生卒年不详），字契可，岳阳人，清末诗人。《普天忠愤集》卷十一收其《海藩五首》《燕台杂感十二首》《志士行》《圆明园始末》，卷十二收其《望治二首》，共21首。徐世昌《晚晴簃诗汇》卷一八一收其诗8首，该书介绍李光汉有《燕台杂咏》，其与《普天忠愤集》中之李光汉当系同一人[1]。

诗人李光汉仿佛能预见未来一样，写甲午战争诗歌居然联系到南沙群岛及南薰礁！可以告慰先贤的是，现在南薰礁早已归属祖国的怀抱，并由中国人民解放军长期驻守。

细读北洋海军军歌歌词和《望治二首》，字里行间均可透显中华民族没有侵略他国的野心与基因，相反，总是小心翼翼地提防外来侵略者滋事。然而，军国主义者、帝国主义者总是在虎视眈眈地觊觎我神州疆域，妄图生乱、生战，这是由他们的侵略本性决定的。当年甲午战争是这样，现在的南沙一带又是如此。

甲午战争 120 多年后的今天，我们中华民族维护祖国神圣海疆完整无缺的决心和能力，坚如磐石，矢志不移！

〔1〕 详见徐世昌《晚晴簃诗汇》，上海三联书店 1988 年版，第 1363 ~ 1367 页 。

〇二　敢夸砥柱作中流

——能诗善对的丁汝昌拼战到死

在纪念甲午战争120周年时，六集大型历史纪录片《北洋海军兴亡史》在中央电视台播放，我从头至尾看了这部片子，从中发现了一条线索：片中说北洋海军提督丁汝昌率领北洋舰队访问日本时，曾即兴赋诗一首，其中两句是："同合车书防外侮，敢夸砥柱作中流。"那么，有完整的诗吗？题目是什么？在什么情况下写的？

首先，我想到的是海军史研究方面的新锐专家陈悦先生，他是《北洋海军兴亡史》的顾问和撰稿人之一，又住在威海，可惜未曾谋面。通过中国甲午战争博物院王记华副院长，我得到了陈悦先生的电话号码。我说出我的想法，他答应查一查，但要从日本回国后再说。从他的微信上，我能清楚地看到他的行踪。回威一两天，我们未能见面，他又去了北京。之后又到外地，很忙。我不断地追踪、催促。2014年9月7日上午，我与陈悦先生又通了电话，我说，我们有部书稿正在最后编排中，务必近日将查证结果告诉我。他说，只知道纪录片中的那两句，是日本人写的一首诗里引用了，完整的原诗找不到。我说，请您将这一情况发到我的手机上，只剩两句也要用，因为这是诗中的对句，可以看作是一副联。话这么说，但心中未免遗憾！

中午时分，我打开手机一看，不禁喜出望外。陈先生告诉我，丁汝昌的诗全文找到了：

赠宫岛栗香

足迹纵横半地球，环观望气数吾洲。
三山汉代成仙窟，九有虞廷是帝丘。
同合车书防外侮，敢夸砥柱作中流。
我来偶遇修和日，共上芝山听古讴。

北洋海军提督丁汝昌像

陈悦先生的信息显示：此诗作于1891年丁汝昌率北洋舰队应邀访问日本期间。是年7月10日，丁汝昌赴日本外务大臣宴，在东京红叶馆席间作此诗赠日本著名诗人宫岛诚一郎，表达希望中日友好之情。经查证，宫岛诚一郎字栗香，曾跟随张裕钊（1823—1894，晚清官员、散文家、书法家）学习古文，称高第弟子，受桐城派影响极深。宫岛时任日本宫内省爵位局主事，是参与接待丁汝昌的高级官员。

丁汝昌《赠宫岛栗香》这首诗，当即被选入《甲午战争120周年诗词选》，填补了北洋海军将领诗词的一项空白，反响热烈。其时陈悦先生并没有说丁汝昌这首完整的诗究竟发现于何处，我也未曾追问。

该书出版发行后，我有暇在网络“淮军文化”栏目搜到《丁汝昌诗书远播海内外》这篇文章，作者是中国作家协会会员、安徽历史文化研究中心研究员、合肥市政协委员、合肥市文化广电新闻出版局社文处副处长夏冬波先生，一位淮军文化的研究者。他的文章这样写道（文字略有修改）：

> 1894年9月17日，中日黄海海战爆发，北洋海军提督丁汝昌在开战之初就身负重伤，但仍然坚持指挥、力搏强虏，直至海战结束。特殊的历史背景，决定了丁汝昌将军的悲剧人生，但丁汝昌仍无愧是一位理应受到尊敬的中国近代史上具有民族气节的高级爱国将领。作为北洋舰队提督，丁汝昌其实仅读过三年私塾。但他一生好学不倦，诗文、书法造诣很深，诗书远播海内外。
>
> 说起丁汝昌的诗文、书法，还有一段佳话呢。1891年6月26日，北洋海军提督丁汝昌带“定远”“镇远”等六舰访问日本，先后到达日本的马关、神户、横滨等地。7月9日，日本天皇接见了丁汝昌提督及各舰管带。7月10日，丁汝昌率各舰将领参加日本外相在东京红叶馆设的宴会，与日本著名诗人宫岛诚一郎作诗唱和，即席赋《赠宫岛栗香》诗一首（诗同前，从略）。

北洋舰队访日旗舰定远舰停泊在日本港

丁汝昌后来与宫岛成为诗友。……1895 年 2 月，宫岛栗香得知丁汝昌自杀殉国后，写下了《乙未二月十七日闻丁汝昌提督之死》[1]一诗：

同合车书防外侮，敢夸砥柱作中流。

当年深契非徒事，犹记联吟红叶楼。

诗中引用“同合车书防外侮，敢夸砥柱作中流”，正是丁汝昌《赠宫岛栗香》诗中的名句。

夏冬波先生的文章发表于 2014 年 8 月 1 日，早于陈悦先生的微信，我擅自猜测，陈悦先生所发微信来源会不会就是夏冬波先生的这篇文章？

在威海诗词楹联学会 2014 年 3 月举办的《甲午战争 120 周年诗词选》征稿活动中，夏冬波先生有诗作应征，我手头有他的电话，便于 2016 年四五月间，多次电话与他探讨这首诗

〔1〕 经查，这首诗原载《日清战争实记》第 22 编第 58 页，题为《吊丁禹廷提督》，共 7 首，此是其中第 6 首。

到底出在何处。夏先生的回答是，在胜海舟的日记中有记载。但他又说，他也是从杂志中发现的，并没有看到胜海舟日记原文。

胜海舟（1823—1899），日本江户时代末期至明治时代初期武士（幕臣）、政治家、军事家、教育家、维新元勋，日本近代海军的缔造者。他批判明治政府的脱亚入欧政策，主张中日友好，是丁汝昌的海外知音。丁汝昌当年访日时曾专门拜访过他。如果胜海舟日记里对丁汝昌的诗有记载，那是情理之中的事。

夏冬波《丁汝昌诗书远播海内外》这篇文章的后半部分这样写道：

> 胜海舟不仅在江户幕府中最早主张建立海军并为海军的创立竭尽全力，还从江户后期到明治初期在海军中担任重要职务。丁汝昌访日，胜海舟向丁汝昌赠送了自己写作的和歌和汉诗，并且赠送丁汝昌宝剑一口。在获悉丁汝昌自杀殉国后，他也同宫岛栗香一样，立即写了一首汉诗悼念丁汝昌：
>
> 忆昨访吾庐，一剑表心里。
> 委命甚诚忠，懦者闻之起。
> 闻君识量洪，万卒皆遁死。
> 心血溅渤海，美名照青史。[1]

但陈悦先生著《沉没的甲午》书中引用胜海舟悼诗如下：

〔1〕 见《甲午战争研究》2015 年第 2 期（总第 57 期），第 40 页。

《胜海舟自传》《日清交战录》书影

忆昨访我屋，一剑表心里。
委命甚义烈，懦者为君起。
我将识量大，万卒皆遁死。
心血溅渤海，双美照青史。〔1〕

查阅陈悦先生持有（我亦购买到）的日文本《胜海舟自传》，书中这首诗是汉文，与《胜海舟》一书所载文字相同。而夏文所引这首诗，则与此有 11 字的差别（见着重号），但诗意一致。〔2〕

---

〔1〕 书中注释：《胜海舟》下篇，民友社 1899 年版，第 88 页。

〔2〕 诗前日文译稿：丁汝昌是我在海外的一位知己，却在日清战争时期自杀了。此时，我的心情激荡、不吐不快，遂作诗一首。但平仄方面，却是有些不美。

二月十七日，闻旧知清国水师提督丁汝昌自杀之报，我深感君之心中果决无私，亦嘉从容，不误其死期。嗟叹数时，做芜诗，慰其幽魂。

又经查实，胜海舟这首诗，最早刊登在《日清战争实记》第 21 编第 59 页，与《胜海舟》《胜海舟自传》所引仍有两字之差：“忆昨”为“忆曾”，“遁死”为“免死”。

夏文还说：

> 丁军门好文墨，历海军数年，下笔裕如，能草露布。其书信、函稿，多以行楷为之，字则刚劲有力，铁划银钩。其大字更是笔力遒劲，劲气内敛。日本人在占领刘公岛时，从丁汝昌将军寓所内获得丁汝昌致戴宗骞（字孝侯，绥军、巩军统领，官至道员）的书信数封，因钦其忠义，以铜版印刷制成《丁汝昌遗墨》一册。大岛圭介（曾任驻中国、朝鲜特命全权公使，甲午战争后任枢密顾问官）为之跋语，极称道丁汝昌为人，宝之如琼琚。桐城吴汝纶于光绪末年东游日本，日本人出此册求题，吴汝纶乃题诗一首刊于集后，于是丁汝昌书法之名在日本广为传播。

学者萨苏印证了夏文的说法，只不过其说法与夏文有异。他从日方查到的资料显示，丁汝昌与日本海军创始人胜海舟关系很好，战争进程中，胜海舟一直在打听丁汝昌的下落；日军进攻威海卫时，日军每天必打一个旗语，意思是“丁提督安否”。闻听丁汝昌自杀的消息后，胜海舟非常悲痛，赋诗一首，诗中写道“心血溅渤海，双美照青史”。[1] “双美”是日本武士道中对武士的最高评价。

从这些诗作交往中，不但可以看出作者的才华，同时也可以看到，当时的清政府奉行“避战”的外交策略，挑起甲午战

〔1〕 摘自闻达《一言难尽丁汝昌》，《沈阳晚报》2014 年 5 月 21 日第 36 版。

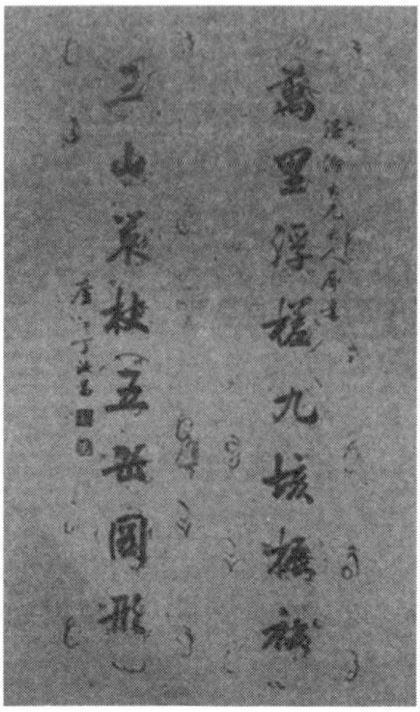

丁汝昌手书题联

争事端的是日方，而两国人民之间还是比较友好的，甚至可以说交往融洽。

接着，威海诗词楹联学会杨秉忠副会长又从《中国楹联家大辞典》中发现了丁汝昌的一副楹联：

赠温卿联墨

万里浮槎，九垓振袂；
三山策杖，五岳图形。

夏冬波的文章也这样说：

《中国历代书法家名人墨迹·清代部分》收有丁汝昌书大字楹联一副“万里浮槎，九垓振袂；三山策杖，五岳图形”。上款为“温卿大兄大人属书”，下款为“庐江丁汝昌”。字体刚劲端庄，堪称佳作。〔1〕

甲午战争清朝惨败，但北洋海军将士们英勇作战，顽强抵抗，真可谓惊天地、泣鬼神。

2013 年初，威海中国甲午战争博物院收到一份来自日本的捐赠文物——日本士兵丰田隆成的日记，印证了一桩关于北洋海军在南帮炮台保卫战中的重要史实：1895 年 1 月 30 日，

〔1〕 夏冬波《丁汝昌诗书远播海内外》一文已更名为《丁汝昌文坛佳话二则》，刊载于《甲午战争研究》2015 年第 2 期。

在威海各海岸炮台陆续失守的危急关头，三百多名身着火红色制服的清朝军人，乘坐舢板、小艇，冲上已经失守的阵地，企图将一门门落入敌手的火炮炸掉，并一度攻进了日军前线指挥部院内。最终清兵全部战死，鲜血染红了海滩。这些被日军称为甲午战争开战以来遇到的最为“嚣张”的中国兵，就是丁汝昌的北洋海军敢死队！

学者萨苏在《血火考场：甲午原来如此》一书中，对北洋海军敢死队是这样描述的：他们本来不是海军，他们是丁汝昌的“亲兵”，是从安徽故乡追随老提督南征北战的淮军老底子。在北洋水师中，他们充任陆战队和宪兵队的角色。在北洋水师覆灭之际，这些丁汝昌的子弟兵、淮军最后的种子乘坐小船发动了对日军的突袭。他们登陆的地点接近已被日军占领的龙庙嘴炮台，并在那里发起一次自杀性冲锋。在日本1895年出版的《日清战争实记》中，记录了这支约两百人的小部队最后的战斗：小部队一度打得日军混乱败退，一名中国战士翻墙跳进了日军的师团部指挥所，终寡不敌众……二十间（1间约合1.8平方米）的海水完全变成了红色，像蜀锦一样绚烂。日军的摄影师拍摄下了他们战死不归的身影。这次壮举在世纪之交得到证明：威海在开发龙庙嘴时，挖开海滩后，下面发现了很多人骨和锈蚀的枪械。这应该就是丁汝昌亲兵最后的遗迹，他们与自己

龙庙嘴炮台附近战死的清军遗体

的主帅同难。

这支敢死队，历史纪录片《北洋海军兴亡史》中说是三百人，学者萨苏据日本资料说是约二百人。二者差异不大，此事应当属实。

在甲午海战中，有接近一半的北洋海军高级将领，或像邓世昌那样壮烈牺牲，或像丁汝昌那样不惜以身殉国！

尤其是在威海卫保卫战中，丁汝昌以“戴罪”、负伤之身，面对敌人的诱降，依然奋力拼战，直到最后一刻。

这些表现，被历史学家们非常一致地誉之为“虽败犹荣”！他们作为中华民族的中流砥柱，拼搏到了最后。

从丁汝昌那副联的墨迹可以进一步看到，出生在安徽农村、从小干过“放鸭子”“摆渡子”“磨豆腐”这些最鄙贱的活、穷苦出身的丁汝昌，其文学功底相当深厚，墨迹亦堪称佳品，达到了挥洒自如的境界。

上述丁汝昌的这些诗联作品，均已收入《甲午战争 120 周年诗词选》，初步满足了人们的期待。唯一的缺憾是，信息来源总是这样支离破碎而不够完整。相信随着甲午战争研究的深入，还会有更多的发现！热切希望专家、学者对此有更确切的阐述。

2015 年 2 月 12 日，是北洋海军爱国将领丁汝昌殉国 120 周年纪念日。甲午战争研究著名学者、中国甲午战争博物馆（2009 年 10 月更名为博物院）原馆长戚俊杰先生在《甲午战争研究》2015 年第 1 期发表了《丁汝昌“竭此衰躯”拼战的最后时刻》长篇文章，运用近些年来新发现的和既往已有的诸多中外史料，通过列举一件件惊心动魄的史实，集中还原了丁汝昌生命最后四个月的艰难处境和奋力拼战的所作所为。文章最后写道：

> 我们可以清楚地看到：丁汝昌在自己生命最后的几个月中，虽然被弹劾撤职，即将被逮京问罪，但他对国家、对海军是忠诚的，并且在极为艰难的时刻，尽心尽力履行了自己的责任和义务。在反对和抵抗外国侵略者的斗争中，他做到了旗帜鲜明，积极主动，任劳任怨，忍辱负重，身先士卒，带伤督战。特别是在自己的防守意见被别人误解和谩骂时，仍能够平静地对待御史言官及有关将领不顾事实的弹劾和诛杀，化冤屈为动力，舍弃个人的名利恩怨，坚决拒绝敌人的劝降和利诱，率领北洋舰队广大将士，联络炮台守军，在敌我力量极为悬殊的情况下，积极防御，奋勇杀敌，勇敢打退敌人的多次进攻。在援军无望、兵心大变、无力挽救北洋海军命运和战局的最后时刻，拒绝投降，自杀殉国，兑现了以身许国的承诺，保持了中国军人的传统和名节。

北洋海军提督丁汝昌“竭此衰躯”的最后拼战，史实清楚，毋庸置疑。甲午战争中宁死不降、自杀殉国的爱国将士理应得到国家和人民的尊重，当然，更应该为历史所尊重！

本书样稿印出后，承蒙陈悦先生审读，提出了宝贵意见。关于丁汝昌《赠宫岛栗香》这首诗的出处，我向陈先生穷追不舍，他说查一查应该能够找到。我亦同时在网上购买《胜海舟全集》中的四册日记，试图从中查寻。

2017 年 2 月 4 日 22 时许，好消息传来，陈悦先生微信发来丁汝昌诗的源出资料。原来，这首诗刊载于甲午战争期间日本陆续出版的《日清交战录》第34号第40页，原文如下：

亚细亚协会席间赋呈大日本公卿大夫均政

足迹纵横半地球，环观望气数吾洲。
三山汉代称仙窟，九有虞廷属帝丘。
同合车书防外侮，敢夸砥柱作中流。
我来正值修和日，且上芝山听古讴。

此诗与前面所载诗有五字不同（见着重号），但意思相近，无关宏旨；况且诗后有“丁汝昌初稿”字样可以解释。两种版本均完全合律。另外，诗的题目有别，但题前有交代[1]，与前述红叶馆赠诗过程一致。

陈悦先生的最新发现，坐实了丁汝昌这首诗的来源，为本文画上了圆满句号。

---

〔1〕 诗前日文译稿：丁禹亭的诗。以一己之身，代替众人杀身成仁，与那些毫无气魄、毫无精神的辫子头之流，高了何止一筹？也是丁禹亭的最终结局。明治二十四年（1891）他来我国时，亚细亚协会会员诸位曾邀请他参加芝山的红叶馆例会，席上他气宇轩昂、傲然执笔，向席上诸位赋诗一首展示自己。

〇三　有公足壮海军威

——邓世昌的自撰联及其挽联考证

威海诗词楹联学会成立后，为适应威海这个新兴旅游城市的社会需求，实现诗词爱好者的夙愿，学会于2013年上半年即倾力精心编纂《威海风景名胜诗词选》。在市旅游局和设在威海的中国甲午战争博物院等单位的支持下，编纂工作进展顺利。但书稿第六稿杀青后仍有遗憾，这就是在甲午战争120周年即将到来之际，甲午战争重要故地刘公岛景区中，北洋海军爱国将领本人的诗联作品却是空白。难道他们真的没有留下一首诗和一副联吗？

说来也巧，就在我和学会隋鉴武副会长（该书主编之一）一起在印刷厂校稿时，恰遇《甲午海战》一书的作者乔洪明。我问：乔老师，听说您撰写《甲午海战》这本书，查阅了许多典籍和资料，又走访过一些知情人和北洋海军将领们的故乡及后代，你有没有发现这些将领们写有诗、词、联这样的作品？他想了一下说：邓世昌有一首诗，但不知能否找到。我说，请您找一找，发到我的手机上。第二天，我就收到了这首“诗”（实际是一副联）：

龙跃云津，凤鸣朝日；
桂生高岭，莲出绿波。

威海市环翠楼公园东门前的邓世昌铜像（王德伟摄）

乔洪明还告诉我，据邓世昌的重孙女邓立英介绍，此系曾祖父从军时自勉之作。

得到这副联后，我即与广州邓世昌纪念馆取得联系，请他们给予证实。郭勇馆长安排卢敏智馆员查复，确认这是邓世昌自撰从军励志联。后来我在网上搜索，发现此联如今仍贴在邓家祠堂的大门上。

这副联很可能是邓世昌的集句联。联句寓龙、凤这两种具有神奇色彩的动物和桂、莲这两种人们喜爱的植物以深意，从中可以看出作者的远大抱负和高尚情操。联语干净利落，清新隽永，且铿锵有力，对仗工整，为他的人生描绘出一幅灿烂的图画，读后不禁令人肃然起敬。虽仅16字，但字字珠玑，彰显了他的人格与风骨，真可谓联如其人，光照日月，气壮山河！

这副邓世昌从军自勉联和后来查到的萨镇冰的几首诗，一起入选《威海风景名胜诗词选》“刘公岛景区”栏目，弥补了无北洋海军将领本人诗词联的缺憾。

2014年初，在参与学会编纂《甲午战争120周年诗词选》时，我又不懈地对北洋海军将领们的诗联作品作进一步搜寻、挖掘，并在中国海军史研究专家陈悦先生的帮助下，收集到了北洋海军提督丁汝昌的诗，连同北洋海军军歌、邓世昌从军自勉联一同载入此书的开篇位置。这是北洋海军将领们的诗联作品120年来的首次集中亮相，凸显了这本诗词选的新颖与厚重。

同时入选的还有传播颇广的所谓“光绪皇帝挽邓世昌联”：

此日漫挥天下泪；
有公足壮海军威。

这副联，原先都说是光绪皇帝所题，在许多图书甚至学校课本中均被如此引用，特别是在甲午战争120周年即将到来时许多纪念文章中仍然如此标注。在选入《甲午战争120周年诗词选》时，我特别征询了此书特约编审、中国甲午战争博物院王记华副院长的意见，他说此联系近代书画家、鉴藏家高邕所题，并非光绪皇帝，原因是皇上称邓世昌不可能称“公”。究

邓世昌像

竟有何依据，未能说明。对于此事，我一直心存疑窦，想弄个清楚明白。当我开始撰写本书时，便向致力于中国海军史研究的陈悦先生求教，他给我发来了一张照片，这副联下果然署名为高邕，并说来自邓世昌后人提供的《民族英雄邓世昌哀荣录》，原件已丢失。幸亏《威海文史资料第五辑·邓世昌》一书（以下均简称《文史资料》）节选刊登了《民族英雄邓世昌哀荣录》。陈悦先生还给我发了一张邓世昌遗像，两侧用的这副联亦署名高邕，字迹可辨。

按说，此事可以到此为止。但是，为了进一步搞清事实，得设法拿到这本《文史资料》。到市政协去查，说此书早已没有了，档案中无存。后来根据一位朋友提供的线索，到“孔夫子旧书网”搜索，终于将这本名为《邓世昌》的书淘到手。

反复研读这本小册子，觉得威海市在20世纪80年代末90年代初做了一件功德无量的好事情：在改革开放的大潮中，1986年9月16日，县级威海市在环翠楼公园东门外，矗立起了一座民族英雄邓世昌的铜像。铜像重3.5吨，底座由大理石砌成，形似“致远”舰舰首，连同底座高10.2米，供游人凭吊瞻仰。1987年10月，地级威海市成立，进一步收集资料完善此项工作。1990年，市里派人赴张家口市宣化区访问了邓世昌的重孙女邓立英女士。邓立英1954年毕业于东北财经学院，当年接受访问时59岁，是河北省政协委员、张家口市宣化区政协副主席、宣化冶金环保设备制造厂高级经济师。当年6月12日，邓立英应威海市政协之邀，携女儿从千里之外来到威海，这是邓世昌后裔第一次来威。她参观了北洋海军提督署、中国甲午战争纪念馆、北洋海军铁码头和海军公所后炮台，所到之处流下了激动的热泪！当要离开刘公岛时，邓立英和女儿又含泪向邓世昌殉国的大海三鞠躬，凭吊先祖英灵。然后，她深情地捧起一把土放在洁白的手帕里，作为珍贵的礼物，带回邓公的家乡，做永久的纪念。[1]

在此期间，邓立英写下了《民族英雄　忠烈参天——纪念

邓世昌重孙女邓立英20世纪八九十年代的家庭照（陶宗冶摄影）

〔1〕 董进一：《怀念甲午忠魂　弘扬民族精神——访邓世昌的重孙女邓立英》，《威海文史资料》第5辑《邓世昌》专辑，第70页。

我的曾祖父邓世昌》一文[1]。在这篇文章中，她特别提到："记得在1961年元旦前后，中国人民解放军海政话剧团在上海演出话剧《甲午海战》，父亲（邓小鹏）为了表示对先祖的怀念和对海政话剧团的感谢，把太公留下来的遗墨（四幅条屏）、一口宝剑、一枚书章、有关的照片和《哀荣录》等一并交给海政话剧团，拜托他们转交给国家。1965年和1980年，我先后两次写信给中国人民革命军事博物馆和中国革命博物馆查询曾祖的遗物，回信都说没有收到，我感到万分遗憾，并希望有一天这批珍贵文物能与广大群众见面。"

有幸的是，邓立英此次向威海市捐赠了《民族英雄邓世昌哀荣录》（以下简称《哀荣录》）的影印本，其中有挽幛299幅，《文史资料》刊载了其中145幅。该书编后记说："本书共辑史稿二十篇，其中有些说法不尽一致，根据多说并存的原则，我们尊重作者原意，没有改动，作为史料，奉献给读者。"书前有时任市长李文全签名、作序。

《文史资料》中还有一篇记者中原采写邓世昌长孙即邓立英的父亲邓小鹏的文章，题为《怀念甲午海战的民族英雄》，此文发表在1961年1月7日上海《新民晚报》[2]。父女二人说法一致。

通过对以上资料的研判，发现"此日漫挥天下泪，有公足壮海军威"这副联，赫然排列在该书所刊《哀荣录》挽联中，署名为高邕。在当时邓家设堂祭奠的场合，高邕绝无可能将光绪皇帝的题联署上自己的名字。而《番禺县续志》卷23有专

〔1〕 见《威海文史资料》第5辑《邓世昌》专辑，第12页。
〔2〕 见《威海文史资料》第5辑《邓世昌》专辑，第31页。

题《邓世昌传》[1]，提到御赐祭文[2]、御赐碑文[3]等，光绪皇帝的所谓题联却只字未有。邓立英和她父亲邓小鹏的文章也均未提及。据此，这副联的作者系高邕无疑。

那么，这副联的作者又如何一度广传为光绪皇帝呢？

研究甲午战争史的著名学者戚其章在《邓世昌》这篇文章中写道：

> 其（邓世昌）“忠勇性成，一时称叹”（34）。全舰二百余名官兵，除二十七人遇救获生外，余者全部壮烈牺牲。事闻，光绪皇帝以世昌死事壮烈，极为震悼，亲赐挽联曰：“此日漫挥天下泪，有公足壮海军威。”（35）对他的英勇事迹给予了高度评价。予谥“壮节”。[4]

下面看看作为依据的两条注释：（34）《中日战争》丛刊，第三册，第一三六页；（35）邓素娥：《邓世昌遗事及有关文献》，见《图书馆杂志》，一九八二年，第二期。

在戚其章另一篇题为《略论邓世昌的爱国主义》的文章中，开篇一段如下：

> 邓世昌阵亡黄海，震惊中外。其“忠勇性成，一时称叹”。（1）光绪皇帝撰挽联云：“此日漫挥天下泪，有公

---

〔1〕 见《威海文史资料》第5辑《邓世昌》专辑，第48页。
〔2〕 见《威海文史资料》第5辑《邓世昌》专辑，第86页。
〔3〕 见《威海文史资料》第5辑《邓世昌》专辑，第88页。
〔4〕 见《威海文史资料》第5辑《邓世昌》专辑，第9页。

足壮海军威。”〔1〕

此处（1）注释：《中日战争》丛刊，第三册，第136页。〔2〕请注意，这个注，注的是前面那两句话，后面的题联等于无注。

这两篇不同的文章，共三个“注”，其中两个“注”完全相同，等于只剩下两个“注”。我们来看看这两个“注”，是否能证明这副挽联系光绪皇帝所题。

查邮购到的《中日战争》丛刊第三册，书名题为《清光绪朝中日交涉史料》，故宫博物院编。其136页是光绪二十年九月初七日（1894年10月5日，即大东沟海战后的第18天。本文作者注）直隶总督李鸿章《奏请优恤大东沟海军阵亡各员折》。该折向皇帝提出“奏请恩恤，以慰忠魂”，主要对致远舰管带邓世昌、经远舰管带林永升、致远舰大副陈金揆三人作出评语，提出优恤意见。其中对邓的评语是：

> 邓世昌首先冲阵，攻毁敌船，被溺后遇救出水，自以阖船俱没，义不独生，仍复奋掷自沉，忠勇性成，一时称叹，殊功奇烈，尤与寻常死事不同。

这“忠勇性成，一时称叹”八个字，仅是李鸿章奏折中的评语，并非光绪皇帝的意思。文中与光绪皇帝题联有关的话，更是子虚乌有。

〔1〕见《威海文史资料》第5辑《邓世昌》专辑，第72页。
〔2〕见《威海文史资料》第5辑《邓世昌》专辑，第84页。

戚其章两篇文章中言之凿凿的光绪皇帝题联，其实只剩下一条孤证，这就是 1982 年第二期《图书馆杂志》中的《邓世昌遗事及有关文献》这篇文章和照片了。这篇文章手头上的《文史资料》第 5 辑就有，但未刊照片。为慎重，我又将这本杂志邮购到手。

《图书馆杂志》刊载的这篇文章，与《文史资料》所载完全一致，是由邓世昌的孙女（即邓立英的姑妈）邓素娥口述、黄锦和笔录。邓素娥说：邓公当时遗照原存我处，并配有清帝光绪所撰挽联："此日漫挥天下泪，有公足壮海军威"，原件也已毁失，现我提供《图书馆杂志》的乃是幸存的复印小照片。记得光绪皇帝还作诗一首，发到邓氏祖居，以表震悼，诗云：

城上神威炮万斤，枉资剧寇挫我军。
后来天道终许汝，致远深沉第一勋。[1]

该文中载："邓公命令高速撞向日舰吉野……他高呼：'爱国军人不要怕死……为杀敌而死，不要偷生！不做俘虏！'"[2]

"记得光绪皇帝还作诗一首"云云，未免离谱。而邓世昌那些"高呼"的话，即使有，也并非文章中的这些现代语言，因而不足以完全采信。

而邓立英的亲撰文章则是这样写的：祠内还有这么多社会名流赠送的书画，其中诗云：

---

〔1〕 见《威海文史资料》第 5 辑《邓世昌》专辑，第 27 页。
〔2〕 见《威海文史资料》第 5 辑《邓世昌》专辑，第 29 页。

城上神威炮万斤，枉资日寇挫吾军。
后来地道终歼汝，致远深沉第一勋。

南楼高耸入云霞，四面江山壮观夸。
傍晚一城空壮阔，炊烟浓处几人家。[1]

邓立英在文章中接着说：这“两首诗是曾祖生前好友王锡鎏写的，一方面歌颂曾祖壮烈殉国，创立奇勋；一方面又谴责了贪生怕死的清朝官吏，丢下武器资助敌人”。

关于邓世昌“龙跃云津，凤鸣朝日；桂生高岭，莲出绿波”的自撰联，邓立英提供的说法与邓素娥的口述文章是一致的[2]。

邓世昌遗照及挽联（左图由陈悦先生提供；右图挽联署名缺失，载《图书馆杂志》1982 年第 2 期）

〔1〕 见《威海文史资料》第 5 辑《邓世昌》专辑，第 17 页。
〔2〕 见《威海文史资料》第 5 辑《邓世昌》专辑，第 24 页。

我将陈悦先生提供的照片[1]和《图书馆杂志》刊登的照片摆在一起端详：两张照片中的邓世昌像虽然不同，但照片两边的对联“此日漫挥天下泪，有公足壮海军威”和天头的横批“邓壮节公像”共19字，其笔迹、排列完全相同。《图书馆杂志》照片左侧没有署名，可能因照片两边裁剪，有意无意将署名裁去。再仔细看陈悦先生提供的这张照片左侧署名，全文是：

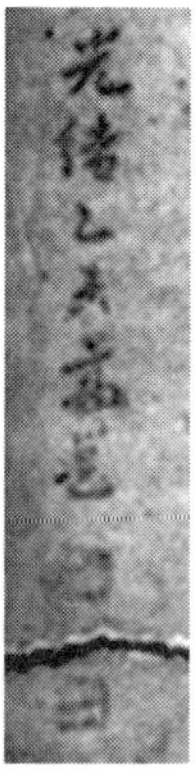

邓世昌遗照挽联落款放大图

“光绪乙未高邕［］［］”，“邕”字后面有两字模糊不清，应该是“敬题”或“敬挽”，或是题联人的两枚印章[2]。看到这儿，基本清楚了：光绪乙未是年号，乙未年是光绪二十一年，即甲午海战后的第二年（1895）。极有可能是后人误读了这个署名，把年号光绪当成题联人，而又忽略了“高邕”这两个字。光绪题联便由此而来。这位研究甲午战争最著名学者的两篇文章，第一篇载入孙克复、关捷主编的《甲午中日战争人物传》，另一篇收入其本人的《中日甲午战争史论丛》，影响广泛。可惜，这两篇文章中的几句话，却造成“误读成真”的后果，这是很遗憾的！

那张有署名的照片，给我们的另一个信息是：邓家对邓公的祭奠活动是光绪乙未年亦即1895年举行的。因北洋海军覆

〔1〕 陈悦先生给我的这张照片，系由邓世昌五代外孙叶伟力提供。该照片“文革”期间曾被撕破，后修复保存。

〔2〕 爱好书法的夏冬波先生看了本书样稿后说，这两处极有可能是挽联作者高邕的两枚印章，因为这个地方正是书家习惯用印的位置，而且其痕迹很像。此说很有道理。

灭于1895年2月17日，因此，这一活动应该是在1895年上半年某日，其《哀荣录》（《图书馆杂志》刊登稿为《哀魂录》）颇为珍贵。

写毕本文，难免有些牵挂和惦念：邓家后人1961年通过海政话剧团所赠邓世昌珍贵遗物，还能否找到，可否有人去找？那“四幅条屏”中也许就有邓公的自撰联也未可知！《哀荣录》的原件找不到了，其影印件在威海现在亦已失落〔1〕。幸亏威海市政协文史资料《邓世昌》给我们留下了其中的大部分内容，因此，终于将“此日漫挥天下泪，有公足壮海军威”的真正作者大白于天下。

〔1〕 关于《哀荣录》是否另有所藏，笔者在写作本书过程中，反复查询，终与已退休的张家口市政协文史委杨继先老主任取得联系。他说，张家口市政协文史委曾出过一本《民族英雄邓世昌》（中国民间文艺出版社1989年版），全文刊载了《哀荣录》。他手头还珍藏有一册《哀荣录》影印件。

笔者与杨主任交流，建议他将此影印件捐赠中国甲午战争博物院收藏，以利于传承。他慨然同意，遂将此影印件连同他珍藏的邓立英早年提供的七张照片、两张底片和《民族英雄邓世昌》一书寄给笔者，笔者已将这宗珍贵的历史资料全部转交中国甲午战争博物院收藏。

〇四　留取丹心照汗青

——甲午战争民族英雄赞诗

1988 年 10 月，为纪念甲午战争 100 周年，在北洋海军成军地刘公岛“海军公所”后山上，由威海市人民政府修建了一座“北洋海军忠魂碑”，以纪念和缅怀甲午战争英烈。惜未配套建设以诗、词、联颂扬英烈事迹的碑林，实为一大缺憾。

甲午战争后，诗词楹联界纪念和缅怀甲午战争英烈的诗、词、联层出不穷。其中缅怀某一两位或某位英烈的作品，能收集到的诗词有 100 多首，楹联尤多，无法统计。这些作品以诗的语言和昂扬、激奋的笔触，对英烈予以礼赞。现将其中一些主要作品展示如次，其中英烈事迹主要参考鸿鸣著《甲午海战》和徐平主编《中日甲午战争人物志》。

一、左宝贵

左宝贵是甲午战争中清陆军高级将领血洒疆场第一人，牺牲于 1894 年 9 月 14 日保卫平壤之战。原系驻防奉天（今沈阳）的总理营务翼长。1894 年 8 月 6 日奉调抵达平壤，负责防守牡丹台、玄武门一线。左宝贵亲临城上，指挥军队拼死抗敌。9 月 14 日，日军从南、西南、北三个方向完成了对平壤的合围，平壤保卫战拉开序幕。在左宝贵的率领下，众将士英勇奋战，誓死抵御，给日军以重大杀伤。不久，一名炮手中炮身亡，左宝贵迅捷而至，亲手操作，左右轰击，连发三十六炮。日军久闻左宝贵盛名，对其恨之入骨，日军指挥官下令："凡能击中头戴红顶翎者，万金赏。"重赏之下，日军一炮手瞄准左宝贵猛发一炮，弹片击中左宝贵胸肋。左宝贵迅速包扎好伤口，顽强地站立起来，继续发炮攻敌。不久，左宝贵脸颊、左胸先后中弹，壮烈牺牲。

9 月 23 日，清廷谕令左宝贵从优议恤，加恩入祀昭忠祠，赠太子少保衔，谥忠壮。光绪帝在御制碑文中写道："方当转战无前，大军云集，何意出师未捷，上将星沉，喑呜之壮气不消，仓猝而雄躯遽殉。"表达了痛惜之情。

纪念和缅怀左宝贵的诗较多，阿英编《甲午中日战争文学集》载有王春瀛（生卒年无考，字寅皆，清末天津诗人，著有《思罔斋诗文草》）《甲午三忠诗》，其中咏左宝贵诗云：

左宝贵及其守卫的平壤城牡丹台

左宝贵

平壤城千仞，妖氛压阵云。
熸师[1]非战罪，失利为孤军。
奋臂生吞虏，捐躯死策勋。
大同江水绿，生渡看诸军。

【注释】

①熸师：败军。熸音 jiān。

洪兴全的《说倭传》有赞抗倭英烈诗二首，其中咏左宝贵一首：

左宝贵

臣心百折亦难回，赢得生荣死亦哀。
烈魄忠魂当共吊，同僚尽着白衣来。

湖南永州退休教师吕志明（1939 年 1 月生，湖南永州人）有《甲午英烈咏》，其中咏左宝贵一首：

左宝贵

玄武门前炮火红，以城为冢战倭凶。
粉身碎骨英魂在，正气永留天地中。

台湾宜兰人张柏恩有盛赞左宝贵诗一首：

奉军将领左宝贵

平壤城前炮雨飞，当关一将义旗挥。
革山奋臂生吞虏，萨水捐躯死颂徽。
鼓角鸣沙秋日沸，干戈动地暮云围。
翠翎鹤顶斜阳坠，草木无情亦涕唏。

二、邓世昌

邓世昌系北洋海军致远舰管带，牺牲于1894年9月17日黄海大海战。海战于中午12时50分打响，双方交战至下午两时半，敌先锋队吉野、高千穗、秋津洲、浪速四舰由北洋舰队右翼向左迂回，驶至定远舰前方，企图施放鱼雷。吉野等四舰在日本联合舰队中战斗力最强，因此对定远舰造成了严重的威胁。为保护旗舰，邓世昌指挥致远舰开足马力，驶在定远舰前迎击日舰。旗舰得到了保护，致远舰却陷入四艘敌舰的包围之中。邓世昌毫不退缩，镇定自若地指挥与敌作战。交战约一小时，致远舰多处受伤，且弹药将尽。这时，致远舰距离日吉野舰较近，邓世昌早就气愤吉野舰的恶行，欲与其同归于尽，打击敌人的嚣张气焰。邓世昌曰："倭舰专恃吉野，苟沉是舰，则我军可以集事。"于是他下令以最高速度向吉野舰冲去。日舰发现这一情况后，集中火力轰击致远舰。致远舰中弹起火，浓烟滚滚，仍向敌舰冲去，但不幸中敌鱼雷，锅炉爆炸，舰身倾覆，很快沉没。官兵们纷纷坠入海中，邓世昌与大副陈金揆等同时落水，随从刘相忠递给他救生圈，他坚持不接，愤然高喊："事已如此，誓不独生！"又一艘大清鱼雷艇驶来施救，

北洋海军部分军官合影，中立者为邓世昌

邓世昌坚持不受。这时，他的爱犬也游到他的身边，衔住邓世昌的手臂，被他推开。爱犬又衔住他的头发，邓世昌用手将爱犬按入水中，自己也随之沉没牺牲，时年仅45岁。

邓世昌牺牲后，举国上下莫不痛悼。光绪皇帝赐他“壮节”谥号，追封“太子少保”，还派钦差大臣到广东安抚其家属，并为其写祭文、碑文各一篇。次年，光绪皇帝赐白银十万两，用来修邓氏宗祠。1897年，又赏给邓母匾额一方，以示旌奖。

光绪皇帝的《御赐碑文》有这样四句话：

卫社稷以执干戈，马革慰沙场之志。
听鼓鼙而思将帅，龙纶宣黼扆之恩。

威海百姓为了纪念这位民族英雄，家中多挂邓世昌肖像。

成山头始皇庙邓世昌木雕像
（杨继先提供，原为邓立英保存）

荣成百姓还在成山头日主祠内立邓世昌木雕像，岁时祭祀，表达敬仰和怀念之情。缅怀邓世昌的诗、词、联颇多，现择要枚举：

1. 缅怀诗

王春瀛《甲午三忠诗》：

邓世昌

万里楼船下，龙旗据上游。
前军甘避舍，大将怒沉舟。
杀贼留遗恨，孤生亦足羞。
魂兮归也未？东海暮云愁。

洪兴全《说倭传》赞诗：

邓世昌

报国捐躯仰邓君，忠臣义犬策殊勋。
出师未捷身先死，名勒旗常处处闻。

今人吕志明（湖南永州人）有《甲午英烈咏》，内有《邓世昌》一首：

邓世昌

扬帆海战大东沟，弹尽船残撞敌舟。
风卷龙旗多壮烈，丹心碧血耀神州。

今人孟宝林（1940年生，江苏东台人）有《邓世昌赞》：

邓世昌赞

撞向倭船不顾身，惊天动地泣鬼神。
未酬壮志人先殁，青史留名铸国魂。

今人吴农荣（1941年8月生，甘肃民勤人）有颂邓世昌诗一首：

抗倭英雄邓世昌

折戟沉船失海防，拼将热血报尧邦。
田横五百魂犹在，亘古男儿邓世昌。

今人张四贵（1944年5月生，江西余干人）有颂邓世昌诗一首：

民族英雄邓世昌

风急波涛涌，烟硝炮火隆。
恨倭深入骨，报国显初衷。
疾速船飞驶，寇仇魂陡懵。
壮歌歌一曲，热血化长虹。

2. 缅怀词

今人洪启云（1946年9月生，湖北浠水人）有《满江红》一首：

满江红·怀念邓世昌

立地冲天，铮铮汉，邓公“壮节”。怀赤胆，越洋飘海，满天风雪。求学西洋军舰驶，迎来华夏军威慑。踏黄海，劈浪斩波涛，飞舟遏。　　敌称霸，心未灭。中日战，惊鱼鳖。疾风掀浊浪，海洋撕裂。炮火冲天惊敌胆，硝烟漫卷吞饕餮。残阳照，万顷浪花红，英雄血。

刘进美（女，1958 年 10 月生，山东海阳人）有《千秋岁》一首：

千秋岁·谒邓世昌塑像

正卿壮节，潮舞千堆雪。提督像，铭文碣。升旗冲敌阵，虎胆倭魂慑。嗟致远，弹飞哑炮豪雄血！　　科技强中国，航母歌三叠。挥利剑，承韬略。霁云犹带雨，演武何曾歇。当崛起，激流直上千帆跃。

3. 缅怀联

一是许玉堂（生卒年、生平不详），挽邓世昌联存于《哀荣录》：

壮节耀云天，两字[①]嘉名承北阙；

英风吹海水，千秋遗恨指东沟。

【注释】

①两字：指“世昌”。

二是邓氏祠堂楹联：

云台功首①；甲午留名。

【注释】

①云台功首：见《后汉书》，东汉光武帝曾把立有大功的28位将领的事迹写在云台上，其中以邓禹为首。将此典用于这副联，即将邓世昌的功绩与邓禹相比拟。

三是邓瑞人（邓世炽，字瑞人，邓世昌堂弟）的《杭州西湖南阳小庐联》：

家传高密遗风，痛吾兄突舰捐躯，罢战海东还，退隐犹寻林处士；

我是罗浮旧侣，怅故国嚣尘蔽日，卜居湖上住，比邻犹近葛仙翁。

四是今人徐俊杰（江苏海门人）《颂邓世昌联》〔1〕：

昔曾壮我军威，将马力铆足，一人大写春秋日；

今欲静其海浪，有龙吟在耳，千里重开甲午年。

五是杨玉书（四川宜宾人）《挽邓世昌联》〔2〕：

〔1〕 葛韶华主编：《纪念甲午战争120周年全国诗词楹联大赛获奖作品集》，南京出版社2014年版，第86页。

〔2〕 葛韶华主编：《纪念甲午战争120周年全国诗词楹联大赛获奖作品集》，南京出版社2014年版，第91页。

悲情一撞兮，舍身何惜自沉，忠魂从此耀千古；
甲午两轮矣，回首犹哀壮节，敬意何曾减半分。

六是王夏男（安徽合肥人）《题民族英雄邓世昌联》[1]：

劈浪扫魔烟，豪气干云惊敌寇；
殉身酬壮志，先声逐日震乾坤。

七是黄武（江西吉安人）《题邓世昌联》[2]：

甲午重逢，忆当年黄海沉舟，痛我心来怀壮节；
英雄未死，欣此世青云蔽日，腾龙浪起护中华。

八是李金明（河北定兴人）《咏邓世昌联》[3]：

不愧英雄，慨国难临头，一腔热血倾黄海；
可歌气节，望邓公殒处，万里长风卷碧涛。

特别推荐陈实铭（生卒年不详，河南商丘人，20 世纪 30 年代在威海卫管理公署任秘书，民国初曾任山东费县、临朐县

〔1〕 葛韶华主编：《纪念甲午战争 120 周年全国诗词楹联大赛获奖作品集》，第 101 页。

〔2〕 葛韶华主编：《纪念甲午战争 120 周年全国诗词楹联大赛获奖作品集》，第 106 页。

〔3〕 葛韶华主编：《纪念甲午战争 120 周年全国诗词楹联大赛获奖作品集》，第 107 页。

令，南开大学教授）写的一首诗，总括了对甲午战争中陆军将领左宝贵、海军将领邓世昌的敬仰与怀念，颇有意境：

刘公岛旧廨吊忠

故垒萧条大树凋，高衙依旧俯寒潮。
英名左邓同千古，白骨沉沙恨未消。

三、林永升

林永升系北洋海军经远舰管带，牺牲于黄海大海战。1894 年 9 月 17 日，北洋舰队与日本联合舰队在黄海海面相遇，林永升下令将龙旗悬于桅顶，并全部撤掉船舱木梯，以示誓死奋战。海战开始后，林永升指挥经远舰将士奋勇杀敌，给日舰以沉重打击。战到下午 3 时左右，北洋舰队右翼阵角的超勇、扬威二舰中弹起火焚没，随后致远舰沉没，左翼阵角的济远舰在管带方伯谦的指挥下驶离战场，随之广甲舰也驶出阵外。此后，日吉野舰等四艘主力战舰围攻经远舰，经远舰舰体多处中弹，火势陡发。但林永升与经远舰全体官兵斗志昂扬，有进无退。全舰将士边发炮还击敌人边扑灭火焰，绝无混乱之状。日舰依仗势众，以排炮猛攻经远舰，林永升不幸中弹，脑裂而亡，年仅 42 岁。

林永升像

林永升捐躯后，朝廷以其在海战中“争先猛进，死事最烈”，照提督例从优议恤，并追赠太子少保。

今人吕志明（湖南永州人）有《甲午英烈咏》咏林永升云：

林永升

水师骁将战倭船，怒海惊涛勇向前。
舍己成仁天地恸，英风浩气壮山川。

今人徐长久（1947 年生，江苏徐州人）有悼诗一首：

吊林永升

将军仗剑赴瀛澜，弹雨腥风视等闲。
舰漏舷倾犹射炮，头伤臂断尚挥拳。
捐身欲补江山阙，赴义难匡社稷坛。
我荐心香权作酒，恨无倭首供牲盘。

今人汪从周（1934 年生，安徽岳西人）有诗赞曰：

咏林永升

甲午魔云压海疆，劈波打鬼气轩昂。
指挥经远伤多舰，无畏捐躯百世芳。

今人田鑫（河北怀安人）有《题林永升联》[1]：

---

〔1〕 葛韶华主编：《纪念甲午战争 120 周年全国诗词楹联大赛获奖作品集》，南京出版社 2014 年版，第 84 页。

气节当崇，大节当崇，尚志更须尚智；
海魂不散，忠魂不散，永升必定永生。

今人熊建光（湖南长沙人）亦有联云：

功比正卿，敢战倭酋真烈士；
籍同少穆，能纾国难大英雄。[1]

四、林泰曾

林泰曾系北洋海军左翼总兵兼镇远舰管带。1894 年 9 月 17 日，黄海大海战爆发，林泰曾所在的镇远舰桅楼上的哨兵首先发现敌舰。林泰曾一声令下，全舰官兵进入战斗状态，并将舰上所有舢板拆除，决心与敌以死相拼。12 时 50 分，双方舰队相距 5200 米时，继定远旗舰发炮后，林泰曾亦下令开炮。北洋舰队以“人”字形阵猛冲直前，林泰曾所率镇远舰紧随定远舰之右略偏后，像锐利的锋刃插向敌舰群。

15 时许，定远舰忽中一炮，舰腹起火，日舰趁机扑来，定远舰处于危急之中。林泰曾马上命令大副杨用霖驾舰急驶，上前掩护。战况极其惨烈，北洋舰队致远、经远两舰相继沉没，超勇、扬威两舰焚毁，济远、广甲两舰先后撤出，靖远、来远两舰亦受伤而驶离作战海域。战场上只剩镇远、定远两

〔1〕 葛韶华主编：《纪念甲午战争 120 周年全国诗词楹联大赛获奖作品集》，南京出版社 2014 年版，第 111 页。

林泰曾像（林泰曾五代孙女林佩姚提供）

舰，而且还处于日松岛舰等五舰包围中，形势十分危急，但广大将士在林泰曾、刘步蟾率领下，誓死抵御，不稍退避。

林泰曾指挥镇远舰将士与日舰鏖战五小时之久，勇抗顽敌，力助北洋舰队以寡敌众，最终迫使日舰撤逃战场。海战结束，论功行赏时，李鸿章据实奏报，林泰曾以功赏换“霍春助巴图鲁”勇号。

是年冬，林泰曾随舰队游弋登州一带返回威海，正值中午落潮，当驶入威海港北口时，由于浮标漂移，导致镇远舰误擦礁石，伤及机器舱。平时严于律己的林泰曾自认失职，忧愤服毒自尽殉国，时年43岁。

今人曹鸿志（1939年生，辽宁大连人）有诗曰：

悼林泰曾

海战铸军魂，抗倭赤子心。
击沉日战舰，名辱遁逃人。
热血染黄海，罪屈紫禁门。
经年洗国耻，不忘祭将军。

五、刘步蟾

刘步蟾系北洋海军右翼总兵兼旗舰定远舰管带。1894年9

月 17 日，北洋舰队与日本联合舰队在鸭绿江口外的黄海相遇，双方展开激战。北洋舰队摆成“人”字阵，定远舰恰在“人”字尖端，冲锋在前。开战不久，提督丁汝昌身负重伤，刘步蟾立即代为督战。他指挥定远舰用 30.5 公分巨炮打穿日舰比睿号右舷舰长室，并在后墙中爆炸，致其下甲板燃起熊熊大火，十几人在飞迸的弹片中毙命，30 多人受伤。比睿号完全丧失战斗力，慌忙突围逃去。

刘步蟾像

13 时 25 分，定远舰用后部 15 公分克虏伯炮轰击日舰赤城号，弹片击中正在观看海图的敌舰长坂元八太郎的头部，令其当即毙命。这是中日甲午海战中唯一丧命的日军舰长。14 时 15 分，定远舰逼近敌舰西京丸号，先后发炮命中其左右舷侧和上甲板，致其舵机失灵。致远等舰沉毁后，日舰松岛、千代田、严岛、桥立、扶桑五舰，将定远、镇远二舰紧紧缠住，猛烈炮击。在刘步蟾的指挥下，定远各将弁誓死抵御。定远舰已是弹痕累累，炮械残损，仅有三尊大炮还能施放。刘步蟾熟练地指挥定远舰进退迂回，使敌炮不能取准。抱定“舰亡与亡”决心的刘步蟾拼死抵抗，全舰将士上下一心，定远舰始终巍然屹立。15 时 30 分左右，定远舰抢先一步发炮击中了日本旗舰松岛舰要害，据日方自己记载：“霹雳一声，船轴倾斜了五度，冒起白烟，四顾暗淡，炮台指挥官海军大尉志摩清直以下，死伤达一百余人，死尸山积，血流满船。”松岛号完全失去了指挥和战斗能力，日本海军司令伊东祐亨不得不换乘桥立号。定远舰愈战愈勇，而日舰无心再战，仓皇遁逃。

此次大海战，刘步蟾因功晋记名提督，赏换“格洪额巴图鲁”名号。战后，丁汝昌离舰养伤，朝廷命由刘步蟾代理提督，于旅顺军港督修战舰。在朝廷下令将丁汝昌逮京治罪之际，刘步蟾毅然会同各舰管带发出公电，肯定了丁汝昌“表率水军，联络旱营，布置威海水陆一切”的抗敌行动，并据理力争，要求朝廷“收回成命”，准许丁汝昌“暂留本任”。最终丁汝昌得以留任北洋海军，威海战局渐趋稳定。

1895 年 2 月 5 日凌晨 3 时半，日本鱼雷艇从南口驶进威海港实行偷袭，威海卫保卫战拉开战幕。定远舰中敌鱼雷进水，势将沉没。在此千钧一发之际，刘步蟾果断下令砍断锚链，将舰驶到刘公岛铁码头东侧的浅滩搁浅，作为水中炮台使用，以继续发挥其保卫刘公岛的作用。伤损的定远舰配合其他各舰，先后击退敌人的数次进攻。到 2 月 10 日，舰上储备的弹药全部打光，无力再战。为使战舰不落入敌手，刘步蟾在得到丁汝昌的同意后，下令炸毁定远舰。当天夜里，他看着濒临毁灭的舰队，想着心爱的定远舰毁没大海，痛心疾首，毅然自杀殉国，履行了他“苟丧舰，将自裁”的誓言，年仅 44 岁。

就是这样一位战功赫赫的北洋海军将领，却一度遭受洋人歪曲，蒙受不白之冤，并在《甲午风云》这部电影中成了“反面人物”。现经过历史学家甄别平反，已还原了历史本来面目。

今人汤道深（1938 年生，福建龙岩人，北京师范大学历史系毕业后参军，正师职、大校军衔）有诗咏叹：

刘步蟾

遥望扶桑几点烟，曾经御日谏真言。
麾师黄海披肝胆，坐镇炮台斗狈獾。
一语成谶遗国恨，全情奉献汝英年。
未酬壮志后人继，名将之光耀禹天。

今人曹杰（1990 年 7 月生，广东惠来人）有诗赞曰：

咏刘步蟾将军

百战征尘气似虹，捐身取义树高风。
环中久沐英雄气，禹甸犹传荡寇功。
雪厚分明松更健，金纯何惧火犹熊。
东洋拜鬼扬波日，总梦先生磨剑中！

六、丁汝昌

丁汝昌时任北洋海军提督。1880 年冬，丁汝昌受命率林泰曾、邓世昌等 200 余名官兵赴英国接回超勇、扬威两艘快船。1888 年，北洋海军成军，任提督，统领大小舰、船、艇 40 多艘。1894 年 9 月 17 日，黄海大东沟海战爆发，他不避艰险，身立望桥督战，不幸身负重伤，刘步蟾让士兵扶他入舱养息，他断然拒绝，草草包扎伤处后仍坐于甲板督战指挥。经 4 小时 40 分钟的激战，击伤敌舰多艘，虽清军有四艘战舰沉没，但全体官兵英勇无畏，顽强拼战，最终迫使日舰率先逃离战场。

刘公岛上的丁汝昌纪念馆

黄海大战后，丁汝昌伤势恶化，不能亲自主持舰务，便由刘步蟾暂代其职，自己稍作休养。其间，因屡遭言官弹劾，他只能戴“罪”视事。1895 年 1 月 19 日，日军从已被占领的大连湾起航，次日驶抵荣成湾，登陆包抄威海卫，并攻占威海湾沿岸炮台，然后陆、海两路夹击刘公岛。就在丁汝昌于威海港积极备战时，英国塞班号军舰转来日舰队司令伊东祐亨的劝降书，丁汝昌阅后断然拒绝，并将劝降书上交李鸿章，以明心志。日军诱降未逞，便开始全力攻击北洋舰队。1 月 30 日至 2 月 11 日，丁汝昌率领北洋海军将士与日本侵略者进行了十三天的殊死搏战，打退敌人七次进攻。虽然竭力抗击，但毕竟寡不敌众，岛上局势愈加危急，部分兵勇、洋员与清军官员表露出投降的意图。丁汝昌闻听怒道：“投降为不可能之事！”

2 月 9 日，日军开始了第六次进攻。伊东祐亨集结其所有战舰数十艘，众炮齐发，攻打刘公岛南口。丁汝昌亲登靖远舰，率队与敌拼战，战至中午时分，靖远舰中炮后被迫搁浅，丁汝昌、叶祖珪则幸免于难。

2 月 11 日，炮声再起，日军开始了第七次海上进攻。北洋将士全力抗敌，又一次击退日军的疯狂进攻。

其间，丁汝昌曾多方设法求援，均无结果。知道救援无望，而港口内外日舰艇重重包围，北洋海军所剩几艘伤残舰船根本无法冲出，丁汝昌生出以死报国的念头，他叹道："与舰偕亡，臣之职也！"遂食鸦片，至 12 日晨 7 时而亡。

丁汝昌宁死不降，以身殉国，表现出了军人气节和民族精神，清政府却把他当作了甲午战败的替罪羊，光绪帝下旨"籍没家产"，不许下葬。直至宣统二年（1910），已故 15 年之久的丁汝昌才得以昭雪，并与夫人魏氏合葬于巢县青龙山旁小鸡山顶（今安徽省无为县严桥乡梅山村）。

与清廷态度相似，大众一度认为丁汝昌同意投降或畏罪自杀，故而悼念他的诗出现得较晚。

诗人魏艳鸣 2016 年 1 月 3 日赋诗一首：

怀丁汝昌将军

只手安能托覆船？水师如梦更如烟。
功名萤火夜三五，戎马荆途路八千。
义赴危时慷慨节，讵知身后是非篇？
英雄流血还流泪，黄海涛声犹接天。

诗人李瀛泉（四川剑阁人）写道：

丁汝昌

呕心富国及强兵，不计暑寒营寨行。
带伤指挥神色定，捐躯落得罪臣名。

“英雄流血还流泪”，是诗人对历史不公的愤慨表达，刘步蟾及后面还要提到的张文宣又何尝不是如此呢？历史不容虚构。改革开放初期，丁汝昌、刘步蟾的冤案终于得以平反昭雪，丁汝昌的家乡庐江县石头镇还矗立起了一座丁汝昌塑像。庐江县诗词学会副会长、《庐江诗词》副主编张本应有诗为证：

丁汝昌塑像故乡落成三首

一

凛然似正怒东方，忧愤双眸隐泪光。
毅魄应知新世泽，缁袍疑带旧朝伤。
凄迷道路多坑阱，蛀朽江山无栋梁。
斗酒只鸡非汝愿，我来只报国威扬。

二

瀚海惊涛视等闲，十年潮汐塑苍颜。
劈波曾解高丽厄，辨气久知倭寇奸。
宫殿管弦声穆穆，山河血泪渍斑斑。
国门一战终难免，谁祭浩然天地间？

三

东瀛威胁日深沉，子夜无眠泪满襟。
破虏纵无诸葛策，成仁自有秀夫心。

平生大节垂青史，抵死孱躯抱赤忱。
百载苍茫无限恨，终随风雨易乡音。

丁汝昌另一位同乡高岳山有诗一首：

丁汝昌

月牙塘里隐蛟龙，龙骨山西有玉骢。
归附淮军经百战，筹谋舰队建奇功。
挥师仓促天机失，迎敌消沉绝境中。
甲午风云千古鉴，一场噩梦岂成空。

丁汝昌后人也不断地对先祖以诗寄托哀思，其中他的五世外孙赵怀民有诗一首：

纪念先祖爱国提督丁汝昌殉国 105 周年

气壮山河捍海疆，刘公岛上溢馨香。
忠魂万古春长在，一代英豪愿已偿。

纪念甲午战争 120 周年时，丁汝昌的五世孙丁昌明填词一阕：

满江红·甲午一百二十周年祭

甲午双轮，干支转，百廿岁月。望恨海，血烟犹在，遗情未绝。苍岛伫听丁邓吼，龙旗激奋忠臣烈。把樽杯、仰首慰忠魂，祭碑阙。　　看鬼蜮，妖魔结。祟魑魅，吹余孽。又温军国梦，理歪词厥。千口竞嗤参鬼事，万方齐唾招魂聒。看乾坤、劲旅镇岩疆，江山铁。

作为北洋海军成军地和覆没地，威海的民众对甲午战争有更深刻的记忆与怀念，对奋战疆场的英雄有着特殊的感情，特别是诗人们，写下了大量诗篇。其中，尤其对丁汝昌誓死不降之精神多有赞誉，痛其难能可贵，赞其虽败犹荣。1938 年出生的老同志罗福江有这样两首诗，一首专门针对丁汝昌被冤屈而作：

丁汝昌

挑灯劈印壮心焦，舰葬门旁万顷涛。
父老无言怎相见，殉国败将敢直腰。

丁汝昌手植紫藤

丁汝昌寓所院内，有一架繁茂的紫藤，相传为丁公手植。这位老同志又借此深情地写道：

丁公手植紫藤

窗外粗藤卷向低，客来无扰紫花齐。
兵家撒手刘公岛，岁岁分香到海西。

“岁岁分香到海西”，就是祖国的大江南北和神州大地都能闻到那不尽的馨香！口赞心颂，其意深深，其情悠悠！

七、杨用霖

杨用霖，1885 年任镇远舰大副，旋升帮带大副。1894 年 9 月 17 日，北洋舰队与日本联合舰队激战于黄海大东沟。大战一开始，杨用霖即奋然曰：“战不必捷，然此海即余死所！”他协助管带左翼总兵林泰曾，指挥全舰将士奋力抗敌。其时，弹火方炽，血肉飞溅，尸首横陈，而杨用霖神色不动，攻战愈猛。战后论功，杨用霖得补副将，赏加“捷勇巴图鲁”称号。

是年 11 月，镇远舰巡海返回威海卫港，驶进北口时舰底触礁进水，管带林泰曾自认失职，忧愤自杀，杨用霖遂升护理左翼总兵兼署镇远舰管带。

1895 年 2 月 5 日，旗舰定远舰中鱼雷搁浅，丁汝昌移督旗于镇远。2 月 11 日，刘步蟾、丁汝昌先后自杀殉国。北洋海军水陆营务处提调牛昶昞等迫杨用霖出面同日本接洽投降事宜，杨用霖义正词严，坚决拒绝。随后他走进船舱，口诵民族英雄文天祥“人生自古谁无死，留取丹心照汗青”的千古名句，吞弹而亡，实现了他“吾将以死报国”的诺言。

杨用霖拒绝苟生，以死殉国，朝廷嘉其忠烈，予优恤赏银治丧，赠提督衔，给骑都尉兼云骑尉世职。

到目前为止，尚未发现赞颂杨用霖的诗、词、联。然而，口诵着“人生自古谁无死，留取丹心照汗青”的诗句殉国的英烈，其高尚气节与情操可歌可泣。

八、张文宣

张文宣，北洋护军统领，记名总兵，驻守刘公岛陆军最高将领。1887 年，张文宣被调防至威海，率亲军正、副两营驻刘公岛，在岛治军、筑炮台、抗击日寇，长达 9 年。修筑炮台之暇，他督率士兵加练新式陆操，“且操且防”，还勤为岛民办事，赢得百姓的信赖和爱戴。1890 年夏，当地民众以刘公岛绅商的名义，为治军严明、待人宽厚的张文宣立下“治军爱民”“军肃民安”两尊功德碑。

1894 年 7 月 25 日，日舰多次抵近刘公岛袭扰，被张文宣指挥各炮台击退。

1895 年 1 月 30 日起，日军占领威海卫及南北两炮台，海陆两路猛攻刘公岛，先后发起 8 次冲击。张文宣率部配合北洋舰队发炮抗击，使日军登陆刘公岛的企图一再延迟。2 月 11 日，北洋海军提督丁汝昌自杀殉国，张文宣仍然顽强作战，誓与炮台共存亡。11 日上午，日舰第三游击队又两次炮击刘公岛，张文宣率领将士依托刘公岛炮台发炮还击。第一次炮击，日葛城舰被击中左舷，失去战斗力，伤亡士兵 7 人，被迫退出战列。第二次炮击，日舰“天龙”“大和”均被击中，其中天龙舰副长海军中尉野信阳等 5 人毙命，伤 6 人。张文宣自身亦多处负伤。在救援无望、粮弹告竭的悲愤中，他遗书于李鸿

"治军爱民"张文宣德政碑

"军肃民安"碑（英租时期所摄）

章："此次战事……得失勇怯，不能以成败论。"遂于 2 月 12 日自杀殉国，时年 45 岁。其忠心义胆，昭然可鉴！

长期以来，对于这样一位英烈，史书却极少提及。他似乎被历史遗忘了，也缺少挖掘和研究者。张文宣未曾留下一张照片，这可能与他是李鸿章的表外甥有关。刘公岛管委会文物处彭均胜处长曾发表过《张文宣：不该遗忘的北洋护军统领》的文章，颇值一读。历史冤案应该平反，被遗忘的英雄更应该得到颂扬。幸运的是，孙克复、关捷主编的《甲午中日战争人物传》已将其录为陆军将领第一人；徐平主编的《中日甲午战争人物志》（金城出版社 2014 年版）也将张文宣置于应有位置。

笔者写到这儿，情不自禁地吟诗二首，以慰英灵：

张文宣治军爱民赞

风云威海卫，千古话文宣。
统领屏藩地，军民共颂贤。

吊甲午战争英烈张文宣将军

文宣久有武将风，甲午炮红血战功。
青史宜留公正笔，昂然殉国傲苍穹。

九、黄乃模

黄乃模时为致远舰二副。1894 年 9 月 17 日黄海大战中，黄乃模协助邓世昌指挥致远舰东冲西突，攻击敌舰，表现出色。在激烈的海战中，致远舰多处受重伤，即将倾覆，仍奋勇向前，犹如一柄锋利的宝剑，直刺日吉野舰！吉野舰上的倭寇惊呆了，集中火力猛轰，致远舰不幸被击中沉没。黄乃模同舰上 252 名官兵，一起随舰沉入大海。时年仅 32 岁。

黄乃模牺牲后，清廷追封参将（正三品）衔，赠武威将军。钦赐银五百两、祭葬银一百两，荫一子，世袭云骑尉。

为纪念这位英烈，1924 年萨镇冰任福建省长时书赠“冰雪双清”匾额。在闽江南岸的台山上，建有邓颖超题字的“乃模亭”，上有已故全国书法家协会主席启功先生题联：

破釜沉舟，孤忠殉国；
舍身御寇，百代流芳。

十、戴宗骞

1887 年，李鸿章以刘公岛为北洋舰队基地于威海设防，奏派戴宗骞总管绥、巩各军，督办威海防务。戴宗骞到防后，在威海湾南北两岸共修筑海岸炮台 6 座、陆路炮台 4 座，由绥、巩军八营驻守。1891 年，论功晋道员。1894 年，中日甲午战争爆发。1895 年 1 月，日军进攻威海卫，迫于敌人攻势太猛，戴宗骞不得已由南帮炮台退守北帮炮台，最后只剩下 19 人，有人劝他放弃炮台，他说：“守台，吾职也。兵败地失，走将焉往？吾惟有一死以报朝廷耳，他言何哉!”2 月 2 日他被丁汝昌派小艇接回刘公岛。后自尽殉国。王春瀛作《甲午三忠诗》赞戴宗骞曰：

戴宗骞

卅载从戎去，今朝势倒悬。
破山雷撼地，掀海浪滔天。
仓卒肱先折，孤危志倍坚。
薰莸难并处，从此慎筹边。

甲午战争英烈还有很多，以下将士也应得到重点祭奠和怀念：

叶祖珪，黄海大战中为靖远舰管带，战功卓著。1901 年任总理南北洋海军兼广东水师提督，1905 年在上海病逝。

邱宝仁，黄海大战中为来远舰管带，战功卓著。北洋海军覆没后被革职，后病故。

林履中，黄海大战中为扬威舰管带，战舰遭击沉而壮烈牺牲。

黄建勋，黄海大战中为超勇舰管带，战舰击沉后壮烈牺牲。

王国成，济远舰二等水手。1894 年 7 月 25 日拂晓，济远等舰完成护航任务返航时，在丰岛附近海面突然遭到日本联合舰队第一游击队的袭击，管带方伯谦贪生怕死，下令挂白旗。

王国成不顾方伯谦不准发炮的命令，毅然挺身而出，奔向尾炮，在水手李仕茂等多人协助下，用尾炮对准吉野舰连发四炮，击伤敌舰，迫其逃逸。丰岛海战后，提督丁汝昌嘉奖济远击伤吉野有功人员，赏王国成白银500两。1895年2月，北洋海军覆没，王国成誓死不降，只身去了旅顺，因生活无着，1900年忧愤客逝他乡，时年33岁。

萨镇冰，康济号练习舰管带。1895年2月，萨镇冰在刘公岛南口的日岛浴血奋战10天，战功卓著。

宋庆，清朝北洋军务帮办，是甲午战争陆战辽东战场主帅之一，战功卓著。

高善继，清朝仁字军营帮办，1894年7月任高升号运兵船统带官。在英国船长不顾中国将士的强烈反对、准备下令高升号随日舰行驶的危急关头，他挺身而出，拔刀对英国船长喊道："敢有降日本者，当污我刀!"同时组织抵抗日舰的攻击。后随高升号沉没而壮烈牺牲。

周家恩，清巩军新右营署理营官，驻守冬青顶（即摩天岭）炮台。1895年1月20日，周家恩面对敌人的猛烈进攻，率兵展开肉搏格斗，与全营将士一起英勇阵亡。

以上罗列了19位英烈，是甲午战争英雄中最突出者，为中华民族之骄傲，应永世讴歌和缅怀。本节或可备有朝一日建立"甲午战争英烈碑林"或"甲午战争英烈纪念堂"之参考。

现以今人潘继洲先生（1955年生，辽宁朝阳人）缅怀甲午战争死难先烈联作本篇结尾：

威震海疆，甲午炮声犹在耳；
名垂史册，英雄壮举总萦怀。

○五　渊翁风骨自雄奇

——刘永福率黑旗军拒日保台诗略

在我国宝岛台湾的近代史上，有三位知名人物值得永远纪念：一是1661年从荷兰人手中收复台湾的郑成功，他是民族英雄；二是1884年奉命督办台湾军务，领导抗法斗争和建设台湾的刘铭传，他是台湾的首任巡抚；三是甲午战争前奉旨赴台湾帮办防务，后率黑旗军反割台、抵抗日军侵占台湾的刘永福，他也是民族英雄。

刘永福（1837—1917），字渊亭，广西钦州（今属广西防城）客家人，祖籍博白东平，原是反清的黑旗军将领。1883年，刘永福率黑旗军参加中法战争，屡次大败法军。甲午战争期间，他奉命赴台抗日，但最终失败内渡。1895年5月25日台湾割让后，刘永福拥立巡抚唐景崧为“台湾民主国”总统，自称大将军。1917年1月病逝。

刘永福在越南抗击法军的战斗中屡战屡胜，取得了赫赫战功，迫使法国政府茹费里内阁倒台。光绪十一年（1885）六月

刘永福像

二十五日，刘永福率黑旗军从保胜撤军回国，安置在云南文山南溪一带，后被清政府收编。光绪十二年（1886）一月，刘永福由南宁抵达广州，屯兵于东门外十五里张之洞预先为其修筑的龙泉岗营盘，“授以两粤一缺，并请明谕仍令带本部驻扎省城原防训练部勇听候调遣”〔1〕。

光绪二十年（1894）七月，中日甲午战争爆发，清朝政府命时任南澳镇总兵刘永福带兵赴台湾救急。八月，刘永福率领驻广州两营黑旗军旧部，及在广东汕头招募的两营新兵，合四营兵力，分乘“威靖”号和“驾时”号两艘军舰开赴台湾。刘永福先是率部驻防台北，后奉令移驻台南，从台湾的散兵中再招募四营军士，将队伍扩充至八营，约二千兵力，仍称黑旗军。后刘永福又从旧部抽调三百名军士组成“七星队”，作为黑旗军的主力先锋。儿子刘成良、刘成业和女儿刘秀蓉也随父征战。

黑旗军纪律严明，驻扎台南恒春期间，台湾百姓称赞“烽烟不警，鸡犬无惊”。军营里不时响起《黑旗军军歌》：

〔1〕转引自江铁军著《刘永福》，广东人民出版社 2011 年版，第 59 页。

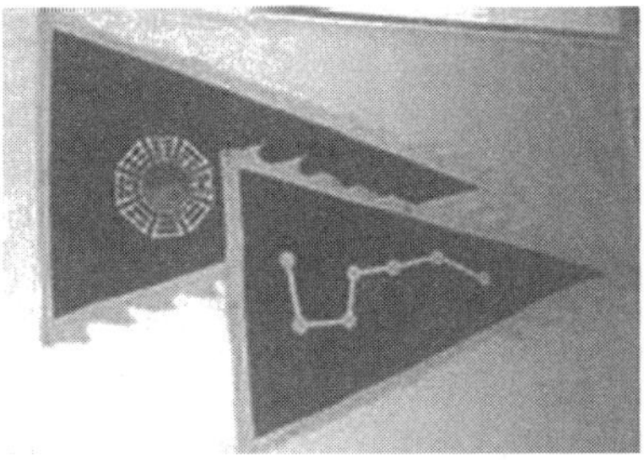
黑旗军七星旗

黑旗军士兵

天上七星旗，草泽出英烈。

奇兵败强寇，大刀还击缺。

千仞崎岖路，三军心皎洁。

宝岛前驱铁与血，黑旗之团真豪杰。[1]

此歌为刘永福的朋友、福建诗人林鹤年根据诗人许銮在中法战争时作的《黑旗团》改编的。这是一首慷慨激昂的军歌，也是雄壮有力的催阵战鼓，更是凝结在黑旗军七星旗之上的壮士心声！一支有战斗力的军队，必须有一首威武雄壮的军歌以提振士气。刘永福正是通过这样的形式，在台湾民众中树立军威，扩大自己的队伍。

光绪二十一年（1895）四月十七日，《马关条约》签订，清政府被迫将台湾割让日本，并饬令在台官员内渡。时任钦差帮办台湾防务、记名提督军门等职务的刘永福却坚持留下，独立支撑抗日保台大局。

其一，坚守要隘，一心抗敌。他将作战指挥部从凤山迁往台南府城，派人接替内渡官员的空缺，恢复正常办公秩序，稳

〔1〕 张永枚：《黑旗！黑旗！——刘永福拒日保台传奇》，长城出版社1997年版，第26页。

定政局；联络各地防军和台民义军，明确统属关系，统一号令；改进防务系统，构筑以新竹为第一线的整体性防御体系，设置新竹、大甲溪、八卦山、曾文溪等主要防线。

其二，他号召台民有钱出钱，无钱出米，拿起刀枪棍棒共同抵御敌人。留台士绅推举其继任“台湾民主国”总统，并三番五次将总统银印送来，刘永福坚辞不受，仍以钦差帮办台湾防务之名，统领抗日保台斗争。

其三，侵入台湾的日总督兼军务司令官桦山资纪以重金为诱饵，送劝降书，妄图诱使他弃台内渡，刘永福当即回书予以痛斥和拒绝。

被台湾抗日武装击毙的山根信成

其四，从光绪二十一年（1895）五月十日日军进犯台湾至十月十一日撤出嘉义五个多月的时间里，以黑旗军为首的抗日队伍，在保卫台中的战斗中，分别于新竹、大甲溪、彰化、嘉义等地，与日本侵略者作战数十次，沉重地打击了日本侵略者的嚣张气焰。在新竹，黑旗军歼灭日军数千人；在八卦山、苗栗奋力阻击，击毙日本近卫师团一千多人，打死日军少将山根信成；在嘉义保卫战中，击毙日军七百余人。战况之激烈，可谓“鹿耳门前射怒潮”“八卦山围战火红”。

其五，清政府断绝了台湾义军的军械、粮饷，停止了对台湾抗日保台斗争的联系和援助，至十月十八日，守军饥饿无食，大部溃散。刘永福见大势已去，仰天恸哭。最后，在部将的掩护下，刘永福于光绪二十一年（1895）十月二十日早上，在安平港乘英国商船“哆利士”号内渡，其领导的抗日保台斗争宣告失败。

刘永福在离台时写下了《离台诗》一首：

流落天涯四月天，樽前相对泪涓涓。
帅亡黄海中原乱，约到马关故土捐。
四百万人供仆妾，六千里地属腥膻。
今朝绝域环同哭，共吊沉沦甲午年。〔1〕

这首诗对甲午战争进行了回顾，大有英雄落泪、无力回天之憾。此诗诗意明晰，对仗工整，是甲午战争将领留下的难得好诗。

现从《甲午中日战争文学集》《台湾诗乘》《普天忠愤集》三本诗集中选录赞颂刘永福的诗作如下：

陈寅（生卒年不详），字紫岫，晚号铁如，武清人。著有《兰雪斋诗钞》。

感刘渊亭军门永福〔2〕

巨浪难摇砥柱中，顿令天险失奇功。

〔1〕 见《钦州文史》第10辑《民族英雄刘永福纪念文集》，第229页。

〔2〕 阿英编：《甲午中日战争文学集》，中华书局1958年版，第40页。

鲲身濑浅声援绝，鹿耳门孤血战空。
十倍才原高将帅，千秋气竟短英雄。
茫茫五百田横岛，今古谁同烈士风！

这首诗描写了刘永福在台湾坚持抗日保台所做的艰苦卓绝的斗争，也说明保台失败的原因是“声援绝”。正如刘永福自己所说：“内地诸公误我，我误台民。”当然，力量对比非常悬殊也是根本原因。诗人对刘永福的将帅之才给予了高度评价。

林鹤年（1847—1901），字鹭云，号铁林，寄籍淡水。光绪八年举于乡，后以道员加按察使衔。在台之时，著有《东海集》，系《黑旗军军歌》改编者。有《福雅堂诗钞》存世。

寄刘渊亭台南[1]

五百田横气尚雄，曾闻孤岛盛褒忠。
誓心天地中原泪，唾手燕云再造功。
不信黄金能应忏，谁教赤嵌擅和戎。
兵销甲洗天河夜，只手澜回力障东。

张罗澄（生卒年不详），字明远（一作岷远），四川长宁人。举人。曾致书刘永福，表示愿赴台抗日。有34首诗载于《普天忠愤集》。

〔1〕 连横：《台湾诗乘》，见台湾省文献委员会1992年编印《连雅堂先生全集》本，第244页。

集杜拾遗①句②柬赠刘渊亭军门二首[1]

一

回首扶桑铜柱标，夷歌是处起渔樵。
近闻下诏喧都邑，焉得并州快剪刀？
猛士腰间大羽箭，秋鹰整翮当云霄。
走平乱世相催促，上帝高居绛节朝。

二

尽使鸱鸮相怒号，应弦不碍苍山高。
凌烟功臣少颜色，万古云霄一羽毛。
殊锡曾为大司马，将军只数汉骠姚。
即今漂泊干戈际，只在忠良翊圣朝。

【注释】

①杜拾遗即唐代诗人杜甫。

②“集杜句”二首，诗句皆出自杜甫诗，忠愤之气，溢于行间。

杨文萃（生卒年不详），生平无考。

闻刘渊亭台南内渡[2]

龙骧莫制虎牙磨，待旦将军独枕戈①。
欲为危时撑大局，肯输壮志屈么魔。
贺兰忍陷睢阳郡②，艺祖终思大渡河③。

---

〔1〕〔2〕 孔广德编：《普天忠愤集》卷十二，见《近代中国史料丛刊续编》第32辑。

毕竟天亡非战罪，几回击楫泪滂沱。

【注释】

①“待旦将军独枕戈”句后：威海则丁汝昌率铁甲船降（此为当时错误说法，后证实有误。作者注），平壤则叶志超挂白旗遁，旅顺则龚照玙等统领贼未至而先逃，无一如刘渊亭者。

②“贺兰忍陷睢阳郡”句后：闽、粤督抚无人接济刘军。

③“艺祖终思大渡河”句后：国家何日忘之？

以上这些诗足以说明，刘永福抗日保台斗争是非常了不起的：

第一，他的抗日保台之举是自觉的。《马关条约》签订后，清政府要依约把台湾让给日本，任由日本不费一枪一弹地顺利接管台湾，于是饬令在台官员内渡。在其他官员纷纷内渡逃避战乱的情形下，刘永福毅然决然地抗旨留下，在孤立无援中，坚持五个多月的浴血奋战，英勇地抗击了日军两个师团和一支海军舰队共五万人的进攻，令日军因伤亡和疾病减员三万多人，沉重地打击了日本侵略者，大长了中国人的志气。尽管最后失败了，然虽败犹荣，篇章壮丽。

第二，他是携带儿女同上战场的。刘永福的两个儿子成良、成业英勇作战而负伤，他的小女儿秀蓉在台南安平炮台阵亡。这种拼上全家性命，与顽敌拼搏的胸襟与气概，世所罕见，万古流芳！

第三，他既是统帅，又是战斗员。刘永福多次在危急时刻，亲自发炮，轰击敌人。例如，1895 年 6 月，日军派出两艘船舰偷袭台南安平口，刘永福亲自发炮轰击，将敌舰击退。他

广西钦州刘永福故居三宣堂

的女儿牺牲在炮台上，他又亲自登台发炮，让日本侵略者闻风丧胆。

1962 年，著名剧作家田汉参观刘永福故居“三宣堂”后，赋诗赞扬刘永福曰：

古越崇宏有故枝，渊翁风骨自雄奇。
守台岂敢辞金印，抗寇争先举黑旗。
垂老不忘天下事，岁荒常恤里人饥。
至今龙眼飘香处，犹似将军系马时。[1]

的确，刘永福抗战保台的精神与风骨，既雄伟又神奇，足

〔1〕 见《钦州文史》第 10 辑《民族英雄刘永福纪念文集》，第 302 页。此处所引系该诗原稿。人民文学出版社《田汉诗选》（1982 年版）第 275 页刊载此诗正文改 5 字：古越改为南越；抗寇改为抗法；至今改为庭前；处改为雪。

以彪炳千秋。

1995 年 9 月 1 日，广西钦州市举行刘永福渡台抗日救国一百周年纪念，广西壮族自治区政协原副主席韦瑞霖赋七律一首志盛：

保卫台湾胆气豪，抗倭浴血战功高。
早年举义攻清室，中岁三宣斩法枭。
大勇智多先士卒，万伤千仗护邦朝。
黑旗指处群山动，爱国英雄字永标。[1]

这首诗对刘永福一生事迹进行了总结与评价，最后以“爱国英雄”谓之。

〔1〕 见《钦州文史》第 10 辑《民族英雄刘永福纪念文集》，第 185 页。

〇六　八卦山围战火红

——台湾义军诗人吴彭年和吴汤兴

1894 年甲午战争爆发后，清军节节败退，有两位台湾诗人写下了关于甲午战争的诗。此后，他们又投身刘永福黑旗军抗日保台的激烈战斗而英勇牺牲。这就是吴彭年和吴汤兴。他们的诗在甲午诗歌中独树一帜，充满激奋与悲壮，读来令人喟叹！

吴彭年（？—1895），字季篯，浙江余姚人。寄籍粤东。入黑旗军将领刘永福幕。

乙未抗战，在台北、新竹相继失守，苗栗吃紧时，吴彭年以一文职官员身份主动请缨，率七百名七星旗兵勇自彰化驰援苗栗。苗栗失守后，他极力反对弃守彰化，在救援被日寇强攻的八卦山阵地时不幸战殁。事载《中国通史》。

吴彭年在甲午战争失败后写下了《和易实甫〈寓台感怀〉六首》。易实甫，即易顺鼎，以诗名，自号哭庵，时奉南洋大臣之命，视师台南，与台人士多有唱和，语多慷慨。

和易实甫《寓台感怀》六首[1]

一

定远天教去复还，书生勋业出行间[①]。
澄清有志[②]翻沧海，片石何年认岘山[③]？
姑息和戎仍逐鹿，果能坚壁早平蛮。
包胥[④]甘作秦庭哭，叱驭何辞九折艰！

【注释】

①定远二句：定远，“定远侯”之略，指班超。意谓天教班超去西域建功，复功成而还，可见书生的功名事业本应出于行伍之间。

②澄清有志：语出《后汉书·范滂传》：“滂登车揽辔，慨然有澄清天下之志。”此指驱逐日本侵略军、保卫祖国疆土的志向。

③“片石”句：即“何年认岘山”之片石。岘山：又名岘首山，在湖北襄阳南。该山有“岘山片石”碑刻，此处代指纪功碑。此句意谓渴望抗日保台斗争成功，垂美名于后世。

④包胥：即申包胥。楚昭王十年（公元前506），吴师伐楚入郢，申包胥入秦乞师，于秦之宫廷痛哭七夜，终使秦发兵救楚。

二

九重何忍弃斯民，斗柄寅回又是春。

〔1〕 连横：《台湾诗乘》，见台湾省文献委员会1992年编印《连雅堂先生全集》本，第229～230页。

反侧夷情终割宋，回思遗泽岂忘郇。
乌江羞渡八千旅，孤岛坚存五百身。
太息唐衢徒自负，赢将佳话说逃人。

三

东南闻说净狼烽，大帅天生气特钟。
铁甲久经沙漠苦，泥丸稳塞玉关重。
萧萧易水辞燕客，郁郁浓阴憩鹤松。
收拾珠崖珍重地，缓骑款段任游踪。

四

南荒天阔势嶤嶤，霸业分明百折消。
草木皆兵思万福，衣冠垂拱服神尧。
馋涎尽听吞他国，谠论难教悟圣朝。
忽往忽来忠义血，可怜齐化赤嵌潮。

五

戎马倥偬老岁华，还怜痛哭贾长沙。
江南快捧援师檄，帐下齐簪使节花。
纵不封侯夸射虎，那容藏拙运灵蛇。
中流好掬盟心水，击楫同浮犯斗槎。

六

只为苍生放一头，身闲不泛五湖舟。
胸中有子争先局，海外何人识故侯？
成败漫言归大错，笑谈无补愧清游。
无聊试上澄台望，泪眼撑开隘九州。

连横批注 盖其慷慨赴义，固已蕴于诗中矣。

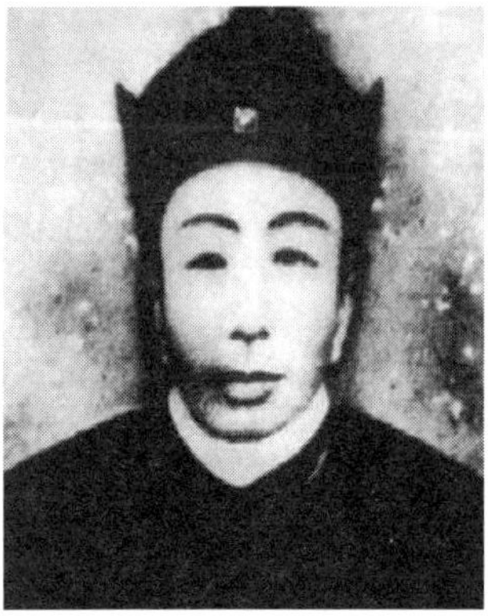

吴汤兴像

吴汤兴（1860—1895），字绍文。台湾苗栗人。诸生。

清廷割台后，吴汤兴经丘逢甲举荐，台抚唐景崧颁给台湾府义军统领印。台北陷落，他被推为义军首将。吴汤兴与日军战于彰化城东南之八卦山，壮烈殉国。年仅36岁。有诗一首：

北　望①

闻道神龙②片甲残，海天北望泪潸潸。
书生杀敌浑无事③，愿与倭儿④战一番！[1]

【注释】

①《甲午战争诗歌选注》将此诗题为《闻道》，诗句相同。

②神龙：喻指北洋舰队。

③浑无事：全无事，犹言没有什么了不起的。

④倭儿：对日本侵略者的蔑称。

1895年4月，吴彭年以县丞赴任台北，适《马关条约》签订，遂滞留台南。刘永福闻其才，延为幕客，任记室。刘永福见其韬略谙熟，胆略过人，甚器重之，倚为左右手。吴彭年爱国心切，希望早日光复台北，欣然奉命北上，抵达彰化。

1895年4月，吴汤兴闻台已遭割弃，愤然自请，得统领关

〔1〕 戚其章：《甲午战争新讲》，中华书局2009年版，第309页。

日军进攻八卦山

防，回家乡后和乡人盟誓抗日，集合数百人奔赴台北，准备参与驱逐日寇、保卫家园的战斗。行至新竹，闻台北已失，吴汤兴遂联合几路义军，在新竹城北大湖口一带布防迎击日军。

不久，日军一个混成旅团从山东威海运抵台北，与集结于新竹的近卫师团汇合，分三路出新竹，对抗日联军发动进攻。经过十余次战斗，至 8 月 9 日，日军借兵力优势，四面环攻。抗日联军处于包围之中，拼死抵抗。8 月 10 日，吴汤兴退兵苗栗后，由于义军多次战斗损失很大，刘永福派部将吴彭年率黑旗军往援，与吴汤兴联合，驻苗栗御敌。8 月 13 日，北白川宫能久亲王率近卫师团主力进犯苗栗。吴彭年、吴汤兴等率义军奋勇抵抗，损失惨重，不得不撤退。14 日，日军占领了苗栗。

日军陷苗栗后，于 8 月 27 日向彰化东南的八卦山进攻，企图攻下八卦山，进犯彰化。27 日夜，日军包围了八卦山；28 日，从彰化城东门外向八卦山制高点发动进攻，几次冲锋都被义军打退。日军在内奸的引导下，乘黑夜由小路偷袭山顶。8 月 28 日晨 5 时半，日军开始炮击黑旗军正面防线。八卦山炮台以石垒壁，可容一营兵力，并设置各种炮 4 门，唯对后路未曾设防（与威海卫炮台犯同类错误。作者注）。守军见日军来攻，即发炮抗御。日军倚仗人多势众，从东、西、南三个方面向八卦山炮台发起冲锋。吴汤兴手持短枪，足蹬草履，帕首束腰，往来指挥，大呼杀贼。然日军炮火炽烈，势不能支，黑旗军两管带先后阵亡。吴汤兴与敌死战，不幸中弹殒身，鲜血洒于八卦山巅。此时，吴彭年正在茄冬脚督战，见八卦山已悬日旗，便勒马率军回救，并亲率黑旗军 300 人夺山。日军猛放排炮，黑旗军伤亡甚众，难以向前，左右掖之而奔。吴彭年厉声斥之，仍奋勇击敌。而山上敌弹密如雨落，吴彭年身中数弹，犹竭力向前，终于不支倒地，壮烈殉国。

以上两位诗人以其壮烈的人生，实现了他们“书生杀敌浑无事，愿与倭儿战一番”和“只为苍生放一头”的铮铮誓言。时人作《哀季子歌》吊之：

巨炮雷轰力劈山，榴弹雨下响訇訇。
身中数枪靡完体，据鞍转战莫敢撄。
血溅衣襟溘然逝，凛凛面色犹如生。
…… ……
人居世上谁无死？泰山鸿毛权重轻！[1]

如果甲午战争中的朝鲜战场、辽东战场以及旅顺、威海卫的守军，都能像台湾义军这样拼死抵抗，浴血奋战，也许这场

---

〔1〕 戚其章：《甲午战争新讲》，中华书局 2009 年版，第 321 页。

战争还不至于失败得那么快、那么惨。

世人吊吴彭年的诗还有：

许南英（1855—1917），字子蕴，号蕴白，一作允白，又号霁云，自号龙马书生。台湾安平人，曾任三水知县。现代著名作家许地山的父亲。光绪十六年进士。乙未之役，办理台南团练局，事败而去。他留下的诗集《窥园留草》记录了时代的方方面面。

吊吴季篯二首录一〔1〕

北望彰城吊季篯，西风洒泪哭人天。
沙场白骨臣之壮，幕府青衫我独贤。
旗卷七星师尽灭，山围八卦火犹然。
嵌城风雨凄凉夜，摇曳霓旌海底天①。

自注

①盖季篯率七星旗队战没八卦山麓，则此一诗，可作信史。季篯有知，亦当起舞。

陈凤昌（生卒年不详），字鞠谱，有诗六首吊吴彭年。

吊吴季篯六首〔2〕

一

书生戎马总非宜，自请前军力不支。
毕竟艰危能仗节，果然南八是男儿。

〔1〕〔2〕　连横：《台湾诗乘》，见台湾省文献委员会1992年编印《连雅堂先生全集》本，第231页。

二

溪南溪北两鏖兵，不爱微躯爱令名。
淮楚无声人散后，屯军五百殉田横。

三

短衣匹马战城东，八卦山前路已穷。
铁炮开花君证果，劫灰佛火彻宵红。

四

留得新诗作墓铭，九原虽死气犹生。
赤嵌潮水原非赤，却被先生血染成。

五

大长扶余说仲坚，一时忠愤竟徒然。
六朝金粉笙歌闹，知否台阳有季篯。

六

幽草萋萋白日昏，无人野奠出东门。
阿来本是催租吏，收拾遗衣树小坟。

不幸的是，吴季篯牺牲后无人收尸，祝丰馆租吏吴阿来途见季篯之尸，为葬东门外。故陈凤昌吊诗中最后写道："阿来本是催租吏，收拾遗衣树小坟。"其惨烈可见一斑。

关于吴季篯的后事，连雅堂先生有诗一首：

送吴季篯遗骨归粤东〔1〕

千里台澎浩劫穷，赋诗横槊去从戎。

---

〔1〕 连横：《剑花室诗集》，见台湾省文献委员会1992年编印《连雅堂先生全集》本，第115页。

七星旗卷秋云黑，八卦山围战火红。
血溅草莱君不朽，胸罗经济鬼犹雄。
嵌城苦雨凄风里，遥望灵旗大海东。

吴彭年本人和易实甫的诗中说：“忽往忽来忠义血，可怜齐化赤嵌潮。”陈凤昌的吊诗中说：“赤嵌潮水原非赤，却被先生血染成。”可以想见，当英雄魂归故里之时，回望台湾岛畔这由烈士鲜血染红的潮水，怎能忍心割舍呢？一百多年来，伟大的中华儿女，正如吴彭年、吴汤兴一样，望穿秋水，期盼彩云归啊！

台南之黑旗军

○七　龙性难驯或一鸣

——连横的甲午诗与《台湾诗乘》

清廷与日本签订《马关条约》后，倭寇迫不及待地侵入台湾，这激起了台湾人民的激烈反抗。一场反割台、反侵略的斗争持续了一年多，发生了一系列惨烈的战斗，涌现出许多仁人志士，这在历史上均有记载。

连横像

台湾著名的史学家连横，对这段甲午战争史做出了杰出贡献。

连横（1878—1936），字武公，号雅堂，又号剑花，别署慕真，台湾台南人。台湾沦陷后，曾数次返回大陆，并参加同盟会活动。居台时，倡设浪吟诗社，努力提倡汉学。晚年复返大陆，卒于上海。著有《台湾通史》《台湾诗乘》《台湾语典》《剑花室诗集》等。

连横先生是史学家，也是诗人，是诗史互鉴的忠实实践者。他在《台湾诗乘》自序第一段中开宗明义，讲了诗与史之间的关系（下文将会提及，标有着重号）。

让我们读一读他的甲午战争诗作：

闻　歌〔1〕

满腔热血半消磨，壮志犹存夜枕戈。
如此江山如此月，倚楼无赖独闻歌。

这首诗作者似信笔挥洒，然婉转自然，犹如高山流水，依势浑成，爱国情愫喷薄而出。

宁南春望〔2〕

宁南春色梦中横，劫后登临气未平。
青草白沙乌鬼渡，绿天红雨赤嵌城。
豹文[①]暂隐何曾变，龙性难驯或一鸣。
凄绝钓游旧时地，夕阳空下马兵营。

自注

马兵营，郑氏驻兵处。在宁南门内，水木明瑟。自吾始祖

〔1〕 连横：《剑花室诗集》，见台湾省文献委员会1992年编印《连雅堂先生全集》本，第106页。

〔2〕 连横：《剑花室诗集》，见台湾省文献委员会1992年编印《连雅堂先生全集》本，第29页。

卜居于此，迨余七世。乙未之后，全庄被迁，余家亦遭毁。此恨绵绵，何时能已！

【注释】

①豹文：谓玄豹成文，多指隐居或才华出色，此处可理解为饱含中华文化血脉和基因的中国文字、文章。

再看以下三篇：

江山楼题壁〔1〕

如此江山亦足雄，眼前鲲鹿拥南东。
百年王气消磨尽，一代人才侘傺①空。
醉把酒杯看浩劫，独携诗卷对秋风。
登楼尽有无穷感，万木萧萧落照中。

【注释】

①侘傺（chà chì）：失意的样子。

吊林义士昆冈①

痛哭沧亡祸，同胞仗义争。
执戈齐敌忾，报国有书生②。
一死身何惜？三年血尚赪③。
沙场呼欲起，咄咄剑飞鸣！〔2〕

〔1〕 连横：《剑花室诗集》，见台湾省文献委员会1992年编印《连雅堂先生全集》本，第52页。

〔2〕 连横：《剑花室诗集》，见台湾省文献委员会1992年编印《连雅堂先生全集》本，第103页。

【注释】

①此诗吊义士林碧玉。林碧玉（1832—1895），字尔音，号昆冈。1895 年 10 月，嘉义陷落，林碧玉为阻击日军而壮烈牺牲。

②执戈二句：言林昆冈矢志报国，与乡民一起拿起武器，同怀仇恨，怒而投入战斗。书生：即林碧玉。

③血尚赪：血还是红的。赪，音（chēng），赤。

八卦山行[1]

天狼昼明天狗恶①，黑旗②无光日色薄。
万雷澎湃撼孤城，八卦山头云漠漠。
蓦然一骑突围来，左甄右甄③相刺斫。
鼻头出火耳生风，五百健儿齐踊跃。
是何意态伟且雄，延陵季子神磅礴。
书生抵死在疆场，志士不忘在沟壑。
城存与存亡与亡，万民空巷吞声哭。
裹尸马革复何惭，努目牛皮今非昨。
提刀大笑向天行，中宵几见旄头落？
我来山上吊英灵，独汲寒泉荐秋菊。
国魂飘荡国殇哀，哀哉令人气萧索！

【注释】

①天狼：星名。《晋书·天文志》："狼一星在东井东南，狼为野将，主侵掠。"天狗：星名。《史记·天官书》："天狗，

〔1〕 连横：《剑花室诗集》，见台湾省文献委员会 1992 年编印《连雅堂先生全集》本，第 43 页。

状如大奔星，有声，其下止地，类狗。”古以为灾变之征。

②黑旗：刘永福抗法援越黑旗军之军旗。

③左甄右甄：军队的两翼。

连横先生用他的如椽巨笔，写出了甲午战争的悲壮、台湾健儿的英勇抗争，展现出中华民族之魂在台湾岛飘荡的浓烈气氛，今天读来，依旧令人潸然泪下。

连雅堂的名著《台湾通史》为人们所熟知，其编撰的《台湾诗乘》同样光彩夺目。“诗乘”，即诗集。他在《自序》中写道：“《台湾通史》既刊之后，乃集古今之诗，刺其有系台湾者编而次之，名曰‘诗乘’。子舆有言，王者之迹熄而《诗》亡，《诗》亡然后《春秋》作。是诗则史也，史则诗也。余撰此编，亦本斯意。”

雅堂（即连横）先生全家福

《台湾诗乘》共6卷，为汇聚台湾300年沧桑变幻之诗史，其卷六专门集结了甲午战争诗歌，也吸收了《普天忠愤集》中的部分诗作。该书首版于1921年，1960年作为“台湾文献丛刊第64种”再版于台北。1992年，由“台湾省文献委员会”编印的《连雅堂先生全集》在台北出版，内容包括《台湾通史》（上中下）及《雅堂文集》《剑花室诗集》《台湾诗乘》等。我手中的本子即为1992年再版本。

《台湾诗乘》卷六为甲午战争诗歌专辑，其有两大特点：

第一，录入了写台湾人民抗日保台战斗场面和动人事迹的诗歌。这在本书《八卦山围战火红》篇中已有展示，现再介绍诗乘中一位作者的作品。

黄家鼎（生卒年不详），浙江鄞县（今宁波市鄞州区）人，光绪间宦游台湾。割台之后，亲见其事。著《补不足斋诗钞》，有《消夏》《秋感》诸诗，自注甚详，读之呜咽。

《消夏》《秋感》诗各六首，共十二首，其中有的“自注”即“夹注”颇长，现各选出三首连同“夹注”照录如下：

消　夏〔1〕

一

重来正与夏相期，地僻衙荒暑不知。
为筑崇祠繙祀典①，欲增私乘采风诗②。
方忻事简同山县，渐觉时艰遍海湄③。
咫尺传闻侔目击，伤心人谱断肠词。

---

〔1〕 连横：《台湾诗乘》，见台湾省文献委员会1992年编印《连雅堂先生全集》本，第236页。

夹注

①谓新建四忠祠。

②谓前修“厅志”。

③倭船于乙未四月二十六日到台北。

四〔1〕

一夜鲸波澳底生①，鸡笼天险竟虚名。
妖氛明灭连南雅②，巨室迁移到上卿③。
恢复空传新竹县④，孤悬难救九芎城⑤。
划溪为守何人主⑥，苗栗无端亦棘荆⑦。

夹注

①倭兵于五月初六夜自宜兰县辖之澳底登岸，初八日到九份，初九日过瑞芳店，初十夜入基隆，十一晨据基隆城寨。记名提督张兆连统四营守基隆，通判孙道义领二营副之，以大雨溃散，总兵曾喜照带土勇三营驻澳底，倭至，喜照先遁，其哨长有为倭作向导者。

②五月十三日，土匪劫台北仓库，焚衙署；十五日，引倭人入府城；二十日，倭分据南雅厅治。

③太仆寺卿林维源，台绅巨擘也；先期请假，挈眷内渡。

④五月十七日，倭犯新竹；二十日，据城治，屡为义民所挫；至六月朔，始尽掠其地。

⑤五月二十一日，倭据头围至五围。二十九日，入宜兰城。

⑥先是台南刘帅与唐公有划溪为守之约。

---

〔1〕 连横：《台湾诗乘》，见台湾省文献委员会1992年编印《连雅堂先生全集》本，第238页。

⑦六月二十日，倭掠苗栗县。

六[1]

七鲲门户本深严，况复将军坐蔺廉①。
狐鼠屏声敛牙爪，鳄鲲延首受刀镰。
当地歧处兵嫌薄，昼渐长时饷孰添？
无补杞忧勤默祝，欃枪莫射赤嵌尖。

夹注

①台湾镇总兵万国本，领所部七营守安平一带。帮办全台军务南澳镇总兵刘永福，率福字八营、七星队一营守旗后、恒春一带。

秋　感[2]

一

消夏诗成墨未干，秋风吹动泪阑干。
正欣辽左连城返①，忽报台中半壁残。
墩烬葫芦明野火②，山崩八卦落惊湍③。
云林图画沙莲水④，如此膏腴保恐难⑤。

夹注

①闻倭人允还辽东。

②七月初八日，倭据葫芦墩。

③初九日据八卦山，即入彰化。

④埔里社旧名水沙莲。

⑤七月十二日倭据云林县城，闻已进掠埔里社厅矣。

---

〔1〕〔2〕　连横：《台湾诗乘》，见台湾省文献委员会1992年编印《连雅堂先生全集》本，第239页。

四[3]

时事真教唤奈何，岛民亿兆覆巢窠①。
两年迁徙恩原厚②，九法更张令太苛③。
男不负身甘葬火④，妇知失节竟投波。
忠贞足与牛庄埒⑤，谁谱东宁正气歌⑥？

夹注

①倭人据台南府城，即传令台东内山一带克期归附，从此全台非清土矣。

②条约有二年内准民自徙。

③倭人新悬规条九则，勒驱岛民就其范围。

④倭人掘地为坑，凡犯规者，纳诸坑中，烧以煤油。

⑤谓二月间牛庄街民劫倭弁事。

⑥岛民与难者先后约七万人，余辑有《岛碧录》。

六[4]

卌十三年载版图，一朝轻弃误庸夫。
蚍蜉智小偏摇树，虮虱形微善啮肤。
人事于今成覆辙，天心何日许还珠？
傍观休厌唐衢哭，两世蒙恩此握符。

限于篇幅，不能全录。从已录的六首诗，可以看到作者以诗的形式，将日本入侵台湾的残酷暴行描写得淋漓尽致，也可

[3] 连横：《台湾诗乘》，见台湾省文献委员会1992年编印《连雅堂先生全集》本，第240页。

[4] 连横：《台湾诗乘》，见台湾省文献委员会1992年编印《连雅堂先生全集》本，第241页。

以看到内地人士与台湾当地人民结合在一起拒日保台的事迹可歌可泣。连横先生将这些佳作辑录在一起，是诗史互鉴难得的宝贵资料。

第二，录入了许多仁人志士在抗日保台期间的感怀诗作。谨举易顺鼎寓台诗为例：

易顺鼎像

易顺鼎（1858—1920），字实甫，又字中硕，号哭庵。湖南龙阳（今汉寿）人。光绪举人。曾任广东钦廉道。甲午战争时应诏出师山海关，后至台湾。《马关条约》签订后曾上疏清廷，颇多爱国之情。有《四魂集》等。

易顺鼎是“请求刘坤一以‘侦探情形’之名派往台湾。当时基隆、台北已失，台湾巡抚唐景崧等纷纷逃回内地，丘逢甲守台中不利也已内渡。这时，居然有一位道台大人从大陆渡海而来，对刘永福和坚持抗日的台湾军民，无疑是极大的鼓舞”〔1〕。

寓台感怀六首〔2〕

割台之役，震惊宇内。易实甫观察奉南洋大臣之命，视师台南……

---

〔1〕 易顺鼎：《琴志楼诗集》前言，上海古籍出版社2012年版，第5页。

〔2〕 连横：《台湾诗乘》，见台湾省文献委员会1992年编印《连雅堂先生全集》本，第228页。

一

玉门何路望生还，恍惚长辞天地间。
黄耳音书隔人海，红毛衣服共云山。
亡秦歃血今三户，适越文身古百蛮。
皂帽辽东龙尾客[①]，独惭无术救时艰。

【注释】

①“皂帽辽东龙尾客”句，《琴志楼诗集》第624页为“皂帽藜床未归客”。以下五首，仍有个别字有异，本文以《台湾诗乘》为据。

二

田横岛上此臣民，不负天家二百春。
中露微君黎望卫，下泉无霸桧思郇。
谁忘被发缨冠义，各念茹毛践土身。
痛哭珠崖原汉地，大呼仓葛本王人。

三

愁上高楼望戍烽，东南佳气几时钟。
水遮王母三千里，山隔刘郎一万重。
故垒阵图夔府石，荒城碑字象州松。
鲸鲲京观分明在，何事天骄访旧踪？

四

延平祠宇郁岧嶤，割据英雄气未消。
见说杜鹃啼蜀帝，不妨桀犬吠唐尧。
廿年赐姓空开国，再世降王已入朝。
十二银山掀鹿耳，神灵犹作伍胥潮。

五

瘴海虞衡览物华，南方卑湿胜长沙。
钩辀格磔山山鸟，答杂离支树树花。
寂寞炎洲栖翡翠，荒凉坏壁走龙蛇。
采风番社何人事，唯见蒲桃载满车。

六

宝刀未斩郅支头，惭愧炎荒此系舟。
泛海零丁文信国，渡泸兵甲武乡侯。
偶因射虎随飞将，苦对盘鸢忆少游。
马革倘能归故里，招魂应向日南州。

易实甫的诗“悲痛泣血，情动于中。当时几乎所有台湾诗人如许南英、施士洁、吴彭年、林鹤年等遍和其《寓台感怀》等诗，组成台湾诗史上浓墨重彩又汹涌着怒涛血潮的一章”〔1〕。现以许南英为例：

次韵易实甫寓台感怀六首〔2〕

一

黑海黄河任往还，榆关回首白云间。
悲歌有客来燕赵，凭吊何人管海山？
寇准信能司北钥，赵佗浪说长南蛮。
有谁起仗筹边策，国士无双尚内艰。

〔1〕 易顺鼎：《琴志楼诗集》前言，上海古籍出版社2012年版，第13页。
〔2〕 连横：《台湾诗乘》，见台湾省文献委员会1992年编印《连雅堂先生全集》本，第230页。

二

浮槎为救难中民，清节如神泽似春。
儒将流风君借寇，黍苗膏雨伯思郇。
结交肝胆方盟血，誓许头颅不顾身。
记得白龙庵里会，沣兰沅芷亿佳人。

三

赤嵌孤岛萃狼烽，仁轨英雄闲气钟。
昆舍耶图开一局，婆娑洋海隔双重。
残山剩水呼苍葛，晚岁寒天见老松。
竟使葫芦依旧样，紫桥尚有黑旗踪。

四

元武蜿旋五丈峣，扶桑霸气黯然消。
不甘被发冠冠楚，犹是章身服服尧。
议院广开民主国，版图还隶圣明朝。
请看强弩三千具，鹿耳门前射怒潮。

五

煤磺茶脑聚精华，况有披金日拣沙。
争羡五行山献瑞，忽惊两度炮开花。
纸糊媪相贻蜂虿，钱赐人奴豢豕蛇。
失马塞翁知祸福，问天欲泛斗牛槎。

六

投笔从戎说虎头，巨川欲济苦无舟。
涕零阙下陈同甫，谈笑军前李邺侯。
仗剑定应诛丑虏，执鞭窃愿逐豪游。
满腔热血向谁诉，诸葛奇才佐豫州。

易顺鼎在台期间，先同刘永福议率兵援守台中，后虑兵将不熟，改为回内地筹饷。在那样艰难时刻，易顺鼎两次赴台，助台抗日，可谓文人的又一奇迹。1896年9月初，台南失陷，刘永福亦已内渡，易顺鼎希望破灭，无功而返。唯一的收获，是他北上诣阙、东投从军、南下援台、失望归湘所作之诗，集成了《魂北集》《魂东集》《魂南集》《归魂集》四卷，即著名的《四魂集》。《台湾诗乘》对这些诗的收集、传播，功不可没，值得当作台湾抗日诗史认真地加以研究。

台湾屏东“澄清海宇，还我河山”碑

说一下本文的标题：“龙性难驯或一鸣”，这是连横先生《宁南春望》诗中的一句。日本强割台湾，本想驯服台湾这些“龙的传人”，谁知却遭到了顽强抵抗，很不顺利。苦心经营台湾50年的日本，将30万之众的日本人、日裔混血后代安插于台湾岛，直到二战结束，台湾归还中国，也未将台湾驯服。转眼又是五六十年过去了，“龙性”仍不时受到挑战，据报道：2016年11月，台湾屏东县石门古战场有一座台湾抗日纪念碑，碑文“澄清海宇，还我河山”被拆，这是台湾当局搞“去中国化”的小动作。看来，台湾回归祖国，时不待人！

〇八　血沾甲胄久还红

——甲午战将萨镇冰的诗及网传伪作

我们在编纂《威海风景名胜诗词选》和《甲午战争120周年诗词选》的过程中，为挖掘甲午战将们的诗联作品，采取了“问、搜、查”的方法。问就是打听，打听到线索，再到网上搜，搜到了后再进一步查实。最后，必须有出版社的书稿为准。仅是网上的作品，一般不予采用。

在此期间，我请中国甲午战争博物院王记华副院长介绍一下甲午将领的诗作。他告知我一个线索，萨镇冰后裔曾将其诗稿整理油印，书名《仁寿堂吟草》。于是，我上网搜索，看到有萨镇冰1951年得知中国人民志愿军攻入汉城（今首尔），回想57年前甲午战争的屈辱写的一首诗：

五十七载犹如梦，举国沦亡缘汉城。
龙游浅水勿自弃，终有扬眉吐气天。

这首诗网上铺天盖地，有的文章还描写得活灵活现，说是90 岁高龄的萨镇冰听到中国人民志愿军攻入汉城，高兴得从椅子上一跃而起，即席吟成这首诗。

萨镇冰（右一）与严复（前）、叶祖珪（左一）等合影

接下来，我又展开进一步查找工作。先是找到了萨镇冰生前居住的福州三坊七巷的地方志（电子版），志中诗词不少，可惜没有收萨镇冰的诗。后来我又根据网上的线索，邮购了《锐舰：海军耆宿萨镇冰传》一书，看到了书中介绍萨镇冰的部分诗作。接着我又费尽周折，找到萨镇冰的侄孙，也是萨镇冰晚年的陪伴者，当时亦已 85 岁高龄的萨本珪老人。经多次电话交流，我得知了萨镇冰诗作的一些细节。说来也巧，已经酝酿多年，由萨本珪和吴聿建主编、萨氏联谊会推出的萨镇冰诗联集《仁寿堂集》，于当年正式出版。

萨本珪老人说，他刚刚拿到两本带有墨香的书，并让他的后辈、在福建省建设厅工作的萨支申处长寄赠给我一本新书。收到书打开一看，书中刊有萨镇冰所有诗集及补遗，我不禁喜出望外。

萨镇冰的诗作分为《古稀吟集》《仁寿堂吟草》《客中吟草》《里门吟草》《耄年吟草》，凡 5 集 396 首（没有词），另有楹联、题石、题匾 25 件，都是甲午战争后写的，可谓洋洋洒洒，蔚为壮观。

萨镇冰浴血奋战的日岛炮台外景

萨镇冰是北洋海军左营游击，晋副将衔，任康济练习船管带。甲午战争威海卫保卫战中，萨镇冰带兵镇守威海湾南口咽喉日岛炮台，作战英勇顽强，苦战十天，直到台毁弹尽，丁汝昌下令，他才率部撤回刘公岛。战后萨镇冰被革职回乡，后重新启用，任清政府南北洋海军统领，宣统年间曾任海军提督。作为中国近代海军的一员宿将，他的诗作自然离不开海军这个话题。

萨镇冰在《悼海军阵亡士兵》诗中写道：

殇国应无负此生，褒忠千古不磨声。
丈夫得死沙场上，马革裹尸万泪倾。

另一首题为《水雷》的诗则云：

海军当年遗恨多，军机贵速岂容磨。

犀军从此人皆识，雷鼓声常动九河。

还有两首《赠海军练生》的诗：

一

寰海拟长征，壮怀有足惊。
玉溪聊小憩，杯茗话鹏程。

二

天下无难事，苦心感彼苍。
作舟当破浪，横渡太平洋。

这些诗平实易懂，朗朗上口，既有他对昔日战场的回忆，又有对发展海军现代化武器装备的深刻认识和热切企盼；更有与海军的后来人促膝谈心，作舟当破浪，鼓励他们树立“横渡太平洋”的雄心壮志。萨镇冰不但这么说，更是这样做的。1908 年，萨镇冰以总理南北洋海军兼广东水师提督的身份率“海圻”“海容”两舰远赴南洋各地访问，开近代中国政府宣抚华侨的风气之先。他游马来西亚时曾作《赠马来亚侨胞》一首：

海外逐劳尘，侨胞蔼可亲。
郊迎情倍挚，夜宴品尤珍。
国事殷勤问，行踪次第询。
自惭无建树，枉作座中宾。[1]

〔1〕 萨支辉、萨本仁：《锐舰——海军耆宿萨镇冰传》，天津人民出版社 2010 年版，第 190 页。

可以说，萨镇冰老人的这一深切期盼，与当今中国海军的现代化建设几乎不谋而合。如今横渡太平洋已并非难事，而冲破岛链，深入太平洋练兵，亦已成为中国海军的常态。

萨镇冰老人在抗日战争时期，看到日寇继甲午战争后再度侵略中华，不禁郁忿难平，甚至急于重上战场，为国战斗。他在《和张蓬舟》诗中情真意切地高吟：

虏焰纵横几度秋，愿随志士报深仇。
际兹多难兴邦日，莫笑军前有白头。

萨镇冰是棋坛好手，曾与当时号称“棋坛总司令”的谢侠逊在新加坡巧遇，成为一时佳话。两人于 1938 年 4 月联名发出通电，向全世界反侵略运动大会、万国象棋会等团体呼吁，谴责日本帝国主义侵略中国，吁请各国人民援华抗日，以维护世界和平。为了纪念萨、谢这段不寻常的际遇，当时有人有诗评曰：

甲午风云郁未消，义旗八闽壮如潮。
枰边老作西湖客，又向星洲赋射雕。[1]

在抗日战争时期，萨镇冰这位 80 多岁的白发老人，甲午战争情怀未泯，他以极大的热情，投入抗战行列。在抗战胜利

〔1〕 萨支辉、萨本仁：《锐舰——海军耆宿萨镇冰传》，天津人民出版社 2010 年版，第 191 页。

前夕，他在《岁首书怀》中这样写道：

干戈未定梦魂惊，薄海喁喁望太平。
财竭何从能雪耻，谋歧那得不寒盟。
空谈徒惹强邻笑，高调难谐举国声。
载道沦亡仍莫恤，浮云富贵更为轻。

这首诗言简意赅：要想强国强军就得发展经济，要想增强国力就得举国团结一致。空谈不行，高调无益，需要扎扎实实，强军备战。最后一句是要求国家的栋梁之材不要把做官（浮云）、发财（富贵）放在心上，不要追名逐利，要以国家为重。作为四朝元老的萨镇冰，曾经官至民国政府代总理和民选福建省长，身后却无片瓦寸地，更无金银财宝，“仅旧衣一箧，残书半簏而已”。他留给后世的无价财富是爱国爱民、无私奉献的品德和情操。

萨镇冰曾作为一员战将亲历甲午战争，又经历了中华民族的十四年抗战，终于迎来了抗日战争的伟大胜利！此时此刻，他回首当年日本发动的、让晚清政府遭受惨败的甲午战争，不禁感慨万千！他在《闻日本乞降感赋》中深情地吟道：

满地干戈今已定，人心欣慰万方同。
降王应悔当年错，盟主洵为一代雄。
骨暴沙场枯更白，血沾甲胄久还红。
蓬莱此日荒凉甚，败瓦颓垣遍海东。

萨镇冰《题照》诗碑

萨镇冰在这首诗中指出，因发动甲午战争尝到“甜头”继而又狂妄地发动侵华战争的日本侵略者，其实这一次败得比当年清政府更惨。如今不得不乞求投降的日本“降王”，应当对当年发动甲午战争一并悔罪认错。因为凡是侵略战争，只能给当事国、人民带来遍地“荒凉”的“败瓦颓垣”，造成“骨暴沙场”的惨痛悲剧，以致遭到全世界人民的强烈反对。这是一位抵御和经历日本近代连续发动两场战争而“血沾甲胄”的传奇老人对日本侵略者义正词严的控诉与警告！

萨镇冰老人在年近九旬之际，终于迎来了中华人民共和国的成立，他荣任中央人民政府军事委员会委员，并当选为全国政协委员。他的心情十分舒畅，在《新岁偶作》一诗中以轻松的笔调吟唱，愉悦心情在诗中荡漾：

高卧泉山物候新，今为九十退休人。
桃红楝白花争发，燕语莺啼处处春。

萨镇冰 1952 年逝世前三个月写的《寄叶恭绰先生》一诗，依然执着地热望我海军强大，他吟道：

衰躯不与世争光，偶向经坛拜梵王。
尚望舟师能再振，海氛一扫捍岩疆。

这首诗经由中国文史研究馆副馆长叶恭绰转呈毛泽东主席，毛主席看后，于 1952 年 5 月 25 日复函叶恭绰：“数月前接读惠书，并附萨镇冰先生所作诗一首，不久又接读大作二首，均极感谢。萨先生现已作古，其所作诗已成纪念品，兹附还，请予保存。”[1]此诗今尚安存国史馆。

萨镇冰晚岁燕居之仁寿堂

萨镇冰这首遗诗，读起来是那样的恳切感人！“舟师”即海军，振兴海军建设，捍卫我国海洋权益，致力于国家强盛，是他毕生孜孜追求的愿望。“偶向经坛拜梵王”，我的理解这不是出世哲学，而是在默默地为祖国祈福，因为他的身体实在太衰弱了，为祖国祈祷，是他唯一能做到的事情了！这正是诗人“春蚕到死丝方尽”的伟大情怀。“血沾甲胄久还红”，这位曾经浴血奋战的著名将领，时光越久，这血染的风采越发艳丽无比、殷红夺目！

通读萨镇冰的诗集，可以深切地体会到，他的诗不但思想境界高，战斗意志旺，而且艺术性强，韵律也合乎规范——讲究押韵，平仄谐和，对仗尚工。而网传萨镇冰诗，恰恰缺乏这种基本素养——出韵存疑，“城、天”不在一个韵部，亦非邻

〔1〕 萨支辉、萨本仁：《锐舰——海军耆宿萨镇冰传》，天津人民出版社 2010 年版，第 236 页。

韵；平仄失序，内容牵强，如“举国沦亡缘汉城”，不知所云。我曾在电话中将这首诗读给萨本珪老人听，他矢口否认这首诗是萨镇冰所写。虽然萨镇冰确有一首涉及抗美援朝的诗，其中也提到了日本，但这首诗如下：

志愿军周年纪念[1]

美师黩武犯东邻，破坏和平种恶因。
强把日人供指使，渐将韩土陷烟尘。
株连诸国青年者，激动中华好义民。
志愿成军同赴援，于今一载历艰辛。

1952 年 3 月萨镇冰与侄孙萨本珪合影

这首诗与网传诗大相径庭。由此可以断定，网传那首“举国沦亡缘汉城”的诗，与萨镇冰无关，应属伪作或误传。

为什么会出现这种现象呢？我认为，这是因为人们知道的萨镇冰的诗太少。也许人们对这位甲午战将寄寓了一种美好的期盼，觉得这位具有神奇色彩的爱国老人应该有慷慨激昂、掷地有声的诗来回顾甲午战争那段屈辱史。其实，在

〔1〕 萨本珪、吴聿建主编：《仁寿堂集》，海峡文艺出版社 2013 年版，第 119 页。

《仁寿堂集》中，萨镇冰慷慨激昂的诗句俯拾即是：

讨贼已闻传羽檄，从戎还可据银鞍。

——《陈说洲有诗见寄依韵答之》

光复神州千载业，世人莫作等闲看。

——《步金豹庐原韵》

寇氛虽炽终当灭，国耻弥深岂敢忘！

烈士暮年还励志，不教剧虏久猖狂。

——《寄耐庵族弟三首》之二

诗词的感染力和穿透力是永恒的！围绕甲午海战和甲午战争的诗作有必要进一步发掘、整理、传承、普及，让其尽情地展示并发扬光大，这是一件值得努力的大事情、好事情！

○九　丈夫只手把吴钩

——李鸿章的诗与假托《临终诗》

说到甲午战争，有一个绕不开的历史人物，他就是时任直隶总督兼北洋大臣李鸿章。李鸿章是洋务派首领，北洋海军的创立者和甲午战争的最高指挥员，战败后临危受命任赴日议和的使臣。展现和研究他的诗以及与他的功过是非相关的诗词史鉴，具有重要意义。

出生在安徽合肥的李鸿章，是道光进士，也是那个时代拔尖的知识分子。他一生写了 130 余首诗，大多收集在《李鸿章全集》中，散落在其他典籍中的也有一些。过去，作为普通读者，很难读到他的诗，网络时代就不一样了，他的诗在网上可以很容易搜寻，这无疑为我们这些研究者开了方便之门。

“诗言志”。诗往往是作者的一面镜子，读一读李鸿章的诗，可以认识一下李鸿章这个人，尤其是他的精神世界。

1843 年，李鸿章在庐州被选为优贡，时任京官的父亲李文安从北京来函，嘱其入都，准备来年的顺天府乡试。李鸿章兴奋异常，意识到报效国家、实现抱负的机会来了。从祠堂郢村出发，在去京城的路上，他“途中有感，乃成十律”。这10首《入都》诗，颇为世人赏识和传颂，其中第一首尤为人称道：

入都（其一）

丈夫只手把吴钩，意气高于百尺楼。
一万年来谁著史，三千里外欲封侯。
定须捷足随途骥，那有闲情逐野鸥。
笑指卢沟桥畔路，有人从此到瀛洲？

从这首乃至这组诗可以看出一个风华正茂的热血青年意气风发的精神风貌，也可以看出他对仕途的追求与渴望，“卢沟桥畔路”“从此到瀛洲”，似乎也预示着他此生要在沙场、官场大干一场。

后来，李鸿章回到老家办团练，实际上是组织地方武装，很不顺心顺手。在仕途遇挫时，他在诗中曰：

丙辰夏明光镇旅店题壁

巢湖看尽又洪湖，乐土东南此一隅。
我是无家失群雁，谁能有屋稳栖乌？
袖携淮海新诗卷，归访烟波旧钓徒。
遍地槁苗待霖雨，闲云欲出又踟蹰。

从这首诗可以看出，李鸿章的失意之情溢于言表，想不如

1871 年刚调任直隶总督时的李鸿章

归去，但又不甘心，因为“遍地槁苗待霖雨”。他欲出还休，又徘徨、踌躇起来。

后来李鸿章投奔曾国藩麾下，他的才华始有了展露的平台，仕途逐渐顺利起来，一直登上直隶总督兼北洋大臣的高位。

毕竟高处不胜寒，官场的失意，事业上遇到种种掣肘，他的对头又不时抛出闲言碎语，这让他愤愤不平，因而也曾写过这样的诗：

舟夜苦雨

一月天何醉，四山云若痴。
潮添积雨后，春到寒江迟。
梦醒客衾薄，灯昏邻笛悲。
流年孤艇送，不觉鬓丝丝。

原注

李伯元在《庄谐诗话》选录李鸿章此诗时曰：“合肥故相谋国之忠，颇有议者。金匮廉惠清部郎录公遗诗见示，清时文酒之娱，乱后江山之助，虽惭少作，实寓至情，似非蝉貂官体也。如《舟夜苦雨》云。”〔1〕

〔1〕［清］李伯元：《庄谐诗话·李合肥诗》，见《南亭四话》，江苏古籍出版社 2000 年版，第 6 页。

李鸿章作为中国近代史上洋务运动的主要首领，对中国从封建社会向近代化过渡是不无功绩的。日本的“明治维新”与清末的“洋务运动”几乎同时进行，李鸿章代表了当时的先进思想，并将此付诸实施。特别是他一手创建了北洋舰队，可以说是中国近代海军的奠基人，他对此倾注的心力可想而知。现在的军事专家研究证明，北洋海军还是训练有素的，计算黄海大战中炮弹的命中率，北洋海军要高于日本舰队（只是“开花弹”奇缺，杀伤力反远逊于日舰队）。仗虽然打败了，却涌现出许多英雄，不能说这些和李鸿章毫无关系。

1894 年 4 月，李鸿章到威海校阅北洋海军所题的一副联，也值得一读：

万里天风，永靖鲸鲵波浪；
三山海日，照来龙虎云雷。

也许，这只是李鸿章的一个梦想，可八个月后，这一梦想就随着北洋海军覆没而彻底破灭了。这样的梦在皇权末世做不到，但在今天，我们一定要做到，也一定能够做到。因此，这副联的手迹一直珍藏在中国甲午战争博物院，并撰刻在威海刘公岛“海军公所”大门的楹柱上。失败是成功之母，从这个意义上讲，这副联

中年时期的李鸿章

仍可成为牢记国耻、不忘奋发图强和砥砺军民斗志的证物。

既然李鸿章是一位诗人，甚至说是一位杰出诗人，又是晚清重臣和甲午战争首当其冲的人物，研究甲午战争史的史学界和诗词界的人们，有理由期待随着研究的深入，能够发现他写有与甲午战争直接关联的诗，用以解读他对这场战争的切身体验。在长久的期待中，“奇迹”终于在台湾出现了，这就是那首内地报刊偶有刊载并风靡网络的李鸿章《临终诗》。这首诗的诗题有《绝命诗》《马关纪事》《终了前的自白》等多种，显然是引用者根据需要随意添加的。诗曰：

劳劳车马未离鞍，临事方知一死难。
三百年来伤国步，八千里外吊民残。
秋风宝剑孤臣泪，落日旌旗大将坛。
海外尘氛犹未息，诸君莫作等闲看。

这首诗像是李鸿章发自内心深处的悲鸣与哀叹，对其一生功业既坚于肯定，又道出其中的艰辛与无奈，对后辈“诸君”还有所期待与提醒。读到这首诗，人们无不为之动容并产生强烈的共鸣。我的第一感觉，这是一首“悲壮的挽歌”，并立即撰写了一篇长文《悲壮的挽歌——李鸿章其人其诗》，认为这既是李鸿章本人的挽歌，也是行将灭亡的清王朝的挽歌。

其时，我正在参与《甲午战争120周年诗词选》全国征稿活动并担任执行主编之一，个人购买了《李鸿章全集》，却查不到这首诗。后来在网上搜寻，了解到此诗出自台湾高拜石的《南湖录忆》第一集。我在“孔夫子旧书网”有幸买到了这本书。打开书中“李鸿章泪尽秋风”篇查看，知是李在“易箦前……吟有”，“箦”是芦席，易箦就是将临死之人移到“箦”上躺着等待咽气（这是安徽习俗）。书中链接了其幕客范肯堂的一首诗，给读者的感觉似乎李鸿章吟有《临终诗》时，范就在身边，并颇像是做了一首和诗（高拜石文中诗无题）：

相公实下忧时泪，谁道而今非哭时？
譬以等闲铁如意，顿教捶碎玉交枝。
皇舆播荡嗟难及，敌垒纵横不敢驰。
曾是卅年辛苦地，可怜臣命已如丝。

按：在这首诗的前面，其实有这样一段文字：“故旧地重来之日，枨触无限。其幕客范肯堂有诗纪之，句云……”此乃高拜石为“假托”之需故意含混，读者实不易察觉。

既然说得这么具体，我又在“淘宝网”上淘到了上海古籍出版社 2003 年 7 月出版的《范伯子诗文集》，在第 326 页找到了这首诗，诗句完全相同。但令人诧异的是，这首诗的题目明明白白地写着《闻李相至天津痛哭》，并不是在李“易箦前”或稍后即作，且这首诗收录在《范伯子诗集》卷十五（光绪二十六年庚子九月自南昌至扬州及十月还里后作）。同时，在这首诗的上一卷即卷十四（光绪二十六年庚子五月至桐城及闰八月至南昌作）却有《答诸公要余至上海同谒李相》（《范伯子诗文集》，第285 页）和《至沪谒李相》（《范伯子诗文集》，第 288 页）。这说明谒李相在前，“易箦前……吟有”的和诗反倒在后，这就完全对不上茬口了。

我又怀疑版本时序有误，既然《临终诗》首出台湾，便又在“孔夫子旧书网”购买了台湾文海出版社影印 1966 年 11

月初版的《范伯子诗集》，经查与上海古籍版内容、位置完全一致。这就打上一个大大的问号了。

我试编《甲午战争诗词别裁集》时，觉得这首诗不选很可惜；若选又没把握，便又在网络上查询、求解。一篇由广州体育学院社科部教授王垒撰写的署名文章《李鸿章〈临终诗〉辨伪》跳入眼帘，连读数遍，豁然开朗。特别令人兴奋和欣赏的是，王教授在这篇文章的“余论”中阐述了李鸿章《临终诗》的真价值：“虽然分析结果表明，《临终诗》之作者另有其人，与李鸿章本人无涉，但并不减弱这首诗的审美价值，假‘李诗’自有真价值在，《临终诗》之诗句意象分明，境界开阔，音律谐和，文字晓畅……可以说是非常成功的假托作品……”

王教授的文章原载于《澳门理工学报·人文社会科学版》2015 年第 1 期，网上转载后反响热烈，其中一位网友这样写道：“这篇文章花的力气不小，最有意义的是罗列出这么多引述这首诗的有关著述，会让那些作者难为情。一是证明了他们读诗的能力低，二是证明了他们的工作态度差，三是证明了当前的学术界作风浮。”这位网友的话也许有些道理，但我认为，这些史学者都读懂了这首诗，且异乎寻常的一致认同，恰恰证明史学界对李鸿章的认识已基本趋于一致：李鸿章不是汉奸、卖国贼，而是功不可没、坚韧不拔、力挽狂澜的“孤臣”或“功臣”。

仍有个别例外：

在纪念甲午战争 110 周年之际出版的一本《盛世之毁——甲午战争 110 年祭》的书中，第七章“宝剑秋风”一节文首，刊载了该书三位点评者之一黄柏公的《步李鸿章〈马关纪事〉

原韵》诗：

一行驷驾御东鞍，遇事临危死太难。
几度和戎削国弱，数回资寇逼民残。
秋风断戟遗卒泪，暮日征旗降将坛。
从此妖魔狂不已，后人应作大奸看。[1]

最后两句，分明是毫不留情地把李鸿章打成汉奸、卖国贼。这本书在其后一节也全文引用了所谓李鸿章的《马关纪事》，与高拜石版本对照，错六字："八千里路"应为"八千里外"，"落日征旗"应为"落日旌旗"，"寰海尘氛纷未已"应为"海外尘氛犹未息"。

窃以为，其一，黄柏公这首和诗理念和情绪与多数史学者看法相左，难以苟同；其二，所引"李诗"极为粗疏，很不严肃；其三，对于甲午战争中的李鸿章，诗作者没有认同当时的社会精英梁启超、黄遵宪等人的评价，而是轻率地化用淮海文人陈玉树的《甲午冬拟李义山重有感》和《乙未夏拟李义山重有感》两首评价李鸿章的诗（陈玉树的两首诗将在下一章《休将成败讯前辈》中介绍），对李鸿章进行评价。甚至我怀疑编著、点评这本书的学者，他们是否有人读过梁启超的《李鸿章传》？我有心向该诗的作者讨教，便打电话给出版这本书的华文出版社和这些学者写的在中国友谊出版公司出版的另一本更大的书《乱世存亡》。两个出版单位均回答，与他们早已

〔1〕 弘治、张鑫典、孙大超编著：《盛世之毁——甲午战争110年祭》，华文出版社2004年版，第250页。

失去联系，是一家公司送来的稿子云云。呵呵！怎么可以这样不负责任啊！

更奇特的是，由朝华出版社于2008年1月出版的《铁血残阳李鸿章》（作者王晓秦）中，竟将今人黄柏公的那首和诗，硬放到李鸿章还活着的年代，原文如下：

> 第二天清晨，李鸿章起床穿衣，准备返回天津。他一开门，门缝里掉出一封信，他弯腰拾起，信上无抬头也无落款。李鸿章戴上老花镜，展开一阅，竟是一首骂他的七律诗：（与以上黄柏公的和诗完全相同，从略）李鸿章气得双手发抖，牙齿咬得格格作响，……心情平静下来，把它小心翼翼地夹在一书中。〔1〕

书写到这儿就基本结束了，当然也没有引述“李诗”的空间了。

这也太搞笑了吧！小说是可以虚构，但不能如此时空穿越哟！

哎！李鸿章这个人，真是太富有争议啊！

---

〔1〕 王晓秦：《铁血残阳李鸿章》下册，朝华出版社2008年版，第404页。

一〇　休将成败讥前辈

——史上诗家如何诗评李鸿章

用诗的语言评价历史人物，毛泽东是其中之一。一阕《沁园春·雪》所吟“唐宗宋祖，稍逊风骚。一代天骄，成吉思汗，只识弯弓射大雕”，可谓大气痛快，堪称楷模。

对于甲午战争中颇具争议的李鸿章，上一篇提到了今人诗评李鸿章的一些个例，那么历史上人们又是怎样以诗的语言评价他呢？先看看康有为的一首诗：

东事战败，联十八省举人三千人上书，次日美使田贝索稿，为人传抄，刻遍天下，题曰《公车上书记》。是时主和者为军机大臣孙毓汶，众怒甚，孙畏不朝，遂辞位

海东[①]龙泣舰沉波，上相𬨎轩出议和[②]，辽台膴膴割山河[③]。抗章伏阙公车多[④]，连名三千毂相摩[⑤]，联轸五里塞巷过[⑥]。台人号泣秦桧歌[⑦]，九城谣谍遍网罗[⑧]。扛棺摩拳，击鼓

三挝⑨。桧避不朝，辞位畏呵。美使田贝，惊士气则那！索稿传钞，天下墨争磨。呜呼，椎秦不成奈若何⑩！〔1〕

【注释】

①海东：东海。

②上相：李鸿章。辅轩：古代的轻便车，帝王的使臣乘此外出。

③膴膴：土地肥美。

④公车：举人。

⑤毂：车轮中心。毂相摩：车辆密集。

⑥轸：车后的横木。联轸：车辆相接。

⑦秦桧：南宋宰相，投降派的代表人物，诗中指孙毓汶等卖国贼。

⑧九城：京城。谣谍：顽固派飞言恐吓，派遣爪牙监视。

⑨三挝：祢衡击鼓骂曹，击《渔阳三挝》的鼓调。

⑩椎秦：战国末，张良曾派遣刺客在博浪沙用大铁椎击秦始皇嬴政，不中。这里借指打击孙毓汶等卖国贼。

康有为像

康有为在政治上曾经是维新派首领，在文学领域也有独到见解，他的诗歌风格雄健，辞章瑰丽，充满了爱国主义热情和浪漫主义色彩。他在这首诗中将矛头直指统治集团，而对李鸿章只是“上相辅轩出议和”

〔1〕 戴逸主编：《辛亥百年名家经典导读·康有为诗文选》，巴蜀书社2011年版，第45页。

一笔轻轻带过，因其知道李鸿章是执行者，而不是最高决策者。康有为诗中骂的秦桧、投降派代表人物、卖国贼，指的不是李鸿章，而是孙毓汶等。

同是维新派代表人物的梁启超，则在李鸿章过世后仅50天就在日本写下了《李鸿章传》，被公认为比较公允地评价了李鸿章的一生功过。面对普天下指斥李鸿章是汉奸、卖国贼的一片责骂声，梁启超挺身而出，用三句话概括了他对李鸿章的评价："吾敬李鸿章之才，吾惜李鸿章之识，吾悲李鸿章之遇。"

梁启超的《李鸿章传》，以新颖的笔触，对李鸿章的一生事业娓娓道来。在该书第十二章《结论》中，他将李鸿章与中外16位著名人物作了比较，并予以客观的肯定。他将李鸿章与诸葛亮作比较时说："李鸿章忠臣也，儒臣也，兵家也，政治家也，外交家也。中国三代以后，具此五资格，而永为百世所钦者，莫如诸葛武侯。李鸿章所凭藉，过于诸葛，而得君不及之……至其鞠躬尽瘁，死而后已，犬马恋主之诚，亦或仿佛之。"又将李鸿章与秦桧作比较说："中国俗儒骂李鸿章为秦桧者最多焉……出于市井野人之口，犹可言也，士君子而为此言，吾无以名之，名之曰狂吠而已。"

当然，梁启超也为李鸿章的机遇作了分析。甲午战争那个年代的大清王朝气数将尽，千疮百孔，风雨飘摇。李鸿章"师夷长技"的种种作为，是对大清帝国的修修补补。晚年李鸿章自己也承认，他是一个"裱糊匠"，只不过是在"裱糊江山"。作为皇权下的重臣，他只有对朝廷忠心耿耿的份儿，不可能成为革命者和封建王朝的掘墓人！

平心而论，《马关条约》确实是丧权辱国的不平等条约，

1900 年 7 月离开广州前的李鸿章

李鸿章负有奉命行事的部分责任。但在战场上遭受惨败的形势下，不屈服、不签约，能撑得过去吗？又有哪位主战派的人物拿出了一个什么好主意，使大清江山得以保全？所谓“主战派”，多是书卷气十足的“清流派”人物，翁同龢即是其中代表。在光绪帝要李鸿章赴日谈判时，李当着光绪帝的面，“将”了翁同龢一军，李要翁同他一起去日本完成谈判这个苦差事，可翁赶忙说：“若余曾办过洋务，此行必不辞，今以生手办重事，胡可哉？”将此推得一干二净。所以，李鸿章签订这个丧权辱国的条约，是在万般无奈的情况下，不得不吞下的一颗“苦果”！

梁启超在该书《序论》中开宗明义说：“誉满天下，未必不为乡愿；谤满天下，未必不为伟人。”〔1〕乡愿者，伪君子也。梁启超还说：“合肥之负谤于中国甚矣。”梁启超说，我与李鸿章政治上是公敌，私交也一般，我之所以为他鸣冤，是因为对待历史必须要有公平之心。他还说，李鸿章若地下有知，一定会说：“孺子知我！”

对待历史的公平与公正，既关系历史人物的个人荣辱，更重要的还是对历史本身负责。只有正确地解读历史，方能总结出真实、准确的经验教训，方能使国家以史为鉴，不重蹈覆

〔1〕 梁启超：《李鸿章传》，湘潭大学出版社 2015 年版，第 1 页。

辙。在纪念甲午战争120周年时，时任中央军委副主席的范长龙上将在《求是》杂志发表题为《在知耻奋进中肩负起强军兴军的历史责任——写在甲午战争120周年之际》的文章中说："研究甲午战争，要尊重历史、走进历史……展现历史本来面目，不能把战败的原因单纯归咎于某个历史人物或事件。"当然也就不能把"丧权辱国"的"帽子"硬扣在某个历史人物的头上。

再看看《清史稿·李鸿章传》对李鸿章的评价："中兴名臣，与兵事相终始，其勋业往往为武功所掩。鸿章既平大难，独主国事数十年，内政外交，常以一身当其冲，国家倚为重轻，名满全球，中外震仰，近世所未有也。生平以天下为己任，忍辱负重，庶不愧社稷之臣。"

时为外交官的黄遵宪，在《马关纪事》诗中将李鸿章比作唐朝的郭子仪，这与梁启超的说法如出一辙。

李鸿章去世后，黄遵宪又作了《李肃毅侯挽诗四首》，其中第一首写道：

骆胡曾左凋零尽，大政多公独主持。
万里封侯由骨相，中书不死到期颐。
麋弧卒挽周衰德，华衮优增汉旧仪。
官牒牙牌书不尽，盖棺更拜帝王师。

这首诗对李鸿章一生的功业给予了充分肯定。

第二首有所慨叹：

何意马关盟会日，眼头铅水泪千行。

第三首有所批评：

老来失计亲豺虎，却道支持二十年。

第四首有些无奈：

总无死士能酬报，每驳言官更耐弹。
人哭感恩我知己，廿年已慨霸才难。

从以上黄遵宪的诗中可以看出，黄对李生前身后，均是赞许、敬佩和体谅的。

《普天忠愤集》载张罗澄《感事二首》，其中第一首写道：

南关旧恨积难平，又听东隅战马声①。
谁铸九州成大错，忍教万里坏长城。
延陵仗剑前锋挫②，越石投戈一枕横③。
漫怪相公颜独厚，创深痛巨苦寻盟④。

原注

①有越南之和，故有日本之变。

②某公不战而逃（似指叶志超，作者注）。

③某公高卧榆关（即山海关，此处似指时任钦差大臣刘坤一，作者注）。

④傅相行成，日人小山枪伤其面。

这首诗可谓略带讽刺意味的“爱憎分明”。遍读《普天忠愤集·诗赋门》卷十一、卷十二，竟然再也找不到一首骂李鸿章的诗。

再看看台湾甲午战争第一诗人丘逢甲，看他如何诗评李鸿章。

离台诗六首

其二

宰相有权能割地，孤臣无力可回天。
扁舟去作鸱夷子，回首河山意黯然。

从这首诗的整体看，作者也并无特别非难李鸿章之意，只是提到而已。难道他不知道宰相是否有权割地？更何况李鸿章并非真正的宰相；紧接着第二句“孤臣无力可回天”，很明显是为李鸿章开脱；再看第三句“扁舟去作鸱夷子”，作者又把李鸿章比作辅佐越王破吴的上卿范蠡，范蠡后因越王义薄，乘扁舟遨游五湖，自号“鸱夷子”〔1〕。丘逢甲运用这个典故，可以看出他对李鸿章奉命赴日和谈签约，既理解又同情。仅凭第一句“宰相有权能割地”，即以为此诗系讽刺李鸿章，是牵强附会的（作者系借诗评李鸿章暗喻自己被迫内渡之苦）。

在丘逢甲的诗集中，除此再也找不到对李鸿章表示不满的诗句。

在阿英编的《甲午中日战争文学集》共478首诗词当中，“痛骂李鸿章”（阿英语）的诗有两首，其作者为陈玉树。

---

〔1〕 唐朝诗人李白有“何如鸱夷子，散发棹扁舟”的诗句。

陈玉树（1853—1906），亦作玉澍，字惕庵。江苏建湖（今盐城）人。光绪十四年（1888）举人，诗人、学者。曾任三江师范教务长等职。光绪中负盛名于淮海间。陈氏除研经外，究心世务，主张变革，但痛恨康有为。中法、中日之役前后，颇多爱国诗篇。有《后乐堂诗抄》等。

在《甲午冬拟李义山重有感》十首中，“他就攻击当局者不能及早防范（第一首）；痛骂叶志超的伪传捷报，不战而逃（第二首）；赞美战死的英雄，来羞愧那些败将（第三首）；对勇将苦战无援，终至牺牲的事，表示不满（第四首）；痛诋那些误国的庸臣（第六首），尤其是那些卖国的汉奸”〔1〕。第六首如下：

甲午冬拟李义山重有感（其六）

居然元老总帅干，大纛高牙上将坛①。
帝德如天容忍易，臣心似水古今难。
英年耄发同褒鄂②，末路功名愧范韩③。
青徼丹冥沦故界④，尽销金甲铸铜山⑤。

【注释】

①大纛：军中或仪仗队的大旗。高牙大旗，比喻声势极大。

②褒鄂：唐褒国公、鄂国公的并称。唐初功臣段志玄封号褒国公，尉迟恭封号鄂国公。

③范韩：宋范仲淹、韩琦。宋仁宗宝元元年（1038），西

---

〔1〕 阿英编：《甲午中日战争文学集》前言，中华书局1958年版，第8页。

夏立国，元昊称帝，宋夏战争爆发，宋朝一度被动挨打。在国家边关有难、生灵涂炭之时，范仲淹临危受命，与韩琦共同管理西北防务。韩琦与范仲淹名重一时，人心归之，朝廷倚以为重，故天下称为“范韩”。

④青徼：系在箭上的青色生丝绳。丹冥：指南方遥远之处。此指琉球已沦陷，甲午战败，台、澎恐又孤危。

⑤铸铜山：此处用汉文帝宠臣邓通典。邓通官至上大夫，并得赐铜山，可自铸钱，遂成巨富。景帝时被告发，籍没其家。

这首诗因作于甲午战争失败的1894年冬，《马关条约》尚未签订，所以诗中重点抒发了对李鸿章作为“主帅”“上将”没有打好中日之战的不满。

“次年，他继续又写了十八章（首），题《乙未夏拟李义山重有感》，对和议、李鸿章深致不满”[1]。这第一首如下：

乙未夏拟李义山重有感

合肥韦虎不须歌，龙节星轺又议和①。
壮岁威名身手健②，衰年部曲爪牙多。
李纲空阻捐三镇，师道徒闻制两河③。
高阁格天④资敌国，千秋青史竟如何？

【注释】

①合肥二句：意谓李鸿章已不须歌赞，他又赴日议和。合

[1] 阿英编：《甲午中日战争文学集》前言，中华书局1958年版，第8页。

肥韦虎：指南朝梁将领韦睿，天监四年（505）率军破北魏军，取合肥。李鸿章，合肥人。星轺：使者所乘之车。

②壮岁句：言李鸿章壮年本以身手矫健而著威名。此处指李鸿章同曾国藩等镇压太平天国及捻军起义而被称为“中兴名臣”。

③李纲二句：言李鸿章力主和议，致使朝臣空进谏阻割地之议，将帅徒受节制前敌之命。李纲，宋代名臣。金人求割太原、中山、河间，李纲坚决拒绝。然朝廷软弱，李纲辞官后，金人所提条件均获许可。师道，指种师道，宋代名将。李邦彦议割三镇，师道争之不得。后命为河北、河东宣抚使。

④高阁格天：“格天高阁”之倒文。格天阁，即“一德格天阁”之缩语。《宋史·奸臣传》：赐秦桧甲第，帝亲书“一德格天”匾其阁。此以秦桧比况李鸿章。

在李鸿章“谤满天下”的当时，陈玉树这样写李鸿章并不奇怪，除了他代表当时普通民众的看法外，还有一个原因就是在皇权时代，作为文人是不能骂皇帝的，骂皇帝会引来杀身之祸。在《普天忠愤集》这部书中，凡涉及“皇、帝、后、君”等字眼，均必须在其上（因当时书籍文字竖排）空格避讳。所以，作者只能把对统治者的不满，发泄到李鸿章的头上，黑锅只能由李鸿章去背。陈玉树的第一首诗中有“帝德如天容忍易，臣心似水古今难”的句子，其实说得很恰切。

综之，在当时社会的精英阶层，无论是维新派的首领康有为、梁启超，还是对甲午战争和《马关条约》的签订有着深刻了解的黄遵宪、丘逢甲，他们与以陈玉树为代表的民间人士对李鸿章的看法截然相反，甚至格格不入。这也是梁启超要写《李鸿章传》的主要原因。

读了陈玉树上述两首诗，总觉得有一种似曾相识的感觉。尤其是前一首《甲午冬拟李义山重有感》这首诗的韵律，似与前面提到的两首诗有相同之处：

临终诗

劳劳车马未离鞍，临事方知一死难。
三百年来伤国步，八千里外吊民残。
秋风宝剑孤臣泪，落日旌旗大将坛。
海外尘氛犹未息，诸君莫作等闲看。

步李鸿章《马关纪事》原韵

一行驷驾御东鞍，遇事临危死太难。
几度和戎削国弱，数回资寇逼民残。
秋风断戟遗卒泪，暮日征旗降将坛。
从此妖魔狂不已，后人应作大奸看。

前为所谓李鸿章《临终诗》，后为黄柏公和诗，将这两首诗与陈玉树两首《重有感》，尤其甲午冬《重有感》放在一起不难看出，陈玉树的诗是后面两首诗的“鼻祖”；后面两首诗与前面陈玉树两首诗有着一脉相承的“血缘”关系。它们的共同点和相似处如下：

其一，同样的韵律（陈玉树甲午诗）：平水韵十四寒，且平起（首句入韵）也完全相同。

1900 年李鸿章在香港会见港督卜力

其二，韵脚使用了同样的字。“难、坛”三首诗相同。黄柏公步假托李诗“鞍、残、看”共五字完全相同。

其三，使用了相似的语言素材。依次排列为：大纛、旌旗、征旗；末路、落日、暮日；上将坛、大将坛、降将坛；龙节星轺（陈玉树乙未《重有感》诗）、劳劳车马、一行驷驾；千秋青史（陈玉树乙未《重有感》诗）、秋风宝剑、秋风断戟；黄柏公诗与陈玉树诗相同处还有：资敌国（陈玉树乙未《重有感》诗）、资寇等。

其四，假托诗、黄柏公和诗各回答了陈玉树两首诗中一个问题：假托诗回答并深入解析、演绎了陈诗“臣心似水古今难”。黄诗则回答了陈诗“千秋青史竟如何”，答案则是“后人应作大奸看”！

这就不难看出，假托李鸿章“临终诗”与陈玉树诗是唱和、模仿关系，亦即“假托李诗”是陈玉树甲午冬《重有感》诗的和诗（和诗韵脚无须字字相同，只要韵律相同，唱的是同一事物或同一人物，即谓），只不过“假托李诗”是不能说破这种唱和关系的，因为一旦说出来就“露馅”而假托不成了。“假托李诗”即使不是“和”陈玉树诗，也与陈诗脱不了干系，起码是采用了陈诗中许多语言素材。要说巧合，怎么也巧合不到这种神似的程度！这就从诗之源头进一步证明：所谓李鸿章“临终诗”，与李鸿章本人根本沾不上边。〔1〕

就李鸿章的身份、阅历和诗之造诣而言，他看不到陈玉树这两首诗，即使看到了，也犯不着去拾人牙慧，与之“拌嘴”！

黄柏公的和诗则表明，他是“步李鸿章《马关纪事》（即‘临终诗’）原韵”，但他岂止步假托李鸿章诗原韵，也是步陈玉树甲午《重有感》诗原韵，且使用陈玉树两首《重有感》诗中颇多相似语言素材，这也是事实明摆着的。

如果以上论述成立，剩下的就是：后面这两首和诗的理念是完全相反的。假托李诗对李鸿章一生功业予以客观肯定、体谅和赞叹，已为当今史学界普遍认同。而黄柏公步假托李诗之韵诗，则对李鸿章的功业予以彻底否定、嘲讽与挞伐，不但与当今史学界的普遍认识背道而驰，也与历史上诸多诗人对李鸿章的评价相抵触。

现将我收集到的 8 位诗人、共 11 首评价李鸿章的诗词展示如下，以供全面了解：

陈季同（1851—1907），字敬如，号三乘槎客。福建侯官人。15 岁时与刘步蟾、林泰曾等入福建船政学堂。1877 年，作为清政府首批派往欧洲的留学生，赴巴黎修习公法律例，不久加总兵衔。后升任为驻德、法参赞，为近代中学西传第一

〔1〕 关于这首假托诗的作者究属何人，笔者认为，其实就是撰写《李鸿章泪尽秋风》的作者高拜石本人。详见本书附录二《悲壮的挽歌》。

人。刘铭传抚台时，延为幕客，以功至副将。陈季同才华横溢，著有《三乘槎客诗文集》《卢沟吟》《学贾吟》等。但仅有零星诗作散见，其《学贾吟》（陈季同手抄稿）于2001年元月在上海图书馆发现，经学者沈岩校注出版。〔1〕

闻李合肥入总署志喜①

鼎鼐调和三十年，艰危独任此双肩。
剧怜槎泛张骞②后，几次鞭看祖逖③先。
傲雪菊花开晚节，鸣皋④老鹤下长天。
四夷⑤慕德非今日，喜诵珠槃玉敦⑥篇。

【注释】

①李合肥：即李鸿章。入总署：查李鸿章大事年表，应为光绪二十一年（1895）七月“留京入阁办事”。或为光绪二十七年（1901）三月“诏李鸿章等六人为督办政务大臣；六月初九，诏改总理各国事务衙门为外务部，班列六部之上，诏李鸿章充外务部总理事务”。

②张骞：西汉时期外交家。陈季同自注：同署张樵埜（埜：同野）侍郎，曾使美、日、秘诸国。

③祖逖：东晋初有志于恢复中原而至力北伐的大将。陈季同自注：“同署堂官，非故旧即门生。”

④皋：本义为泽边地，泛指岸边、水旁陆地。

⑤四夷：指东夷、西戎、南蛮、北狄，古代华夏族对四方少数民族的统称。此处泛指周边的国家。

---

〔1〕 陈季同著，沈岩注解：《清代陈季同〈学贾吟〉手稿校注》，国家图书馆出版社2011年版。下面诗见第90页。

⑥珠槃玉敦：古代诸侯盟誓时用的器具。引申为订立盟约。

陈季同这首诗，写于李鸿章生前〔1〕。

以下十首诗词，则写于李鸿章身后：

方守彝（1847—1924），字伦叔，号贲初，又号清一老人。安徽桐城人。试科举不授，便绝意科名。后封中议大夫太常博士。晚年写定《网旧闻斋调刁集》二十卷。桐城三家诗人之一。

矗立在上海的李鸿章铸像（旧照）

上海李文忠公祠敬瞻铸像并叙〔2〕

公薨后，德国国家铸公像于克虏伯厂，三年乃成，航海致送来华。上海为公首功地，朝命建祠，盛侍郎宣怀遂度地于徐家汇起祠立像。像露立，高如身，从使臣冠服，风裁峻伟，若平生正焉。

手拨云雷内外屯，九州蛟虎共钻身。
不明魏绛和戎意，宁有平原绣像人？

〔1〕 见陈季同著、沈岩注解：《清代陈季同〈学贾吟〉手稿校注》，国家图书馆出版社 2011 年版，第 90 页。

〔2〕 方守彝、姚永朴、姚永概：《晚清桐城三家诗》，黄山书社 2012 年版，第 80 页。

黄浦江深迷海气，紫宸殿迥暗风尘。
邻邦且为中朝痛，毕竟扶天仗老臣。

范当世（1854—1904），字无错，号肯堂；亦名铸，号铜士。因排行第一，又号伯子。江苏通州（今南通）人，清末文学家。先后师事刘熙载、张裕钊，而私淑曾国藩。又荐入李鸿章幕，为西席。平生守高不仕，以布衣名满天下，所作诗、古文，得桐城正传真脉，而激发同光声气，成就极高。有《范伯子诗文集》。

至沪谒李相〔1〕

天津回首阵云屯，重向江头谒相门。
天意尚能留硕果，人间何处起贞元。
耆年往复乘衰运，老泪滂沱有笑言。
一事告公时论定，八州生类赖公存。

姚永概（1866—1923），字叔节，号幸孙。安徽桐城人。生于桐城姚氏文学世家，18 岁，补诸生，23 岁中光绪戊子科（1888）江南乡试举人第一。光绪甲午（1894）年起，于莲池书院师从吴汝纶治学九年，并先后出任桐城中学总监、安徽高等学堂总教习等。1914 年聘为清史馆纂修。有《慎宜轩诗集》。桐城三家诗人之一。

〔1〕 范当世：《范伯子诗文集》，上海古籍出版社 2003 年版，第 288 页。

德国克虏伯厂铸李文忠公像，在上海徐家汇祠园内。四月偕伦叔瞻拜，归而伦叔有诗和之〔1〕

卅年危局仗斯人，一像崔巍立海滨。
风彩略殊平日接，江山已改战时尘。
槛前异卉多新种，室内名花过晚春①。
公是公非今定矣，横流沧海共伤神。

自注

①园中皆外国花，芍药二盆在室，尚茂。

以上三位作者相约于丙午年（1906）四月同去拜谒李相。范伯子另有《答诸公要余至上海同谒李相》诗一首（见《范伯子诗文集》，第285页），以上三首，是同去三位作者唱和之作。

陈诗（1864—1943），字子言，又名鸣郊，号鹤柴。安徽庐江人。诸生。出身官宦家庭。光绪中，师事同邑诗人吴保初。光绪二十六年（1900），陈诗亲受文廷式指点，学问益长进。后寓居上海三十余年。有《陈诗诗集》。

过天津谒李文忠公祠〔2〕

华发犹能动四夷，灞桥争识令公旗。

---

〔1〕 方安彝、姚永朴、姚永概：《晚清桐城三家诗》，黄山书社2012年版，第639页。

〔2〕 徐成志、王思豪编校：《陈诗诗集》，黄山书社2010年版，第151页。

廿年又沸中原鼎，过客攀条有泪垂。

吴闿生（1879—1949），原名启孙，字辟疆，号北江。吴汝纶之子。安徽桐城（今枞阳）人。少承家学，习古文辞，稍长游学于日本早稻田大学。清末任度支部财政处总办等职，后任直隶学校司，主持莲池书院。北洋政府时期任总统府秘书、教育部次长、国务院参议等职。后任奉天萃升书院教授，北京古学院文学研究员。桐城派末期的代表人物。有《北江先生诗集》。

李文忠公鸿章挽诗三首〔1〕

一

揞拄乾坤事，从来仗一人。
苍生方待命，玉阙遽归真。
天日高难吁，风云郁不伸。
千秋精爽在，应与武侯邻。

二

碑版推功烈，毫芒未足惊。
九州空意态，八表识威名。
亦有蚍蜉谤，宁伤日月明？
艰危神禹域，卅载此长城。

三

耄耋知难倚，其如国运何？

〔1〕 吴闿生：《北江先生诗集》，黄山书社2009年版，第136页。

竟呕诸葛血，莫奋鲁阳戈。
扶日安龙驭，乘流却蜃波。
历精期接续，大难已无多。

刘凤梧（1894—1974），字威禽，晚年号蕉窗老人、司空遁叟。安徽岳西人。出身书香世家，青年时代曾任塾师。1949年后历任潜山、太湖、岳西等县视导主任，皖南行署主任科员。曾在安庆、望江、六安等多所中学任教师，后退职回乡，改业行医。1957 年被聘为安徽省文史馆馆员。著有《蕉雨轩诗钞》《绿波词稿》《蕉窗联语》等。

读晚清史杂兴七首选一〔1〕

王室将倾势已穷，老成忧国只文忠。
天津和约消兵气，多少权奸妒寇公①？

【注释】

①寇公：即寇准（961—1023），字平仲，华州下邽（今陕西渭南）人。北宋政治家、诗人。

吊李文忠〔2〕

八面旌麾萃帝京，仓惶紫盖竟蒙尘。
折冲尊俎非新进，再造河山仗老成。
痛哭出师唯蹇叔，忧谗去国是巫臣。
休将成败讥前辈，天下安危系一身。

〔1〕 刘凤梧：《蕉雨轩诗钞》，黄山书社 2012 年版，第 280 页。
〔2〕 刘凤梧：《蕉雨轩诗钞》，黄山书社 2012 年版，第 336 页。

阅读《上海近百年诗词选》，我又发现吴眉孙的一阕俊逸“奇词”：

吴眉孙（1878—1961），名庠，别名寒竽，江苏镇江人。曾任北京交通银行秘书处长、上海文史研究馆馆员。

绿盖舞风轻·重过沪西李文忠祠观荷〔1〕

惜别记江南，翠羽明珰，尊前又相见。罗袜尘香，沧波寻旧约，强笑眉展。缕缕恩情，忍抛弃、题诗纨扇。怕西风、袭冷红衣，容易秋晚。　　清浅。太液池荒，骤雨打、鸳鸯好梦烟散。手折芳馨，说兴亡洒泪，五湖人远。有限斜阳，更何苦、回栏留恋。露盘欹，飞起乱萤千点。

此词以荷花说事，似乎有美化李鸿章之嫌。荷花出污泥而不染，用在李鸿章身上似不妥。但“手折芳馨，说兴亡洒泪，五湖人远”（五湖中有巢湖，在安徽。另一说专指太湖。此处借指李鸿章），明明是借荷花说李鸿章一生功业之兴亡而为之洒泪。“露盘欹，飞起乱萤千点”，即使荷花，也难免遭到乱萤毁损。因作者吴眉孙故于1961年，那这阕词一定是填于此前。在那个年代，诗赞李鸿章是要冒着被打成“右派”和“反革命分子”危险的。所以，他的词格外含蓄，让别人抓不住“把柄”。这反倒平添了这阕词的深刻、精彩和独到之处！

---

〔1〕 上海诗词学会编：《上海近百年诗词选》，百家出版社1996年版，第79页。

《上海近百年诗词选》编者注曰："李鸿章卒谥文忠，他的祠可能曾设于丁香花园（待查）。词中无一语正面谈李，而只是借荷花说兴亡，录之聊备一格。"[1]

上海诗词学会1996年即敢于谨慎加注编入此词，并由周谷城题写书名，足见他们的远见卓识，不禁令抱残守缺的我辈汗颜！现录此存照，敬请读者共欣赏、相与析。

〔1〕 上海诗词学会编：《上海近百年诗词选》，百家出版社1996年版，第79页。

一一　设晚节无以自见

——又一首李鸿章“遗诗”出现始末

“又来了!”

一首出现在台湾的李鸿章“临终诗”刚刚确定其假托真相，又一首李鸿章“遗诗”近些年在上海被“奇迹”般地发现了。

一、故纸堆中的“宝贝”

在网海中浏览，有一篇关于李鸿章的文章引起了我的注意，文尾注明这篇文章来源于姜鸣先生的著作《天公不语对枯棋》（三联书店 2006 年版）。我购到了这本书，翻开品读，颇感厚重，对作者善于实地考察印象深刻，如其中作者对李鸿章的享堂、墓地都有过踏访和考证。但细读之后，觉察出文中似有失考和存疑之处：除引用了在台湾发现的所谓李鸿章“临终诗”外，还引用了在上海“发现”的又一首李鸿章临终“遗诗”。书中《秋风宝剑孤臣泪——访李鸿章墓地》这篇文章，其中一段原文如下：

临终前，李鸿章曾给远在上海的盛宣怀写信。向他，并通过他，与沪上官、商圈内的朋友诀别。这封遗书，去年首次披露。遗书中写道：

四十年来百战身，几回此地息风尘。
经营庶富羞言我，纽握机权耻授人。
尽一分心酬圣主，收方寸效作贤臣。
诸君努力艰难日，莫误龙华会①里因。〔1〕

【注释】

①龙华会：即浴佛节，又称佛诞日，为每年农历四月初八，是佛祖释迦牟尼诞辰。

这首诗乍一读来，颇像李鸿章的口吻，与李的一生经历和作为也很贴近，且文思清晰，笔力雄健，颇似临终之人向老友倾诉衷肠之吟哦。

这让我有些兴奋，如果这首诗确实是出自李鸿章之手，那将值得好好研究。

读姜鸣先生的这本书，反复阅读书中这篇文章，作者对李鸿章写给盛宣怀的遗书是如何发现的，或发现者公布于何处，并未说明。我欲向作者求教。看作者简介知道，他是国家某知名企业的高管，电话、地址很难通过查询得到。无奈，便给该书责任编辑孙晓林女士打电话，说明想向作者求教的原委，请

〔1〕 姜鸣：《天公不语对枯棋——晚清的政局和人物》，生活·读书·新知三联书店2015年版，第46页。

盛宣怀像

她帮助牵线搭桥。她给了我作者的电子邮箱，并说，关于盛宣怀的档案资料已出版不少，不妨到网上查询一下。

放下电话，我即展开网上“搜索之旅”，反复点击盛宣怀档案和“四十年来百战身”的诗句，最后终于锁定了两篇文章，并以四元人民币有偿下载下来。

一篇是复旦学报（社会科学版）1987 年第 6 期，傅德华的《研究李鸿章晚年思想的重要资料——〈李鸿章致盛宣怀遗书〉》（以下简称“傅文”）。

傅文说：

长期以来，史学界不少同志在研究李鸿章时，除较多地采用李鸿章在临终前一日口授于式枚草遗疏保举袁世凯继任直隶总督之说外，一直比较关心李生前是否写过遗书。我们在整理上海图书馆未刊的盛宣怀档案资料时，在发现《李鸿章晚年病情未刊电稿》的同时，又发现了《李鸿章致盛宣怀遗书》（以下简称《遗书》），是已刊《李文忠公全书》及《愚斋存稿》所未曾收录的。这份《遗书》及其附录的两首诗，文字虽仅五百余字，但它为研究李鸿章的晚年思想，提供了一份重要史料。全文为：

杏荪仁弟：

勋闻休畅，待履康娱，且慰且欣。兄小别经年，竟成永诀，坠欢回首，黯痛销魂。上年燕北之行，早已安排死所，不意委身许国，复蒙锡命自天，恩沐幽明，俱难报称。《语》云："死而后已"，兄意未已也。蒙尘两圣，困苦庶民，每用抚怀，潸然泣下。《易》曰："王臣蹇蹇，匪躬之故。"又曰："自天佑之，吉无不利。"兄今益知勉矣，弟其尚慎旃哉！

二竖已逃，请恙霍然，病根未去，尚虞后患，欲求脱体，有缘时详细禀乞吕帝天医院仙师，恩赐乩方丹药治疗，其庶几乎！

附成俚韵一章，堪为贤西安攘之一助，几深旨远，尚其鉴之。句曰：

四运方兴日，当王受困危。英雄难自奋，威德任天为。布置休轻法，俄延更失机。攘丹疏内典，媚奥问宣尼。负土能胜任，微兰实可嗤（嗤）。怀清防利欲，美玉保无疵。书不尽言，韵聊见意，假乩告语，珍重万千。

后又一什：

四十年来百战身，几回此地息风尘。经营庶富羞言我，纽握机权耻授人。尽一分心酬圣主，收方寸效作贤臣。诸君努力艰难日，莫误龙华会里因。

鸿章又拈句谏海上官商寅友，并谢拳拳，乞弟代为一一致意。愿诸君努力共济时艰，鸿章虽死犹生。[1]

---

〔1〕 所谓李鸿章"遗书"，文字错乱不堪，引文一仍其旧，不予改动，以供分析判断。

傅文说：该《遗书》“初步确定为写于光绪二十七年九月下旬（1901 年 11 月上旬）……从而更证明《遗书》写于九月十九日李鸿章病危之时”。

傅文还对《遗书》中的两首诗解释如下：

> 李鸿章给盛宣怀写这份《遗书》的目的，旨在向他的幕僚及“海上官商寅友”，表白自己自踏上仕途，直至被清廷擢升为直隶总督兼北洋大臣的四十年以来，他“王臣蹇蹇，匪躬之故”，“自天佑之，吉无不利”。无论何时何地身任何职，都没有忘记清朝“圣主”给予的恩赐。只要主子遇到什么危难，总是不避艰险，设法济君之难，从没有以个人利害为念，真正到达了“死而后已”的境地。综观李的一生，几十年来，他确是以此为从政处世的宗旨，并把它作为自己的座右铭。
>
> 仔细琢磨《遗书》的每句话，不难发现李向朋僚们引经据典表白自己的根本目的，在于总结自己“四十年来百战身”的经验，使他们引以为鉴。李鸿章认为，身为朝廷官吏，要做到“负土能胜任”，就应学会“攘丹疏内典，媚奥问宣尼”的本领，并懂得“尽一分心酬圣主，收方寸效作贤臣”，以及“怀清防利欲，美玉保无疵”的道理。

二、是史料中的“一粒砂子”而非真实“史料”

第二篇是复旦学报（社会科学版）1988 年第 1 期作者吴

明的《〈李鸿章致盛宣怀遗书〉不足为据》（以下简称“吴文”）。因这份学报为双月刊，吴文是刊在复旦学报（社会科学版）傅文发表的下一期上。

吴文在全文照引（其中原有的错字及分段之误悉仍其旧，见上文）李鸿章《遗书》后写道：

> 读完了这封《遗书》以后，人们不免对下列几点深感奇怪：第一，李鸿章是个很有头脑的人物，盛宣怀又是他手下的一个得力干部，在他弥留之际，对盛宣怀竟然不交代任何具体的事件，而只要他以迷信活动来治病，“乞吕帝天医院仙师，恩赐乩方丹药治疗”。这哪里是一个精明的政治家所做的事，所说的话？第二，倘若这是李鸿章的遗书，那么，写这封信时李鸿章当然还没有死。但信中说：“《语》云（按，‘语’字不当加书名号。——引者）：‘死而后已’。兄意未已也。蒙尘两圣，困若庶民，每用抚怀，潸然泣下。”这显然意味着他比“死而后已”的那些忠臣更进了一步：人虽死了，意仍未已。倘是活人，哪能这样说话？第三，信中说：“上年燕北之行，早已安排死所，不意锡命自天，恩沐幽明，惧难报称。”……而据现有史料，在1899年（即1900年的上年）、1900年清廷均未下过这样的褒扬令，只有在1901年李鸿章死后，才下了这样的褒扬令。第四，信中说：“书不尽言，韵聊见意，假乩告语，珍重万千。”如果译成白话，就是：“在这封信里不能把我想说的话全部说完，这首诗也只能聊以表达我的一点意思。依靠着乩我告诉了你上面的这些话，请你千万保重。”如果李鸿章是活人，他当然要把说的话写

在纸上，以信的形式寄给盛宣怀，或干脆给盛宣怀打电报，哪里用得着、又哪有可能“假乩告语”？

……

因此，关于这封信的来历，大致可作如下的结论，某一个与盛宣怀有些关系的人，在扶乩时，李鸿章的鬼魂降临，并在沙盘上经盛宣怀写了这样的一封信，那人就把信抄录下来交给了盛宣怀。于是，盛宣怀把这封信保留了下来，后来就进了“未刊的盛宣怀档案资料”。——盛宣怀之所以不把这封信随手丢在字纸篓里，而把它保存起来，当因那时还是迷信盛行的时代，纵或盛宣怀并不相信李鸿章的鬼魂会写信给他，但也可借此抬高自己的身价：李鸿章的鬼魂都对他如此关心，足见其人的重要。

总之，这封信是迷信活动的产物，是李鸿章死后，由别人捏造出来的。不要说信中的许多话都是李鸿章死后的口气，单凭“假乩告语”四字，就很清楚地宣示了那是什么东西。所以，它不仅不是“研究李鸿章晚年思想的重要资料”，而且根本不是在研究李鸿章时所可以和应该运用的史料。

吴文十分清楚地表明，《遗书》不是什么“史料”，而是上海图书馆未刊的盛宣怀档案资料中偶尔夹进的“一粒砂子”。

翻开复旦大学出版社 1999 年 9 月出版的《盛宣怀档案名人手札选》（1844—1916 年书信选集）所刊 74 封书信，其中第 28 页收录了“李鸿章光绪二十一年（1895）八月致盛宣怀函”，但前述《遗书》未予刊入。这就进一步说明，这封所谓

《遗书》已被当作“一粒砂子”，从盛宣怀书信档案中予以剔除。

姜鸣先生写于 2002 年 2 月的《秋风宝剑孤臣泪——访李鸿章墓地》这篇文章说“这封遗书，去年首次披露”，时间怎可比复旦学报（社会科学版）1987 年第 6 期首次披露晚了 14 年？这说明姜鸣先生没有仔细查考。

李鸿章的最后岁月

三、姜鸣先生书中的“瑕疵”

常识和许多资料表明，李鸿章病危之时，均有家人、幕客伴其左右，寸步不离。病人一举一动，均会有人伺候、记录。

李鸿章若真的要给盛宣怀写信，也一定会有人替他办理。无论他是在任上或赋闲，均该如此。更何况进入病情危重的日子，更该如此。

既然是这样，李鸿章身边的人怎可玩忽职守到这种程度：李给盛宣怀写这样重要的一封信（因其文混乱无序，不可能是电报），实为写《遗书》之时，既无记载，也无披露，得苦等几十年后，才由他人在收信人的故纸堆中偶尔发现？这岂非笑话！

再看看《遗书》之文字，既非李的亲笔，也没有李的签名。文字错漏百出，行文毫无章法。如果确系李授意的一封信，无论是李本人或者由他的幕客、家人代办，怎可如此粗疏？难道李本人不看一眼？难道他人不为之把关？哪还有一丁点儿文华大学士的尺牍风范？

……

以上种种，只能说明一个问题，即这封所谓《遗书》的信，是盛宣怀“迷信活动的产物”，是出自“扶乩人”之手的“假乩告语”罢了。

《遗书》中那首诗，读来虽然符合李鸿章的境况，但首句几乎是照抄唐代诗人曹唐《羽林贾中丞》的诗句“四十年前百战身”。对于一位高水准的诗人李鸿章来说，他怎肯如此照抄借用？最后一句“莫误龙华会里因”也很奇怪，是否说不要耽误浴佛节之因果报应呢？令人匪夷所思！

合肥东乡李鸿章墓，已于1958年拆毁

姜鸣先生是一位醉心于“晚清政局和人物”研究的作家。他的《天公不语对枯棋》《秋风宝剑孤臣泪》两本书，都是深受读者喜爱和欢迎的畅销书，本人读后十分钦佩。作者在发掘历史资料方面下了很大功夫，运用历史资料娴熟，且文笔晓畅、俏丽。但又不得不指出，作者对所谓李鸿章《遗诗》的使用，确是该书的一处“瑕疵”。

再借用姜鸣先生书中引用的严复挽李鸿章联：

使先时尽用其谋，知成功必不止此；
设晚节无以自见，则士论又当何如？

是否可以这样说，严复在李鸿章“谤满天下”的当时，对李的评价是多么有分寸和富于哲理！

这是极佳的公评！

通观姜鸣先生的书，他对李鸿章这个历史人物的认识，把握得相当准确、到位。尤其是姜先生《天公不语对枯棋》这本书，早在2006年1月即已出版（该书中这篇文章，在出版前4年写就），至当年10月竟5次印刷，可谓开当今公评李鸿章之先声。曾经产生的启蒙效应，让我等望尘莫及！书中这处不足，尚属瑕不掩瑜，作者“一片冰心在玉壶”的苦心，人们是理解和谅解的！

这与史学界曾一度在许多著作中引用所谓李鸿章《临终诗》，后虽证明系假托，读者仍能理解、包容，是同样的道理。

一二　不畏浮云遮望眼

——今人诗评李鸿章之误区

2014年是甲午战争“两甲子”年份，威海诗词楹联学会向全国发起征稿活动，共收到甲午诗联4000余首（副）。其中有少量诗评李鸿章的作品，与史上诗评李鸿章之作形成较大反差，先录三首如下：

李鸿章[1]

骂你卖国不冤枉，不会用兵会投降。
富国强军劣无计，割地赔款媚东洋。

无赖卖国[2]

避战自保搞投降，乞哀求怜迎豺狼。
幻想列强能制日，挟洋自重耍伎俩。

---

〔1〕威海诗词楹联学会内部资料《征稿汇编》第二集，第211页。
〔2〕威海诗词楹联学会内部资料《征稿汇编》第二集，第49页。

屡战屡败稻草人，儿戏将帅门面装。
俯首帖耳赴马关，割地赔款拜东洋。

【仙吕】游四门·李鸿章[1]

频签降约作生涯，卖国最行家。洋兵一到心儿怕，脚杆软踏踏，呀！签约之手未曾麻？

再从已经入选《甲午战争120周年诗词选》的作品中录三首：

甲午战争说中堂二首[2]

一

辛苦经营数十年，在山猛虎化云烟。
索银割地知多少，举国黎民尽倒悬。

二

守土安邦责在肩，坐衙自顾作神仙。
虎狼见隙方来袭，徒令英雄怨老天。

甲午战争120周年祭三首（其二）[3]

东赴扶桑苦荡舟，割台又怕骂名留。
李鸿章有消愁术，真把国仇充酒筹。

---

〔1〕威海诗词楹联学会内部资料《征稿汇编》第二集，第107页。

〔2〕威海诗词楹联学会选编：《甲午战争120周年诗词选》，中华书局2014年版，第190页。

〔3〕威海诗词楹联学会选编：《甲午战争120周年诗词选》，中华书局2014年版，第219页。

至于来稿中使用“一味求和”“国贼”“佞臣”“丧权辱国”“韦虎”“庸臣”“罪魁”“草包”等字眼的诗文，为数也不少。

上述种种，系来自全国的稿件，然恐与历史事实严重不符。这是为什么？有依据吗？回答说：有啊！且言之凿凿，由不得不信呀！

当人们翻开1979年出版的《辞海》，李鸿章的名下有如下字句：“对外一贯妥协投降……在1894年中日甲午战争中避战求和，招致战争失败和北洋海军覆没，签订了《马关条约》。1896年接受帝俄贿赂，在莫斯科签订《中俄密约》，出卖主权，允许俄国在中国东北修筑铁路等……临死前还推荐袁世凯继承他的职务，是中国近代史上媚外卖国的典型人物。”〔1〕

一、“对外一贯妥协投降”；

二、“中日甲午战争中避战求和，招致战争失败和北洋海军覆没”；

三、“接受帝俄贿赂，在莫斯科签订《中俄密约》，出卖主权”；

四、“临死前还推荐袁世凯继承他的职务”；

五、“是中国近代史上媚外卖国的典型人物”。

这五顶大帽子，可真够沉重吓人了。

我存有这版《辞海》，相信国人或有保存。一本《辞海》

---

〔1〕 见1979年版《辞海》缩印本，第1268页。可对照本书“附录一”。

七部《辞海》

是要保存一辈子，甚至会传给下一代的。直到我写本稿之时，用百度搜一下李鸿章，搜出来的结果有的可能仍然是这部《辞海》给出的定义。《辞海》作为国家社会科学、自然科学的基本工具书，谁又能不信呢？呜呼！李鸿章命运就该如此吗？谁又能为一个“臭名昭著”的近代历史人物说句公道话呢？

然而，10年后的1989年9月第四版《辞海》和20年后的1999年9月第五版《辞海》，对“李鸿章”条目中原来的五项“大帽子”均作了一些有所保留的修改。30年后，2009年8月出版的《辞海》第六版，对“李鸿章”条目则作了比较大的修改，彻底摘除了1979年版《辞海》给予李鸿章的五顶“大帽子”中的四顶，但仍保留“中日甲午战争中，避战求和，招致战争失败和北洋海军覆没”的判定。〔1〕

即使这一项，也许仍然站不住脚。毕业于北京师范大学历史系，后服役于中国人民解放军某部，长期研究甲午战争的近

〔1〕 见2009年8月版《辞海》缩印本，第1533页。可对照本书“附录一”。

代海军史学者许华在2014年4月出版的《再见甲午——蓝色视角下的中日战争》一书中写道：

> 几十年来出版的有关中国近代史、甲午战争史和甲午战争海战史等著作，几乎都无一例外地将北洋舰队株守军港的责任推到李鸿章身上，指责李鸿章在甲午战争中始终坚持“避战保船”的方针，……这一指责的主要依据，是晚清文人姚锡光（山东巡抚衙门幕僚）的私家著述《东方兵事纪略》。就是这部根本就不足置信的私家著作居然还用文学语言绘声绘色地演绎了李鸿章对丁汝昌的训斥——“汝善在威海守汝数只船勿失，余非汝事也!”
>
> 其实，从严格意义上讲……私家著作的可信度是相对很低的，绝不应成为我们对上述问题做出结论的唯一或主要的史料依据。……查官方档案……原始记录……我们不难得出一个明确的结论：当时李鸿章根本从未严令丁汝昌及北洋舰队株守军港；恰恰相反，李鸿章曾多次向丁汝昌直接下达了关于北洋舰队在一定海区和一定条件下积极实施机动、寻机击敌的作战指令（以下李鸿章给丁汝昌等人的电报，均见自顾廷龙等主编《李鸿章全集·电稿》第二、三卷，上海人民出版社1986年、1987年版）。
>
> 从1894年7月25日甲午战争爆发直至9月17日黄海海战期间，李鸿章一再命令北洋舰队：“出海巡游”“相机攻敌”，对日本海军实施“迎击”“截击”，并没有命令丁汝昌率舰队株守任何一座军港而作所谓的“避

战保船”。[1]

看了许著这几段文字，不禁让我有了将《辞海》一查到底的欲望。“淘宝”给了我方便，不久便顺利地买到1979年之前的三部《辞海》：

1936年首版《辞海》“李鸿章”条目不到180字，对李鸿章有褒无贬，说李“历督直隶、湖广、两广，为人英断有远识，明达事务”“甲午之役，签订中日马关条约”，文字简单明了。

1961年11月修订本之《辞海·试行稿》“李鸿章”条目要比1979年版严厉得多，有“他通过买办与外国侵略者勾结”“他……纵容法国侵占越南……日本侵略朝鲜和侵入台湾……”“他避战求和，陷于被动挨打，招致了中日甲午战争的失败和北洋海军的全军覆没”等评语。

1963年12月审定、1965年4月印行的《辞海·未定稿》除与1961年《试行稿》基本相同外，后面增加一段：“他一贯主张投降卖国，并成为清政府决策人物，为帝国主义侵略中国开辟了道路。”

看，这比1979年《辞海》给李鸿章戴上的五顶“大帽子”还要多和重的“铁帽子”，不也早已化作过眼烟云、难遮人们的望眼了吗？由此我深信，留给李鸿章最后一顶“草帽子”，总有一天会彻底摘除干净，还李鸿章以历史清白，回到1936年《辞海》的原点。

---

〔1〕 许华：《再见甲午——蓝色视角下的中日战争》，人民出版社2014年版，第180～181页。

李鸿章雕像

《辞海》的多次修订，与中国的政治生态息息相关，并有着极为鲜明的社会根源，出现一些偏差不足为奇。

所以，前面引用那几首诗的作者和所有认识偏差的诗人，以及社会大众，陷入如此大的“误区”，不但可以理解，甚至都不能责怪他们了。毕竟，《辞海》之定谳，渗透到了社会的各个细胞，影响既深且广。

《辞海》定谳的源头，应该是来自中国近代史。本不想涉及，但随手翻了一下我 1975 年购买的、1962 年 9 月出版的范文澜著《中国近代史》上册第六章“甲午中日战争及第二次割地狂潮”，现摘录若干字句：“李鸿章看海陆军是他个人私物，黄海一战，大发牢骚，说这是‘以北洋一隅之力，搏倭人全国之师’，遂决计藏匿不出。”（第 260 页）“李鸿章外交上主张屈服求和，军事上主张避战自保。”（第 260 页）“李鸿章经营十六年的北洋海军，就这样可耻地歼灭了。”（第 262 页）在“马关条约的缔结”一节提及：“李鸿章虽然竭力辩论，甚至作无耻的哀求，都是枉费口舌，毫无效果。”（第 272 页）接后两节的小标题则是：“台湾的两种抵抗——官绅的虚声抵抗与人民的英勇抵抗”（第 273 页）“大买办李鸿章游历欧美的卖国活动”（第 288 页）。该书作者 1954 年 8 月于中国科学院历史研究所第三所写的“九版说明”中说：“中国近代史是

1945 年我在延安时写的 。” 这本书竟连出 9 版，可见其影响之深远！

范文澜是中华人民共和国成立后广为称颂的历史学家，用今天的眼光看，他的说法有好多过时了，不但与历史事实不完全相符，也与已经发展了的社会脱节。陈旧的论述已经过时，该摒弃的要摒弃，该纠正的要纠正。

近 30 年连续三版《辞海》，不断纠正历史研究中的失误与偏差，是值得世人庆幸和点赞的。

一三　弱国外交酸泪流

——诗史互鉴评价李鸿章举隅

一曲《长恨歌》，几乎家喻户晓。它是诗，也是史。从诗词歌赋的长河中，我们能够读出许许多多真实可贵的史料！

1878 年李鸿章在天津

一首所谓李鸿章的《临终诗》，让史学界为之动容，甚至连许多治史专家也要冒着可能不实的风险，纷纷在书中加以引用，以达到诗史互鉴之功效。

可见，诗是最能打动人心、撞击心灵的语言。把与历史事件相关联的诗仅仅当成文学作品而不屑一顾，不是治史的一种正确态度。

当今研究甲午战争史和李

鸿章其人的专家学者们所出版的作品，佳作迭出，而且认识逐渐趋于一致，甚至走出了一条诗史互证的新路子，试举例如下：

人民出版社1991年出版、2004年5月修订、2007年8月第3次印刷的苑书义著《李鸿章传》，在书中“少年科第”一节中，引用了李鸿章青年时期许多精彩诗作（该书第8～18页）。在三个版本中，均无一例外地用“据说”二字谨慎地引用了所谓李鸿章的《临终诗》（第517页），说明对该诗意义及内涵之认可。在书后所附“横看成岭侧成峰”文中，他认为李是“腐朽王朝的忠臣”，而并非所谓“汉奸”和“一贯卖国”。这本书出在《辞海》2008年第6版之前。

中国青年出版社2014年2月出版的月映长河著《决战甲午1894—1895——尘封120年的细节与真相》一书，通过对历史事实的梳理、剖析，摆明谈判中的7次交锋，对李鸿章做出了客观公正的评价。现摘取“别了，马关”一节中的一段：

> 这个世界上每一个人都渴望得到别人的理解，李鸿章也不例外。当初不想打的是他，大家要打，带兵去打的是他；中间没打好，挨骂的也是他；后来打败了要求和，来谈判的还是他。什么事都少不了他，受委屈最多的是他，被误解最多的也是他。这个世界就是这样，越能干就越累，事情干得越多就越不讨好。即便如此，李鸿章没有一句怨言，没有半句牢骚，至少在公开场合一直如此。到日本来谈判，一个爷爷级的人物，堂堂的大学士，本来应该在家享天伦之乐，安享晚年幸福，可他却不得不低眉顺眼，忍气吞声，甚至还要挨枪流血，以身犯险，可他从来

没有放弃，他把所有的委屈埋藏在内心的最深处，一直战斗到和谈结束。

多少伤心事，付与何人说？

一个年逾70岁的古稀老人能做到这个份上，试问古今中外能有几人？[1]

请注意，这本书不是小说，而是“中日甲午战争史料”。

中华书局2009年7月第一版、2009年11月重印的《甲午战争新讲》，是一辈子从事甲午战争史研究的学者戚其章收官之作。该书篇篇都以史料说话，读来清新明了。在这本书中，他引用了诗词16首，其中包括日本人写的诗6首，对诗史互鉴做出了有益的尝试。书中有两点读来令人深思：其一，书中在“重评风波”（第132页）一节中，戚其章讲了这样一段亲身经历：其时电影《甲午风云》上演，片中将刘步蟾描写为反面人物，他认为这与事实不符，并在不同的场合提出要“重评”的问题，因“面临着当时学术界大批判风盛行”，结果被斥为“反革命帮凶”，打入“五类分子”，并“被押送到农村接受监督劳动”长达七年之久。当然后来为戚其章平反了，刘步蟾的评价也改过来了。可见，要正确看待历史和历史人物是多么的不易！其二，在该书第七章“马关议和”中，他以“和战之间”“决策乞和”“日本逼和”和“议和之旅”等小节，运用大量史料将“马关条约”签订的决策过程和内外反复较量的真相讲得一清二楚。李鸿章是“卖国贼”还是“功

〔1〕 月映长河：《决战甲午1894—1895——尘封120年的细节与真相》，中国青年出版社2014年版，第316页。

不可没”（该书封底语）？轻松一问，其结论便一目了然。

戚其章一辈子研究甲午战争史，著作颇丰，尝尽了治史的甜酸苦辣。他可能有过不得不低头妥协的时候，但他临终前的这部《甲午战争新讲》，确实颇有新意，令人刮目相看。

今人站出来实事求是地诗评李鸿章的第一人，当数赵朴初先生。他的诗如下：

读史三首〔1〕

始皇筑长城，炀帝开运河。
一时犯众怒，千载功不磨。
恶名固有自，善政亦足多。
读史论仁暴，难在无偏颇。

昔年甲午战，唯有直隶当。
一省抗一国，寡弱敌众强。
诸藩壁上观①，独罪李鸿章。

自注

①当时，两江、两湖、两广等总督皆拥兵坐视。

鸿章非无罪，识囿翰林院。
及其茅塞开，桑榆嗟已晚。
暮年办洋务，亡羊而补牢。
清廷虽莫救，于世不无劳。

---

〔1〕 赵朴初：《无尽意斋诗词选》，北京图书馆出版社2006年版，第207～208页。

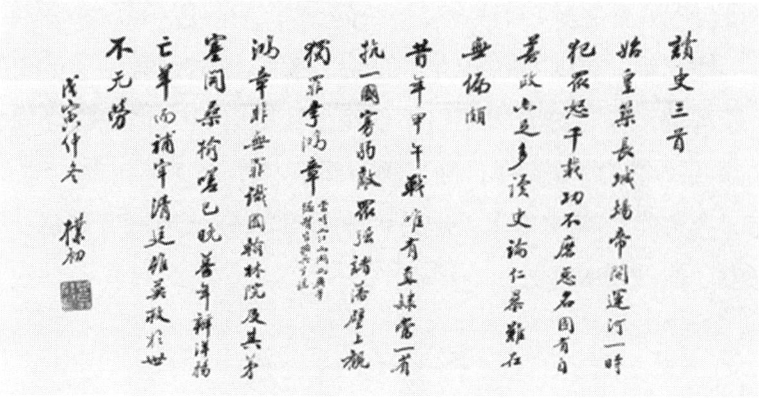

赵朴初《读史三首》手迹

这组诗写于 1998 年仲冬，比《辞海》第六版修订李鸿章词条早了 10 年。

赵朴初是副国级国家领导人。当时，还无人敢这样评价李鸿章，是他开了客观诗评李鸿章之先河。不过，从诗中也可以看出，诗人是谨慎地、拐弯抹角地述说：第一首从秦始皇、隋炀帝说起，他们修长城，开运河，虽然犯了众怒，但功劳是不可磨灭的，所以论史难在无偏颇啊！经过第一首的铺垫，方才说出核心内容：甲午战争直隶总督李鸿章是一省抗一国，而两江、两湖、两广总督均坐视不管，为什么偏偏只向李鸿章一人问罪呢？这不公平啊！第三首又作了一个转折，当然，李鸿章和清廷并不是没有罪过的，但也有一定的功劳，比如办洋务这一亡羊补牢之举。

赵老一年以后就去世了，他无缘读到 2008 年《辞海》修订后的李鸿章词条，这是一个遗憾。更加遗憾的是，赵老的第二首诗，少了两句，多加了一个注。作为一位高水准的诗人，赵老如此写作似乎不合乎情理，我猜想原稿中会有，只是这两句当时还不便公开，姑且隐去。我曾想询问 2006 年 11 月出版

《无尽意斋诗词选》的北京图书馆出版社，但后来在网上搜索，搜出来赵老本人这首诗的书法手稿，与书中完全一致。看来外界已无可能知道少了这两句的秘密了。

在2014年《甲午战争120周年诗词选》征稿活动中，像赵老这样诗评李鸿章的诗，也已零星出现：

诗人高岳山，1967年生，安徽庐江人，笔名东方欲晓、东方樵夫，小学高级教师，他的一首《李鸿章》如下：

著史封侯意气遒，玄黄再造把吴钩。
淮军戡乱成孤注，洋务师夷救九州？
受命和戎千古恨，固防御侮万般愁。
人言卖国真无奈，弱国外交酸泪流。

征稿活动中年龄最小的作者黄德，1996年出生，时为贵州盘县应届高中毕业生，他写了一首诗、两阕词。请看他写的《甲午祭》：

东华风雨逐千潮，列寇长旌入旧朝。
壮士沉舟归碧海，将军遗泪映红礁。
皇城百姓听杯盏，岛上刘公闻鬼嚣。
奋起九州驱外辱，浩歌一曲祭寒宵。

再看他的《水调歌头·甲午怀李鸿章》：

落日关河冷，千海泣吴钩。谁人凭祭烽火，孤叟赴瀛洲。手段外交莫展，故国又添新泪，长恨下关楼。几度绝生死，约辱骂名留！　　今古恨，空回首，泪难收。断魂何在，寂寞深皖古荒丘。长忆万年著史，卿相封侯才俊，豪气与天俦。甲午重今岁，凭吊百年秋。

这位年轻人的诗和词不做作，信手拈来，犹如行云流水。他敢于填词触碰敏感人物李鸿章，而且用了一个“怀”字。在信息爆炸的当今时代，获得有关信息和资料相对容易，故而他有这样的情怀和认知。我钦佩他初生牛犊不怕虎，也为后生可畏而自豪！

在网络时代，很流行“我有问题问‘度娘’（百度)”，此时此刻，我也顺便提出三问，百度了一下，其问题和结果如下：

一问：怎么看中国近代史上的李鸿章？

最佳答案：多次签订丧权辱国的条约，洋务运动代表人（物）之一，综合起来看应肯定李鸿章。

国之大器，百年不遇。中华人民共和国成立后对李鸿章的评价大有偏颇，往往把李鸿章脸谱化为卖国贼，这个观点与历史是不符合的。

二问：大多数人眼中的李鸿章是怎样的？

长期以来，人们论及李鸿章多是谈论他对内如何镇压太平天国革命，对外如何签订不平等条约，而对他的其他活动，或者避而不谈，或者语焉不详。因此一提到李鸿章，人们自然要说他是刽子手和卖国贼。

三问：对李鸿章如何评价？

慈禧太后是当家人，同、光二帝是名誉“一把手”，下边还有咸丰皇帝的亲弟弟六王爷、七王爷，李鸿章最多是分管外交、外事、外资朝政的“五把手”，如果按爵位排序，前面还有几个位高权重、地位显赫的亲王、郡王，李鸿章恐怕连“十把手”都排不上，签不平等条约时的职位相当于“副总理兼外交部部长”。行政常识告诉我们，李鸿章有什么权力随便签订丧权辱国的不平等条约？即使真的“卖国”，他也不应该是丧权辱国“第一责任人”。走进历史的深处才明白，“弱国无外交”，愚昧无知、刚愎自用的权臣亲贵连“卖国”的差使都办不了，满朝衮衮诸公，只有李鸿章懂外交，善斡旋，善于“与列强打痞子腔”（曾国藩讥讽语）。老资格重臣、刚毅之流只能说大话，办不了大事；清流领袖翁同龢等辈书生气太重，不识时务，办不了难事、硬事。在积贫积弱的条件下，熟悉内政外交的李鸿章努力运用老辣的政治智慧，玩“毛子”于股掌之间，善于少赔款，多办事，坚持能赔款不割地的原则，尽量减少损失。

签订丧权辱国的不平等条约是吃力不讨好的苦差事，受屈辱，蹚浑水，涉险滩，挨谩骂，当替罪羊，并替太后一党背历史黑锅。从能力上看，让权臣亲贵出马，连卖国都卖不出好价钱。他们无德无能无知，只会说正确的废话，以及百无一用的大话、套话、假话，里外不是人的差使都委派李鸿章。因此，在外交领域，李鸿章堪称为清王朝背了不少外交“黑锅”。

说到这里，我的脑海中不断闪现那张诞生于甲午战争期间的著名漫画《时局图》。《时局图》有很多版本，其中有一个版本是，旧中国这条虚弱的“巨龙”，被打趴在地，正由各国侵略者这群野兽分而食之，痛苦万分，惨不忍睹。因此，我们对李鸿章和谈与“卖国”的认识是否应该与时俱进？这种割地赔款可否理解为“断尾求生”？假若没有马关和谈，继续打下去，面临八国联军兵临城下的多重打击，有可能就是第二个版本的《时局图》，即国家灭亡，人民会变得更惨。

阿英编的《甲午中日战争文学集》中，有位蛰叟在《乙未篇》中说："未战而和，上也；战而和，次也；战而不和，斯为下矣！"〔1〕今天，仍然应该沿用这一法则。

国家不能陷入落后挨打、依靠和谈的窘境，致力于富国强军、建设强盛大国才是硬道理！

当代著名历史学者、中国社会科学院近代史研究所研究员、博士生导师马勇，新近推出"晚清四书"，包含《觉醒》《维新》《国变》《革命》。其中《觉醒》的新书简介说：

> 甲午年的黄海海战惨败后，和比战难。李鸿章奉命和谈，受尽屈辱签下了马关条约。李鸿章是晚清破屋的裱糊匠，还是时代浪尖的弄潮儿？马关谈判是丧权辱国任人宰割，还是呕心沥血虎口夺食？甲午战败是洋务运动的灰飞烟灭，还是近代开启的幡然醒悟？

请国人在诗史互鉴中进一步思考吧！

---

〔1〕 阿英编：《甲午中日战争文学集》，中华书局 1958 年版，第 437 页。

一四　万绿丛中两条路

——析李鸿章世界之旅和途中诗

美籍华人学者唐德刚教授说，中国自有近代外交以来，出现过两个半外交家，李鸿章、周恩来算两个，顾维钧则算半个。刚接触这个说法，觉得周恩来当之无愧，李鸿章似乎勉强。看了《1896 李鸿章的世界之旅》〔1〕这部书后，始觉此话不虚。现摘取与甲午战争相关的内容述说如下：

遭到 1894 年甲午战争失败、1895 年 2 月北洋海军覆没和当年 4 月 17 日《马关条约》签订而“谤满天下”之重创的李鸿章，不仅政治上失势，半生名节被毁，其洋务事业也颇受诟病。悲愤和慨叹之余，他依然不改初衷。因三国（俄、德、法）干涉还辽，让朝廷和群臣看到了外交活动的功效和契机，“联俄制日”的外交思想逐渐抬头，并占了上风。时值俄皇尼古拉二世即将举行加冕典礼，清政府决定派遣使臣出席此次盛

〔1〕 侯杰、王小蕾：《1896 李鸿章的世界之旅》，中国工人出版社 2015 年版。

李鸿章参加沙皇尼古拉二世加冕典礼时与俄国沙皇二世合影

会。清政府本来派遣的使节是布政使王之春，俄政府却指名要求李鸿章前往。由于希望俄国在外交上对中国施以援手，清政府收回成命，改派李鸿章赴俄。于是李鸿章利用这千载难逢的契机，展开了旨在解脱中日战后的沉重负担，从逆境中奋起的取经之旅。

1896 年 3 月 8 日，即《马关条约》签订不到一年，李鸿章及其随行人员乘坐邮轮从天津出发，经香港，于 4 月 27 日抵达俄国的敖德萨港，5 月 18 日抵达莫斯科，完成参加俄皇尼古拉加冕仪式和所有的外交活动；继而顺势访问了德国、荷兰、比利时、法国、英国、美国及加拿大等 7 国，受到各国的隆重接待，引起世界轰动。李鸿章所到之处，参观港口、码头、兵工厂、造船厂、舰船、军队，他涉及的话题，无不与甲午战争和洋务事业相关。现摘取其片断：

片断之一：李鸿章与德国“铁血宰相”俾斯麦的“世纪对话”

1896年6月27日，李鸿章前往俾斯麦的府邸，俾斯麦以最高的规格款待了李鸿章，二人的“世纪对话”就此展开。

> 当李鸿章抵达俾斯麦的宅邸时，俾斯麦早已等候在门口，亲自迎接。两人远望作揖，走近握手之后，立刻攀谈起来。由于彼此已经进入迟暮之年，因而这两位在中国和德国政坛上历经风雨的老人格外关心对方的身体状况：
>
> 李鸿章问：“殿下身体如何？”
>
> 俾斯麦说：“晚上睡得不好，特别难受。”
>
> 李鸿章说：“我经常觉得疼痛。”
>
> 俾斯麦说：“我倒不痛，只是睡眠不好。”
>
> 李鸿章指着颧骨处的伤痕说：“这个地方最痛，而且又染上风疾。”

此句一出，即显现出李鸿章作为一位中国政治家善用语言，常常产生一语双关之意的特色。虽然此时距离李鸿章在马关遇刺已有一年的时间，他面颊上的伤痕早已痊愈，但是中日甲午战争之于中华民族，之于李鸿章个人的创痛，在他的心里仍然未曾痊愈。而他之所以如此迫切地拜会俾斯麦，也是希望从对方多年积累的治军理政的经验中，为中国的富国强兵寻求新的经验。于是，在宾主双方共进午餐之际，李鸿章迫不及待地向俾斯麦请教德国的“立国政教”之道。他不再绕弯子，而是单刀直入地发问：“欲中国之复兴，请问何道之善？”

俾斯麦知道眼前这位中堂在中国，入朝为宰相，在军为元帅，临民为总督，交邻为通商大臣，有“东方俾斯麦”之称，且态度如此诚恳，所以也不愿意让这位从东方远道而来、地位

李鸿章与俾斯麦（根据照片木刻）

崇高且求知欲旺盛的使臣失望。他将多年来的练兵之道和盘托出：“练兵为立国之基，舍此别无长策，夫兵者，不贵乎数之多……技必以精为贵。斯所向无不利也。”

听完俾斯麦的一席话之后，“李鸿章当即表示自己虽然没有官职，也不像此前在直隶时掌握兵权，但是回国之后还要仿效德国军队的建制建设中国的新式陆军，因此，他希望能够聘请德国的军官到中国任教习”。

片断之二：赴英国参观船厂，考察海军

1896 年 8 月，李鸿章抵达英国的朴茨茅斯，其港口之壮观，令李鸿章及其随行人员叹为观止，越发迫切地希望向英国取得真经，打造一支全新的中国海军，以重振国威。于是，他去码头，进工厂，参观了英国的船坞、船厂、枪局、炮局等，对水雷的制造、能否购买，属户部还是兵部管辖等问题都问得非常详细。“当轮船行驶至为日本国建造兵舰的船厂时，李鸿章及其随行人员看到了富士号战列舰已经基本造好，正准备装配机器，不禁面面相觑。看到规模较大、形制完整的日本战舰，李鸿章发出这样的感叹：‘天下不可端倪之物，尽在英伦矣！’可见其对西方现代工艺技术的崇拜溢于言表，对日本的态度尽在不言中。”

李鸿章抵达南安普敦港

作者在书中写道：

显然中国在中日甲午战争中的惨败，给李鸿章留下的不仅仅是身体上的痛楚、创伤，也有心理上的重重阴影，而且挥之不去。但是，他并没有像其他人那样产生近乎偏执的仇日、反日情绪，而是进一步放下所谓“天朝上国”的架子，睁开眼睛看清时局变化，睁开眼睛看清国与国之间错综复杂的关系，睁开眼睛看清楚这个纷乱不断、弱肉强食的世界。虽然，李鸿章欧美之行的动机隐含着某种联络西方列强以制衡日本的意味，但是在他的思想意识中，也有仿效西方列强加快现代化步伐的想法，以及对日本究竟如何与西方建立联系进而取得成功的思考。这也展现出李鸿章作为政治人物的胸襟。

片断之三：结束欧美之行，途经横滨，誓不踏日地

1896 年 9 月，李鸿章结束了欧美之行，经日本横滨换乘回国。日本政府得知李鸿章及其随行人员要从此地经过，特意为他们提前准备了食宿之所。但是，李鸿章怀抱“衔马关议约之

李鸿章旅欧归来

恨，誓终身不履日地”的决心和信念，不论别人怎样劝说，就是不肯上岸，坚持在船上过夜。返国时，需要换船，日本政府早早备下船只，接应李鸿章一行人。当得知接他的是日本船只时，李鸿章再度拒绝乘坐。无奈之下，船主只好在两船之间架起飞梁，以供李鸿章通行。于是，这位风烛残年的中国老人在横滨萧瑟的海风之中，步履坚毅地走向了归国的邮轮。这样的场面，令人颇为动容。

一位世人眼中的头号卖国贼，竟有如此民族气节，无疑让包括日本政府官员在内的所有人对其心生敬佩，改变了对他的看法，竞相拜访。关于这一点，当时的上海《申报》亦有报道。据悉，在听说李鸿章拒不登岸的消息后，日本政府曾派专人前往他所乘坐的游轮致歉。李鸿章回国之后，日本曾经发行明信片，将李鸿章列为世界五大伟人之一，与他们本国的功臣伊藤博文相提并论。在海上漂泊20余日之后，李鸿章及其随行人员乘坐的轮船终于驶回了天津，经过精心布置的塘沽、天津车站，彩旗飘扬，热闹异常。此时，李鸿章犹如一位得胜凯旋的将军，享受着众人的顶礼膜拜。

“路漫漫其修远兮，吾将上下而求索”，李鸿章正是这样的一位伟大的先行者。为了适应急剧变化的时局，身为中国洋务运动旗手的李鸿章就这样再一次担当重任，走访欧美诸国，渴望以一人之所知，解一国之所缺。他于垂暮之年，踏上了出洋的艰辛之旅，除包括自己儿子在内的阵容庞大的使团外，还有一口耐人寻味的巨大棺材。他之所以能够成行并引起中外人士的更多关注，除了国内外形势所迫外，还有一个重要的原因，那就是无人能比李鸿章的个人经历更能代表中国在19世纪末遭遇的挫折以及为摆脱挫折而进行的艰难探索。因而，由李鸿章来代表这个日渐衰老的古老帝国，向高速发展的欧美诸国取经，解决甲午战争的遗留问题最恰当不过。

在访问英国期间，李鸿章乘坐“矮孛达”号（英王太子所乘之船）检阅英海军之后，抵达火车站换乘火车时，曾赋诗一首：

伦敦火车道中口占〔1〕

飘然海外一浮鸥，南北东西遍地球。
万绿丛中两条路，飚轮电掣不稍留。

〔1〕 李国杰编：《合肥李氏三世遗集·李文忠公遗集》，文海出版社1967年版，第873页。

“万绿丛中两条路”，“两条路”从字面上理解，当然是指火车的两条铁轨。但其语带双关，寓意深远，耐人寻味。这两条路就和人的两条腿一样，缺一不可。这就是，一要依靠自己自强求富；二要向发达国家学习，不能闭关锁国。要坚持两条腿走路，二者不可偏废。只有这样，国家才能像“飚轮电掣”一样前进。

在那个皇权末世的年代，李鸿章的认识和理想很难实现，但他的勇气和智慧是值得后人学习的。

中华人民共和国成立后，在较长的一个时期，过于强调自力更生这一条腿，史学界一直把李鸿章的洋务事业当成“崇洋媚外”的罪过予以批判，或者加上“所谓”二字予以贬低、矮化。直到1979年，中国才真正迈开另一条腿，走向改革开放的正确道路。

今天我们说，改革开放不能一蹴而就，需要摸着石头过河去探索。李鸿章当年在甲午战争失败后的外交探索，是多么难能可贵！

一五　手揽扶桑旭日温

——士大夫笔下的甲午战争诗

我翻遍《翁同龢诗集》，找不到一首写甲午战争的诗词。作为光绪皇帝老师、户部尚书、军机大臣，翁同龢直接协助皇帝处理甲午战争决策事务，平日触景生情，各类诗作洋洋洒洒，为什么在清王朝遇到甲午战争惨败和割地赔款这样的大事，却失语噤声了呢？恐怕确有难言之隐吧！

经过反复查检，我终于找到翁同龢所作勉强可算做写甲午战争的七律二首：

次前韵纪时事〔1〕

一

一篇粊誓①警徐淮②，野祭伊川兆岂佳。

自古和戎无上策，于今谋国有深怀。

〔1〕翁同龢著，朱育礼、朱汝稷校点：《翁同龢诗集》卷八，上海古籍出版社2009年版，第336页。

牺牲待境畴云济，袍泽[3]兴师孰与偕？

一战燕云从此复，冥冥决事是吾侪。

【注释】

①粜誓：恶米，或曰粮粮。这里或借指《马关条约》。

②徐淮：唐代诗人，字黄河，东海（今江苏连云港）人。

③袍泽：泛指衬身单衫，这里指军中的同事。

二

欲将东海泛为樽[1]，手揽扶桑旭日温。

新制楼船吞鸭绿，旧传神剑镇蛟门。

六经述圣同文字，三岛求仙长子孙。

试考象鞮[2]较仁暴，寅宾[3]毕竟胜坚昆[4]。

【注释】

①樽：古代的盛酒器具。

②象鞮：象寄译鞮之简称。象寄之才，是对古代翻译人员的美称。

③寅宾：恭敬导引。

④坚昆：我国北方古部族名。三国时，坚昆有雄兵三万，其族过着游牧狩猎生活。

这两首诗作于甲辰年（1904），也就是作者去世的当年。他老人家遭贬在家，对甲午战争终于有所悔悟，但其观点含混不清。第一首重点在于“自古和戎无上策”，也就是说，只要是和戎，就不可能是上策，或者不可能有万全之策。此话差矣！我国历史上就有汉代王昭君、唐代文成公主分别与匈奴、吐蕃和亲的例子，当时就是上策，为历史所肯定；第二首似说，还是与日本和平相处为好。因那时戊戌变法失败，许多名人志士东渡扶桑，避难求学，寻求强国之路。

翁同龢像

幸好这本诗集“附录四”有“翁同龢自订年谱”。

光绪二十年（1894），时值甲午年，翁同龢六十五岁。十一月：“复州失守”“汝城县失守”“辽沈告急情形，拿解旅顺失事诸将”。十二月：“拿问卫汝贵”“盖平失守，倭兵浮海窥威海卫”“山东荣成县失守，威海益危矣。饬海军舰出口迎击，毋徒坐守”“自念以菲材而当枢要，外患日迫，内政未修，每中夜彷徨，憾不自毙”。

光绪二十一年（1895），时值乙未年，翁同龢六十六岁。此年正月，“威海卫三炮台失守，海舰依刘公岛，犹报击沉倭船两只，旋报北三台亦失矣，既而刘公岛亦失，海舰全没。张荫桓、邵友濂到日本，彼国不与商，谓非十足全权不可。皇太后召见，谕撤使归国，唯美使田贝居间转圜，仍令总署致信于彼，留作退步。翌日召见，语略如昨。懿旨派李鸿章赴日本，即令来京请训，并开复一切处分。……鸿章奏：‘割地诚不敢，譬如占地、索银，亦殊难措。’余于上前争之。既退至传心殿集议，李欲拉余同使，盖怵我以难事也，予笑颔之。……李相奉使，议论喧然。”

“二月，李相面奏，略及割地，余不谓然。慈圣起居违和，李鸿章来京未召见，割地之议，大拂慈怀……”

“三月，余力筹台湾饷五十万，由南洋往。旋台湾告警，李相电停战……李相电：‘廿日画押，限廿日在烟台换约。’俄请暂缓批准和约，而同官均有成见，欲草草定议，余与兰荪相对流涕。上不允割台，词气严正。言路均谓和议不可行……”

“四月，庆邸偕枢臣请见皇太后，内侍传慈躬感冒，不能见，一切请皇帝旨办理。翌日，传懿旨：‘和战两有弊，不能断。’令枢臣妥商以闻。仍至恭邸处集议，孙公草宣示议和诏。使俄大臣许景澄电：‘“俄云相助”，亦无的实语。……上意和约不得不批准矣。’遂用宝，派联芳、伍廷芳送约。俄勒日本以辽地还中国，余拟乘此缓换和约，同人不谓然，至于攘袂。法、德、英三国驻使亦以缓期换约为是，正在徘徊，已届十四日之期，上催译署催伍廷芳等在烟台即日换约，遂于是夜子初换讫。”

《马关条约》换约地：日本驻烟台领事馆旧照

这本诗集所载作者自订年谱，对甲午战败与日本签订《马关条约》的决策过程，写得清楚明白：慈禧以患感冒推诿，但令枢臣妥商，而枢臣多次至恭亲王府邸集议，由孙毓汶草议和诏，光绪帝批准换约。一切都是朝廷最后决定的，不知道后来史学家们为什么对此视而不见，却要“独罪李鸿章”！

其实原因也很简单，中国政治文化中“反贪官不反皇帝”“骂昏官不骂昏君”的传统，使得李鸿章几乎独自承担了整个王朝其上层决策者（包括那些参与决策的枢臣）本应承担却丝毫没有承担的所有罪责，朝廷当然从来都乐得让臣属替自己承担骂名。可是，后来的一些历史研究学者也如此人云亦云，就令人费解了。请看，封建王朝的统治者是如何寡廉鲜耻的：当李鸿章代表清政府签订完万人痛骂的《马关条约》后，带着枪伤的老脸入京觐见光绪帝时，光绪帝竟当面斥责李鸿章割地赔款是“失民心、伤国体”。仿佛这些条款最后不是由朝廷决定，而是由李鸿章一人所为。觐见皇帝后，李鸿章被朝廷留在京城“入阁办事”，实际上是失掉了直隶总督、北洋大臣的权位。

翁同龢在临终前有诗一首：

疾亟口占①

六十年中事，伤心②到盖棺。
不将两行泪，轻向③汝曹弹。[1]

〔1〕 翁同龢著，朱育礼、朱汝稷校点：《翁同龢诗集》，上海古籍出版社 2009 年版，第 348 页。

原注

①题《诗钞》作《甲辰五月二十日绝笔》。

②“伤心”《诗钞》作“凄凉”。

③“轻向”《诗钞》作“轻为”。

在国内外捭阖纵横的李鸿章，其《临终诗》是有人假托，而他的官场老对头翁同龢这首堪称“绝命诗”的诗作，却是真真切切地在病重即将离世前“口占”。翁同龢伤心到死，两行清泪宁愿吞到肚里，也不肯暴露在“汝曹”面前！

另一位清流派人物，光绪帝身边的近臣文廷式，其笔下的甲午诗也可摘录一读。

文廷式（1856—1904），字道希，号芸阁，晚号纯常子。江西萍乡人。光绪进士，由编修擢翰林侍读学士。甲午之役，屡上疏主战。

冬夜绝句（十首选二）[1]

其一

深拨垆灰夜已残，倦凭书幌忆风湍。

此生不作芳华怨，偏为梅花惜岁寒。

其五

五湖烟水非无意，未去难忘国士知。

我诵宜阳旧诗句，治装应待受降时。

---

〔1〕 曾文斌：《文道希遗诗选注》，岳麓书社2006年版，第113～115页。

文廷式像

这组诗作于光绪二十年，即甲午年（1894）冬季，据诗人《闻尘偶记》记载，当时“倭人由辽渐迫，太后恒令顺天府备车二千辆，骡八百头，然始终不行”。从内容看，诗是写在这危急存亡之秋的所感、所思。“我诵宜阳旧诗句，治装应待受降时”句，宜阳指郑谷，唐代诗人，其有诗云：“五湖烟水非无意，未去难忘国士知。”旧诗句指此。文氏在四五月间屡屡迁擢，光绪帝以“国士”待之。当此战火迫近、国难方殷之际，正是他报效国家之时，故末句指南归要待日本侵略者投降以后。“治装应待受降时”，显然只是一句毫无意义的废话，只能说明作者对时局的判断缺乏基本常识。

元　夜〔1〕

凤阙张灯海宴开，年年宣示万年杯。
魏公高踞金銮殿，不见渔阳鼓吏来。

这首诗作于光绪二十一年，即乙未（1895）年正月十五日，正是中日甲午战争最惨烈之时。十四日，北洋舰队全军覆灭。

凤阙指宫廷，此处指慈禧。海宴，即大开宴席。万年杯，

〔1〕 曾文斌：《文道希遗诗选注》，岳麓书版2006年版，第125页。

庆贺皇祚万年的酒宴。魏公，指曹操，实指慈禧。渔阳鼓吏，引用祢衡击鼓骂曹的典故。此处是说，怎么不见有祢衡这样的鼓吏出现呢！这首诗写得比较准确，颇有深意，可以看出作者一些胆识。

（乙未）冬夜绝句（十一首选二）〔1〕

甲午冬，寓宣武城内。于时海水群飞，物情惶骇。惟余寂寞闲居，虽有危苦之词，不改萧旷之度。乐与李木斋前辈、沈敬甫同年昕夕谈聚，淡然汤镬中避热也。今岁已期矣，寸阴当惜，况在徂年，风号墙扬，不异畴昔。去岁有《冬夜绝句》，爰赓续之，志南北之游踪，叙友朋之欢宴。世有知者，得无叹其未谙时变乎？

其一

乘云久戏玉皇家，那信寒威折虎牙。
悔觅霜松岩穴里，暂时堪赏只唐花。

其三

南指台澎只一隅，西看车里亦区区。
挑灯自理迂生业，细注《皇清织贡图》。

诗前小序告诉我们，这组诗是甲午《冬夜绝句》十首的续篇，共十一首，与甲午所作纪战诗感受稍异。

这两首诗，其一，意思是说，从光绪十六年（1890）殿试进士及第后，从翰林院编修擢升到侍读学士，至乙未年底，已六年之久，故云“久戏”。怎信寒威能将“虎牙”冻折呢？喻

〔1〕 曾文斌：《文道希遗诗选注》，岳麓书社2006年版，第133页。

不畏高压。“唐花”即堂花、在暖房中培育的花。后二句极有深意：岩穴里哪能生长“霜松”呢？用“悔觅”二字隐喻枢臣中已无坚持劲节之直臣。文氏自述，这是切讥李鸿藻、翁同龢两尚书，希望他们能接受忠告。可见当时名噪一时的两位清流首脑，在文氏看来，也只是“暂时堪赏”的“唐花”而已。

其二，意思是台澎、车里（今云南景洪一带，时为法国侵占）从来就属于中国版图。“迂生”指拘执不合时宜、不达世情的人，系诗人自指。当时割台已成定局，朝中已没有人再为割台事抗争，只有诗人照旧在灯下继续自己的事业，就像什么事情都没发生一样，细注《皇清织贡图》（全国各地缴纳贡品的地理分布图），为台澎日后重回祖国留下一份扎实的文献根据和疆土资料。

文廷式的敬业精神是可嘉的，但他充其量只是个事务主义者，不可能有什么大的作为。

之所以选择翁同龢、文廷式二人来剖析，是因为他们都是光绪皇帝身边的近臣，又是老师、侍读，且都是所谓的主战派。综观他们的甲午战争诗作，艺术手法不能说不好，但都缺乏“血性”。他们的长处是善发议论，短处是不谙强国强军的方略，尤其缺乏战略家的眼光。例如，正是掌握国库的户部尚书翁同龢从中掣肘，使得北洋海军在日本海军大发展的三年，没有添置一舰一弹，使得本来处于优势的北洋海军，在这三年里无论是在舰船航速和炮火的威力以及吨位等诸多方面，都处于绝对劣势。而他们个人的命运，也只有被贬谪、罢官。反过来说，似乎是甲午战争失败罪人的李鸿章，在八国联军大肆入侵、慈禧被迫出京躲到陕西的危急关头，通过外交手段力挽狂澜，平定局面，迎銮回京，使得清王室得以苟延残喘。

一六　世间无物抵春愁

——谭嗣同的甲午绝唱及其他

甲午战争失败后，1895 年 4 月签订割地赔款、丧权辱国的《马关条约》，至 1896 年春天，在“及睹和议条款，竟忍以四百兆人民之身家性命，一举而弃之。大为爽然自失”[1]的情况下，谭嗣同写下了甲午绝唱：

有感一首[2]

世间无物抵春愁，合向苍冥一哭休。
四万万人齐下泪，天涯何处是神州！

之所以称之为“绝唱”，是因为此诗堪称甲午诗中一绝，寥寥四句二十八字，竟道出四亿民众之心声，人世间有什么能抵得了这丧权辱国的“春愁”呢？神州大地四亿人向着苍天

---

〔1〕〔2〕　李一飞编注：《谭嗣同诗全编》，北京出版社 1998 年版，第 214 页。

痛哭，哪里有我中华民族的立足之地啊！此诗深含国土沦丧之痛、神州陆沉之忧，因而唤起民众，必须变法维新；二是谭嗣同因参与和推动维新变法失败，是被以慈禧太后为首的统治集团杀害的。当时他本来有机会逃走，但其认为维新革命，必须有流血牺牲，故甘愿赴死。就此而言，谭嗣同是因甲午战败丧权辱国而变法，因变法失败而赴死的，这难道不是“甲午绝唱”吗？

谭嗣同像

令人困惑的是，这首诗竟在同一本书中出现两次。前题为《题江建霞东邻巧笑图》（江建霞，名标，字建霞，江苏元和人，光绪十五年进士），题下共有诗四首，《有感一首》是其中的第三首。此题下注解为“光绪二十四年（1898）春作于长沙”〔1〕，后面的《有感一首》题下注解为“诗为1896年春闻马关条约签订有感而作”〔2〕。写作时间上出现的相互矛盾是怎么回事呢？经反复比较，我认为《有感一首》从内容看，“诗为1896年春闻马关条约签订有感而作”比较顺理成章，应该是对的。而此前注解“光绪二十四年（1898）春作于长沙”

〔1〕 李一飞编注：《谭嗣同诗全编》，北京出版社1998年版，第193页。

〔2〕 李一飞编注：《谭嗣同诗全编》，北京出版社1998年版，第214页。

可能有误，因为1898年8月谭嗣同在北京菜市口就义，在那风声鹤唳的岁月里，作者不大可能有心绪为“题江建霞东邻巧笑图”赋诗。即使确为此时所题，那很可能是将1896年春天作的《有感一首》合并到新作的另三首诗当中，形成完整的《题江建霞东邻巧笑图》诗四首。

这组诗的第四首也很有意思：

娟娟香影梦灵修，此亦胜兵敌忾俦。
蓦地思量十年事，何曾谋种到欧洲。

诗中“蓦地句”，作者（谭嗣同）自注曰：“图作于十年前。”“何曾句”作者自注曰：“日本伊藤侯近自英返国，大唱进种之议：黄种苶弱，远逊白种，凡欧人游其境内，辄恣令野合，将以善其种焉。”谋种，即让欧洲人来改良日本人的人种。

谭嗣同的另外一首“绝唱”，就是他被捕后的《狱中题壁》：

望门投止思张俭①，忍死须臾待杜根②。
我自横刀向天笑，去留肝胆两昆仑。

【注释】

①张俭：东汉末人，任郎督，因检举权贵侯览残害百姓之罪，受诬被通缉，逃亡避害，十九年后方得洗雪。望门句：用张俭事以激励政变后逃出北京的康有为、梁启超。

②杜根：东汉安帝时为郎中，因邓太后临朝摄政，外戚专权，他上书要求邓太后归政于帝，触忤了太后，太后命人把他

装在布袋里摔死。执法人同情他，施刑不加力，太后使人检视，他忍死三日，双目生蛆。及至邓后被诛，杜根复官为御史。忍死句：用杜根事，勉励政变后潜留在北京的维新人士。

关于“两昆仑”何所指，有说指“康有为和大刀王五”，有说指“康有为、梁任公（梁启超）二人”，还有人说，“去”指康、梁，“留”指作者自己等等。我认为，作为诗，不可能指得那么具体，应该是概指“生者”和“死者”，即维新失败侥幸逃生之人和昂然赴死者，就像两座昆仑山一样巍然屹立。

谭嗣同写作的甲午诗《有感一首》，熠熠生辉，至今仍在激励着中华民族奋勇前行。与此相关的还有：

狱中七律三首（选二）[1]

一

久拼生死一毛轻，臣罪偏由积毁成。
自晓龙逢非俊物，何尝虎会敢徒行。
圣人安有胸中气，下士空思身后名。
缧绁①到头终不怨，未知谁复请长缨？

【注释】

①缧绁：捆绑犯人的黑绳索。借指监狱。

二

长鲸跋浪足凭陵①，靖海奇谋愧未能。
安耻筹边多下策，当思《殷武》②有中兴。

〔1〕 李一飞编注：《谭嗣同诗全编》，北京出版社1998年版，第220页。

孤臣顿作隍中鹿，酷吏终羞殿下鹰。

平日敢言成底事，覆盆秋水已如冰。

【注释】

①凭陵：侵犯、欺侮。

②殷武：诗经篇名。

谭嗣同临刑前几日，心中惦念的还是甲午战争：十一日这首诗的首尾两句是说，我以死相拼，即使死也无所畏惧，但不知道我死后谁能继续举起抗争与战斗的大旗。十二日这首诗的前四句是说：清国遭受日倭大肆侵犯、欺凌，很惭愧保卫海防的计谋没有成功。怎么能耻笑筹边的举措是下策呢？应当寄希望于殷武那样的中兴名臣。十三日（1898 年 9 月 28 日）临刑，谭嗣同口吟："有心杀贼，无力回天。死得其所，快哉快哉！"既斩于市，就义之日，观者万人，"君慷慨，神气不少变"。

此后，谭嗣同的家乡浏阳不断有诗人赋诗纪念这位故国先贤。

张亮凯（1918— ?），字荣川，湖南浏阳人。长期执教。

谒谭嗣同祠〔1〕

须眉正气两间留，泰岱人尊死士头。

遗墨数行皆绝调，横刀一笑自千秋。

网罗冲决雄狮醒，天宇澄清苍狗收。

---

〔1〕 杨子才编注：《古今七律观止》，中国文史出版社 2011 年版，第 308 页。

抉目也应还伍相[①]，家山如画好神游。

【注释】

①伍相：指伍子胥。末句指谭嗣同的家乡浏阳，已今非昔比。

一百年后，浏阳一位名叫肖沛霖的医生曾作《谭嗣同烈士殉国百年祭》〔1〕：

变法维新震腐宫，图强伟略启朦胧。
扬光托出云中日，布泽联飞海底龙。
“杀贼有心”无宝剑，“回天无力”有高风。
头悬菜市冲霄号，唤起英雄建“大公”！

在甲午战争120周年的征稿活动中，收到1938年出生的老同志李海森《步韵谭嗣同〈有感一首〉》：

兵强国盛扫千愁，今日眉扬气吐休。
天下华人尽欢笑，东方屹立又神州。

120年来，中国变了，变得强大了！这首和诗似乎是在告慰壮岁为国捐躯的谭嗣同在天之灵：归来吧！屹立在东方的神州大地，今已扬眉吐气，大放异彩啦！

〔1〕 肖沛霖：《百草微声》，中国文史出版社2011年版，第77页。

一七 谁怜爱国千行泪

——梁启超的甲午义愤与悲鸣

梁启超像

梁启超（1873—1929），字卓如，号任公，又号饮冰室主人。广东新会人。梁启超与老师康有为一起，倡导维新变法，人称“康梁”。戊戌政变后，他逃亡日本。曾倡导“诗界革命”和“小说界革命”，有《饮冰室合集》。

甲午战争那年，梁启超年方22岁，是一位风流倜傥、朝气蓬勃的热血青年。因甲午战争大清遭受惨败，他在这一年的年底于家乡广东新会写下一阕词，今天读来，依然令人热血沸腾，心潮难平。这就是：

水调歌头[1]

拍碎双玉斗①，慷慨一何多！满腔都是血泪，无处著悲歌。三百年来王气，满目山河依旧，人事竟如何？百户尚牛酒，四塞已干戈。　　千金剑，万言策，两蹉跎②。醉中呵壁自语，醒后一滂沱。不恨年华去也，只恐少年心事，强半为销磨。愿替众生病，稽首礼维摩③。

【注释】

①拍碎句：《史记·项羽本纪》载，项羽不用范增计，于鸿门宴上放走刘邦。后刘邦遣张良以白璧一双献项羽，玉斗一双奉范增。范增“受玉斗，置之地，拔剑撞而破之，曰：‘竖子不足与谋！夺项王天下者，必沛公也。吾属今为之虏矣！’”此以写忧愤国事情态，亦暗讥清廷顽固派不识大势、不知通变。

②蹉跎：失足，颠蹶。此喻其失意，才略不得施展。

③维摩：“维摩诘”之略，佛典中人物。词人以“礼维摩”言其矢志宣传变法之愿。

“不恨年华去也，只恐少年心事，强半为消磨。”是说随着年华的消逝，千万不能将报国的决心和意志消磨了。“愿替众生病，稽首礼维摩。”是说我愿以维摩诘为楷模，以己一身承担众生的苦难。这是一种多么难能可贵的思想境界！诗人把年轻的生命与国家危亡融合在一起了。吟诵这首词，有一种荡

〔1〕 汪松涛编注：《梁启超诗词全注》，广东高等教育出版社1998年版，第473页。

气回肠之感。

1895年，《马关条约》签订，梁启超正在广东参加乡试。他又填了一阕词，送给主考官：

扬州慢·送江逢辰归山〔1〕

战鼓摧心，征衫涴泪，乾坤无限秋声②。望青山一发，又商略归程。问摇落天涯倦客，十年尘梦，可也苏醒？念故山兰蕙，背人一样凄零。　罗浮西去，有年时游屐曾经。算醉眼看云，冷肠漱石，彀遣今生。便拟诛茅天外，任人间憔悴兰成。怕劫灰无赖，等闲惊起山灵。

【注释】

①题解：江逢辰（1859—1900），字雨人，又字孝通，别号孤桐，惠州人。早年入广雅书院，师事梁鼎芬。光绪十五年（1889）举人，光绪十八年（1892）进士，充户部主事。光绪二十一年（1895）任广东乡试主考官。后执教惠州丰湖书院。精诗词书画。另据词意，本词当作于光绪二十一年（1895）秋。

②“乾坤”句，本年为多事之秋，中日战败，3月23日中日签订《马关条约》；3月28日，广东、湖南两省公车联合上书都察院，各省举人旋亦纷纷上书，反对签订《马关条约》；4月至7月，台湾绅民和义军抗击侵台日军，反对割台；9月，全台沦陷。事件迭出，全国震动。首三句当是对时局的

〔1〕 汪松涛编注：《梁启超诗词全注》，广东高等教育出版社1998年版，第496页。

写照。秋声，既写当时实景，也暗喻时局。

这阕词表露了作者对时局的焦虑和为寻求救国之路所做的思考。

随后，梁启超与他的老师康有为组织了轰轰烈烈的公车上书。公车，举人的代称。紧接着便是戊戌变法，梁启超等维新派曾一度获光绪帝的认可和实施，但触怒了慈禧，受到无情镇压，光绪帝被囚禁于瀛台，康、梁逃往海外，“六君子”被杀。

清末四公子之一吴保初有《送任父之申江》诗为证：

吾友梁任父，飘零真可哀。
少年入京国，下笔挟风雷。
亦有新亭泪，斯人贾谊才。
江湖须自重，狺獭久相猜。〔1〕

海外游历期间，即光绪二十五年（1899）春夏间，梁启超写有组诗：

读陆放翁集四首（选二）〔2〕

一

诗界千年靡靡风，兵魂销尽国魂空。

---

〔1〕 吴保初撰，孙文光点校：《北山楼集》，黄山书社2014年版，第28页。

〔2〕 汪松涛编注：《梁启超诗词全注》，广东高等教育出版社1998年版，第24页。

集中什九[①]从军乐，亘古男儿一放翁。

二

辜负胸中十万兵，百无聊赖以诗鸣。

谁怜爱国千行泪，说到胡尘意不平。

【注释】

①集中什九：集中，指《陆放翁集》；什九，十分之九。

这组诗表达了作者对陆游的景仰，也抒发了作者自身百折不挠的意志与战斗激情，大声疾呼，雄风逼人。

光绪二十五年（1899）十一月十八日正午，梁启超乘"香港丸"号抵横滨，二十九日，舟抵檀香山。舟行太平洋上，梁启超曾作诗一首：

太平洋遇雨〔1〕

一雨纵横亘二洲，浪淘天地入东流。

却余人物淘难尽，又挟风雷作远游。

这首诗境界宽广，豪情溢露，展现了一种追逐世界潮流、以国家和民族为己任的眼界与胆识。

宣统二年（1910）七月十八日，朝鲜傀儡国王（高宗李熙之子）在卖国总理大臣李完用等操纵下，承认日本政府所提出之《日韩合并条约》，朝鲜完全沦为日本帝国主义的殖民地。消息传到日本，梁启超著文《朝鲜亡国之原因》《日本吞

〔1〕 汪松涛编注：《梁启超诗词全注》，广东高等教育出版社 1998 年版，第 39 页。

并朝鲜记》，赋《朝鲜哀词》二十四首，以表达自己的愤慨。组诗历述朝鲜沦亡的过程和原因，在对朝鲜覆亡表示悼惜的同时，对祖国的前途深怀隐忧。康有为评组诗云：“沉郁雄苍，合少陵《诸将》《洞房》《秦州》而冶之，义正词严，上承‘小雅’，岂愧诗史！其详赡亦前无古人。诗至此观止矣！”（《梁任公诗稿手迹》康有为批语）

其第一首如下：

朝鲜哀词五律二十四首（其一）〔1〕

时运有代谢，人无无限悲。
哀哀箕子①祀，恻恻黍离②诗。
授楚③天方醉，存邢④事尽疑。
苍茫看浩劫，绝域泪空垂。

【注释】

①箕子：商纣王之叔。名胥余，封于箕，故称。后箕子避往朝鲜，遂为朝鲜始祖。

②黍离：《诗经·王风》篇名。东周大夫出都至镐京，见宗庙宫室毁坏，尽为禾黍，伤心感叹而作。后作为典故感叹国家灭亡，宗庙毁坏。

③授楚：交付给楚国。此处喻把朝鲜交给日本。

④存邢：让邢国复存。此处喻让朝鲜得以复存。邢，西周国名。周公第四子封于此，春秋时为卫国所灭。

〔1〕汪松涛编注：《梁启超诗词全注》，广东高等教育出版社1998年版，第247页。

宣统三年（1911）三月，梁启超游台期间，先后作词九阕，现选其四阕如下：

西河·基隆怀古（用美成韵）[1]

沉恨地①，百年战伐能记。层层劫烬闷重渊，潜虬②不起。但看东海长红桑③，蓬莱④极目无际。　耿⑤长剑，谁更倚？虞泉⑥坠日难系。鼓声断处月沉沉，浪淘故垒。返魂槎客⑦若重来，酬君清泪铅水⑧。　夕阳一霎又蜃市，又罡风，吹堕千里。欲问人间何世，看寒流涌出，汉家明月，消瘦姮娥⑨山河里。

【注释】

①沉恨地：记录着民族的深仇大恨之地。此指基隆。百年战伐，指近百年来发生在基隆的战争，如1884年中法战争中法军进犯基隆，炮毁基隆炮台并侵占基隆；1895年6月，日军主力近卫师团攻陷基隆。

②潜虬：即潜龙，喻有大德而未为世用的圣贤。

③红桑：疑为“洪桑”。即神话中天帝之女所植之桑。

④蓬莱，喻台湾也。

⑤耿：光芒闪烁。倚：依靠，仗恃。谓靠谁来振兴国力，扬我国威，复我失地。

⑥虞泉：即虞渊。神州传说中的日落之处。此句喻国势陵夷，国力日衰。

⑦返魂槎客：指谭嗣同。梁启超《台湾杂诗》第十三首

〔1〕汪松涛编注：《梁启超诗词全注》，广东高等教育出版社1998年版，第519页。

云："西北涛头起，故人曾独来。"自注云："死友谭壮飞于甲午前后曾两渡台，欲有所建树，不得志而归。其所著《仁学》，初题曰'台湾人所著书'。"槎客，乘仙槎而去者。喻死者。

⑧清泪铅水：即铅泪。泪如铅水般滴滴落下。时光流逝，失地未归，故而心头沉重悲哀不已。

⑨姮娥：即嫦娥。月中女神。

蝶恋花·感春（六首其二）〔1〕

倚遍黄昏人瘦削。愁对阴阴，旧日闲池阁。记得燕来风动幕，是谁偷觑秋千索①？　　一雨做成新梦恶②，梦里罗衾，恰似郎情薄。早识护铃成漫约③，余英悔不春前落。

【注释】

①"是谁"句：意谓日本之窥伺台湾。

②"一雨"句：谓甲午中国战败割台。

③"早识"句：谓日本盛称所谓治台之绩为虚语。护铃，护花之铃。漫约，虚假的承诺。

蝶恋花·感春（六首其六）〔2〕

莫怨江潭摇落久，似说年时，此恨人人有。欲驻朱

〔1〕汪松涛编注：《梁启超诗词全注》，广东高等教育出版社 1998 年版，第 529 页。

〔2〕汪松涛编注：《梁启超诗词全注》，广东高等教育出版社 1998 年版，第 530 页。

颜宜倩酒，镜中争与花俱瘦。　　雨横风狂今夕又，前夜啼痕，还耐思量否？愁绝流红潮断后，情怀无计同禁受。

浣溪沙·台湾归舟晚望[1]

老地荒天阅古哀①，海门落日浪崔嵬②。凭舷切莫首重回③。　　费泪山河和梦远④。凋年风雨挟愁来⑤。不成抛却又徘徊⑥。

以上所选四词，均系梁启超1911年游台湾作。此时已割台17年矣！作者之痛惜、遗憾尤深，可谓“拍碎双玉斗，慷慨一何多！满腔都是血泪，无处著悲歌”之续篇也！

作者于本词后附识云：“三年不填词，游台湾，枨触泪恨，辄复曼吟，手写数阕寄仲策，自谓不在古人下。倘亦劳者之歌发于性情，故尔入人耶？”

梁启超始终对甲午战争这场浩劫念念不忘，毕生为救国而奋斗！

2016年4月15日，我正在整理此文时，有新闻报，梁启超之子梁思礼逝世，享年91岁。梁思礼系梁启超小儿子，中国航天奠基人之一，其代表作品为《向太空长征》。世人更誉梁家为“一门三院士，九子皆才俊”！

---

〔1〕 汪松涛编注：《梁启超诗词全注》，广东高等教育出版社1998年版，第532页。

一八　寸寸山河寸寸金

——外交官黄遵宪的甲午诗愤

黄遵宪像

黄遵宪（1848—1905），字公度，别号人境庐主人，广东嘉应州（今梅县）人。光绪二年（1876）举人。30岁随何如璋出使日本，为使馆参赞。35岁调任美国旧金山总领事。38岁解任回国后，在家撰写《日本国志》。43岁再度出使英国，任使馆参赞。44岁调任新加坡总领事。47岁甲午战争爆发，张之洞为两江总督，因筹防需人，奏调他回国，命他主持洋务局，办理五省积存教案。此间他积极参加维新运动。1896年到上海，参加上海强学会组织，创办《时务报》。后朝廷命其任出使英国大臣，后改为出使德国，被阻。戊戌年（1898）奉使日本，道经上海，值维新变法失败，去职回家。在此期间，一度应李鸿章召请，前往广州。但绝大部分时间在忧愤疾病中消磨，一直到逝世。

黄遵宪的甲午战争诗，多是在去职后写的，或者是当时有了题目、初稿，后经修改而成。在驻日使馆工作的经历和20多年的外交生涯，扩大了黄遵宪的视野。他以外交官的敏锐眼光，痛陈祖国河山之痛，这体现在他的许多甲午战争诗作当中，最著名的当数《悲平壤》《东沟行》《哀旅顺》《哭威海》《降将军歌》《度辽将军歌》等歌行体诗。限于篇幅，这些歌行体诗在此难以一一展现。但他的律、绝，同样很精彩、更激愤，艺术造诣很高。如：

赠梁任父同年（四首选一）

寸寸山河寸寸金，侃离分裂力谁任。
杜鹃再拜忧天泪，精卫无穷填海心。

这首诗并不难理解，诗人对因甲午战争而割地赔款的痛惜，也是每一个中国人的痛惜，将古人的“一寸河山一寸金”化为“寸寸山河寸寸金”，使这种痛惜愈加浓烈。面对黄金般的国土，作者空有忧天之泪，却无力回天。但是，他相信中华民族拥有精卫填海的恒心，一定会有收复失去之国土的那一天。这是一首饱含爱国情怀的传世名篇。

光绪二十年（1894）三月，黄公度请梁启超至上海办《时务报》。诗中梁任父即梁启超。梁启超字卓如，号任公，旧时“父”字是加在男子名号后面的美称。“同年”，旧时科举制度中同榜或同一年考中者。因黄遵宪之季弟遵楷与梁任公为同年举人，疑似从其弟遵楷之称（南方有这样的习俗）。

甲午战后不久，西方列强乘机瓜分中国，黄遵宪写下《书愤》五首：

书愤五首（选二）

一

一自珠崖弃，纷纷各效尤。
瓜分惟客听，薪尽向予求。
秦楚纵横日，幽燕十六州。
未闻南北海，处处扼咽喉。

二

岂欲亲豺虎，联交约近攻。
如何盟白马，无故卖卢龙[①]。
一着棋全败，连环结不穷。
四邻墙有耳，言早泄诸戎。

【注释】

①卖卢龙：卢龙，卢龙塞，在河北喜峰口附近。207 年秋，曹操北征乌桓，田畴献计，引曹军出卢龙塞大败乌桓。曹操欲封赏田畴，畴说："岂可卖卢龙塞，以易赏禄哉?"终不受封。此处用以指出卖国土而获官禄。

这组诗为作者回乡后补作，意在分析帝国主义瓜分中国的基本形势。

第一首说，自从台湾丢失后，胶州湾又为德国租借，各国纷纷效尤，处处扼住了中国的咽喉。“纷纷各效尤”，作者自注：光绪二十三年，俄以德占胶州湾为口实，强占了旅顺、大连湾；英租威海卫；法国据广州湾等等。

第二首第一二句，谓“联俄制日”；“如何盟白马”，系指咸丰十一年与俄在吉林珲春黑顶子地勘界立铜柱。“盟白马”语出《战国策·赵策》：“刑白马而盟之。”刑，斩杀；“无故卖卢龙”，作者自注：“光绪二十二年使俄密约，已有胶州许之。”五、六句作者自注：“德取胶州，俄人不问，论者已知意在旅顺矣。”连环结，语出《战国策》：“秦昭王尝使使者遗君王后玉连环，曰：‘齐多知，而解此环不?’君王后以示群臣，群臣不知解。君王后引椎椎破之。”“墙有耳”，语出《管子》：“古有二言：‘墙有耳，伏寇在侧。’墙有耳者，微谋外泄之谓也。”最后一句，“言早泄诸戎”，指李鸿章泄漏了中俄密约，登在上海《字林西报》上。后《中俄密约》在苏联“十月革命”时始在沙皇档案中揭开，证明当时英人故意公布了臆造的密约。

李鸿章在北京居住地贤良寺西院内与随从和俄国军官合影

黄遵宪的《书愤》二首，是作为外交官的他，对大好山河被帝国主义者瓜分的无比愤慨。他回乡补作的《马关纪事》五首中的第三、四、五首，引经据典，发出许多疑问与感叹，也说的是同样的问题，抒发着同样的感情。今天读来，仍然能激起义愤，发人深省。

现在，我们的国家虽然强大了，但仍然又闻“南北海，处处扼咽喉”，只不过，这已是觊觎者的痴心妄想罢了！

黄遵宪的这种痛失山河的爱国情感，尤其体现在对痛失台湾的悲痛与哀伤中：

五月十三日夜江行望月〔1〕

洒泪填东海，而今月一圆。
江流仍此水，世界竟何年①！
横折山河影②，谁攀阊阖天③。
增城高赤嵌④，应照血痕殷。

【注释】

①“江流”二句：叹长江依旧，而国家已大变。

② 横折山河影：横折，此指割台。山河影，古有月影为大地山河投影之说。

③“谁攀”句：即呼天无路之意。阊阖：传说中之天门。

④“增城”句：增城，神话传说中城名。增城高，即高于增城，夸言台北城之高；赤嵌，古城名，在今台湾台南。此借指台湾省城台北。

〔1〕 黄遵宪：《人境庐诗草笺注》，上海古籍出版社1981年版，第686页。

黄遵宪故居人境庐

这首诗是作者在光绪乙未年（1895）五月至湖北办理教案，夜行长江望月而作，比较易懂："洒泪填东海，而今月一圆。"实际上是说，不管洒多少泪水，也看不到国土能像圆月那样圆满了！你看看高高的赤嵌城吧，在月光的照射下，还是殷红色的血迹斑斑啊！

细读黄遵宪的《人境庐诗草》和丘逢甲的《岭云海日楼诗钞》，就会看到一个去职、一个内渡的难兄难弟在人境庐见面小酌唱和的情景。

先看丘逢甲《久旱得雨初霁饮人境庐时闻和局将定二首》：

其一[1]

忍把乾坤付醉乡，登楼休负好秋光。
黄龙约改清钟酒，白雁声催故国霜。
老树半凋开远目，鞠花无恙展重阳。

〔1〕丘逢甲：《岭云海日楼诗钞》，上海古籍出版社2009年版，第179页。

美人消息来何暮，怅望秦云各尽觞。

黄遵宪有《久旱雨霁丘仲阏[①]过访饮人境庐仲阏有诗兼慨近事依韵和之二首》：

其　一[1]

生菱碎尽剩湖光，未落秋花半染霜。
举目山河故无恙，惊心风雨既重阳。
麻鞋滚滚趋天阙，华盖迟迟返帝乡。
话到黄龙清酒约，唏嘘无语忍衔觞。

【注释】

①仲阏：丘逢甲的号。

丘逢甲上面写的和局将定并非指《马关条约》，而是指光绪二十七年（1901）秋七月，全权大臣奕劻、李鸿章与十一国

《辛丑条约》签字时的情景（右二为李鸿章）

〔1〕 黄遵宪：《人境庐诗草笺注》，上海古籍出版社1981年版，第950页。

公使议订和约十二款，史称《辛丑条约》。丘、黄二人为这件事反复唱和，每次两首，丘逢甲十一唱共二十二首，黄遵宪八唱共十六首。此时，慈禧逃往西安避难，但对造成这场大劫难的众臣都做了严肃处理。黄遵宪有诗为证：

群公（三首选一）[1]

一

群公衮衮各名声，一死鸿毛等重轻。
事事太阿权倒授，人人六等罪分明。
兵威肯薄牵牛罚，党论犹嗟走狗烹。
闻道谏臣归骨日，柳车迎拜极哀荣。

这首诗系指光绪二十六年（1900）十二月壬戌：“再论纵匪肇乱首祸诸臣罪，夺载澜爵职，与载漪并谪新疆禁锢。褫刚毅职。英年、赵舒翘并褫职论斩。追褫徐桐、李秉衡职。启秀、徐承煜褫职听勘。董福祥褫职解任。”二十七年（1901）辛丑春正月：“庚午，赐载勋自尽。辛未，毓贤处斩。癸酉，英年、赵舒翘并赐自尽。刚毅、徐桐、李秉衡并论斩（李秉衡因在杨村兵溃服毒自尽，清政府以先死不予治罪，但下令追夺一切官职，并撤销恤典。作者注），以前没免。乙亥，启秀、徐承煜处斩。”[2]这就是肇乱众臣的下场，也是为议和在创造条件。

---

〔1〕 黄遵宪：《人境庐诗草笺注》，上海古籍出版社 1981 年版，第 1047 页。

〔2〕 赵尔巽等撰：《清史稿》卷二四《德宗纪》，中华书局 1998 年版，第 618 页。

无论是西洋鬼子还是东洋鬼子，想霸占中国总要有一些借口。而这帮“群公”，其所作所为，虽然是想把洋人赶出中国，但正好撞到洋鬼子的枪口上，成了授人以柄的“窝囊废”！

接着，黄遵宪对和议达成与慈禧回銮事连续赋《奉谕改于八月廿四日回銮感赋》《和议成志感》《启銮喜赋》《车驾驻开封府》等诗。

和议成志感[1]

天乎叔带召戎来，举国倾危九庙哀。
拳勇竟遭王室乱，首谋尚纵贼人魁。
失民更为丛驱爵，毕世难偿债筑台①。
坐视陆沉谁任责？事平敢望救时才。

【注释】

①“债筑台”句：系指马关条约之赔款。

黄遵宪、丘逢甲这两位经历甲午战争的爱国诗人，对朝廷那些大臣病急乱投医，竟然利用义和团这样的组织，烧杀洋人，引发八国联军占领北京的乱局，忧心如焚。慈禧逃走了，北京被西洋、东洋鬼子部分占领了，等于大厦将倾、国家面临灭亡。在这种情势下，唯有和谈一条路，尚能保全国家的颜面。所以，这两位诗人，对此次和议是拥护的，因而发出如此多的感慨。

---

〔1〕 黄遵宪：《人境庐诗草笺注》，上海古籍出版社 1981 年版，第 1054 页。

一九　怒搅海翻喜山撼

——黄遵宪“敢战必胜”军歌

黄遵宪能写出脍炙人口的甲午战争诗歌，是因为他曾是驻日外交官，且著有《日本杂事诗》二卷和《日本国志》四十卷。在当时，他可是了不起的知日外交官。

人们很少知道，黄遵宪竟然在中日甲午战争清国惨败后，写有三首长篇军歌：

出军歌

四千余岁古国古，是我完全土。二十世纪谁为主？是我神明胄。君看黄龙万旗舞，鼓鼓鼓！

一轮红日东方涌，约我黄人捧。感生帝降天神种，今有亿万众。地球蹴踏六种动，勇勇勇！

南蛮北狄复西戎，泱泱大国风。蜿蜒海水环其东，拱护中央中。称天可汗万国雄，同同同！

绵绵翼翼万里城，中有五岳撑。黄河浩浩流水声，能令海若惊。东西禹步横庚庚，行行行！

怒搅海翻喜山撼，万鬼同一胆。弱肉磨牙争欲啖，四邻虎眈眈。今日死生求出险，敢敢敢！

剖我心肝挖我眼，勒我供贡献。计口缗钱四万万，民实何仇怨！国势衰微人种贱，战战战！

国轨海王权尽失，无地画禹迹。病夫睡汉不成国，却要供奴役。雪耻报仇在今日，必必必！

一战再战曳兵遁，三战无余烬。八国旗飏笳鼓竞，张拳空冒刃。打破天荒决人胜，胜胜胜！

军中歌

堂堂堂堂好男子，最好沙场死。艾炙眉头瓜喷鼻，谁实能逃死？死只一回毋浪死，死死死！

阿娘牵裾密缝线，语我毋恋恋，我妻拥髻代盘辫，濒行手指面：败归何颜再相见。战战战！

戟门乍开雷鼓响，杀贼神先王。前敌鸣笳呼斩将，擒王手更痒。千人万人吾直往，向向向！

探穴直探虎穴先，何物是险艰！攻城直攻金城坚，谁能漫俄延！马磨马耳人磨肩，前前前！

弹丸激雨刃旋风，血溅征衣红。敌军昨屯千黑熊，今日空营空。黄旗一色盘黄龙，纵纵纵！

层台高筑受降城，诸将咸膝行。降奴脱剑鞠躬迎，单于颈系缨。四围鼓吹铙歌声，横横横！

秃发万头缠黑索，多少戎奴缚。绯红十字张油幕，处处夷伤药。军令如山禁残虐，莫莫莫！

不喜封侯虎头相，铸作功臣像。不喜燕然碑百丈，表示某家将。所喜军威莫敢抗，抗抗抗！

旋军歌

金瓯既缺完复完，全收掌管权。胭脂失色还复还，一扫势力圈。海又东环天右旋，旋旋旋！

犛金如山铜作池，债台高巍巍。青蚨子母今来归，偿我民膏脂。民膏民脂天鉴兹，师师师！

玺书谢罪载书更，城下盟重订。今日之羊我为政，一切权平等。白马拜天天作证，定定定！

鹫翼横骞鹰眼恶，变作旄头落。盖海艨艟炮声作，和我凯旋乐。更谁敢背和亲约，约约约！

秦肥越瘠同一乡，并作长城长。岛夷索虏同一堂，并作强军强。全球看我黄种黄，张张张！

五洲大同一统大，于今时未可。黑鬼红番遭白堕，白也忧黄祸。黄祸者谁亚洲我，我我我！

黑山绿林赤眉赤，乱民不算贼。镌羌破胡复灭狄，虽勇亦小敌。当敌要当诸大国，国国国！

诸王诸帝会涂山，我执牛耳先。何洲何地争触蛮，看余马首旋。万邦和战奉我权，权权权！

这三首军歌《人境庐诗草》未收。钱仲联作此书笺注时辑录了多家诗话，作为“附录三”置于书后。[1]此三首军歌

〔1〕 黄遵宪：《人境庐诗草笺注》，上海古籍出版社 1981 年版，第 1257～1274 页。

即辑于梁启超《饮冰室诗话》。

梁启超在引述黄遵宪三首军歌时，首先讲了一个古希腊的故事："昔斯巴达人被围，乞援于雅典，雅典人以一眇目跛足之学校教师应之。斯巴达人感焉。及临阵，此教师为作军歌，斯巴达人诵之，勇气百倍，遂以获胜。"他还说，中国人缺乏尚武精神，所以军歌不多，只有杜工部的"前出塞""后出塞"。现在《小说报》上读到黄遵宪的军歌，不禁狂喜，大有"含笑看吴钩"的乐趣。

我读到这三首军歌，也感到震惊。这些诗句尽管有些古老陈旧，但他的含意和精神是那样切合实际，时至今日，不但没有过时，而且正是今日所积极倡导的。请看这三首军歌每一小节的最后一句话，共 24 组叠字，正好组成如下 6 句话：

鼓勇同行，敢战必胜，
死战向前。纵横莫抗，
旋师定约，张我国权。

敢打必胜，维护中国神圣领土、海疆的合法权益，不正是今天所大声疾呼和奋力追求的吗?！这是历史的契合。

我作为曾在人民海军服役 24 年的一分子，深切地感到，我们的军队铿锵有力的军歌还不够嘹亮。作为一名舰艇上的基层干部，我听《军港之夜》这首歌时，总感到软绵绵地鼓不起劲来，"年轻的水兵，头枕着波涛，海浪你轻轻地摇，让我们的水兵好好睡觉"，这简直是"催眠曲"。更有甚者，一个时期以来，军队有的文艺团体，存在娱乐化的倾向，有少数人甚至成了金钱的俘虏，如何能像古希腊的那位教师一样，用歌声让战士“勇气百倍”，拼战到底呢？幸亏一场军队反腐，让这些问题有了根本性的改变。假如当今军歌的词曲作者，读一读一百多年前黄遵宪这几首军歌，从中吸收一些“营养”，也许会受到一定的启发。

黄遵宪还有《幼稚园上学歌》若干章，《小学校学生相和歌》十九章，现摘选后者三章：

来来汝小生，汝看汝面何种族？芒砀五洲几大陆？红苗蜷伏黑蛮辱。虬髯碧眼独横行，虎视眈眈欲逐逐。於戏我小生，全球半黄人，以何保面目？

听听汝小生，欲求国强先自强。食案以外即战场，剑影之下即天堂。偕行偕行若赴敌，朝歌夕舞黑祸裆。於戏我小生，生当作铁汉，死当化金刚。

勉勉汝小生，汝当发愿造世界。太平升平虽有待，此责此任在汝辈。华胥极乐华严庄，更赋六合更赋海。於戏我小生，世运方日新，日进日日改。[1]

黄遵宪还规定每章的前六句为领唱，后三句合唱，气势恢宏。诗人的良苦用心是培养尚武的勇敢精神，要从娃娃抓起。

一个民族，一个国家，如果缺乏勇敢牺牲的精神，那将是危险的，这绝不是耸人听闻。

---

〔1〕 黄遵宪：《人境庐诗草笺注》，上海古籍出版社 1981 年版，第 1265～1268 页。

“怒搅海翻喜山撼”可理解为，只要万众一心，同仇敌忾，就能战无不胜，就可以搅海撼山。引申一步说，就是“撼山易，撼解放军难”和今日“敢打必胜”之古典版本![1]

〔1〕 本书所引《出军歌》《军中歌》《旋军歌》和《幼稚园上学歌》《小学校学生相和歌》等，均收入北京大学中文系近代诗研究小组编、黄遵宪著《人境庐集外诗辑》，中华书局1960年版，第59~66页。

二〇　不堪挥泪说台湾

——丘逢甲的台湾义军情怀

丘逢甲像

丘逢甲（1864—1912），又名仓海，字仙根，号蛰庵，又号仲阏。台湾苗栗人。马关约成，刺血上书，反对割台。倡自主抗战，以保卫祖国领土。辛亥革命后，赴南京，被举为参议院参议员。著有《岭云海日楼诗钞》。

丘逢甲是台湾写甲午战争最著名的诗人。先读他的几首诗：

愁　云[1]

愁云极目昼成阴，飞鸟犹知恋故林。

〔1〕 丘逢甲：《岭云海日楼诗钞》，上海古籍出版社2009年版，第23页。

破碎山河收战气，飘零身世损春心。
封侯未遂空投笔，结客无成枉散金。
梦里陈书仍痛哭，纵横残泪枕痕深。

春　愁〔1〕

春愁难遣强看山，往事惊心泪欲潸。
四百万人①同一哭，去年今日割台湾。

【注释】

①四百万人：台湾人口合闽、粤籍，约四百万人。

往　事〔2〕

往事何堪说，征衫血泪斑。
龙归天外雨，鳌没海中山。
银烛鏖诗罢，牙旗校猎还。
不知成异域，夜夜梦台湾。

《马关条约》的签订激起了全国人民的共愤，更激起了台湾人的反抗与斗争。丘逢甲是台湾人中的一员，且是台湾义军的首领，他的诗震撼了台湾四百万人和大清帝国四万万人的心。丘逢甲是与黄遵宪齐名的诗人，只是一个在祖国大陆，一个在台湾。柳亚子在《论诗六绝句》中高度评价丘逢甲的诗：

〔1〕 丘逢甲：《岭云海日楼诗钞》，上海古籍出版社2009年版，第29页。

〔2〕 丘逢甲：《岭云海日楼诗钞》，上海古籍出版社2009年版，第31页。

时流竞说黄公度，英气终输仓海君。

战血台澎心未死，塞笳残角海东云。[1]

柳亚子先生认为，丘逢甲的诗是他“战血台澎心未死”的思想结晶。这种评价十分中肯。正是由于丘逢甲是一位忧国忧民的爱国志士，所以他的诗才富有强烈的爱国主义精神。

但是，丘逢甲还有深埋心底的情结可能为世人所不知，这就是他内渡后遭谤讥之言颇多。其中主要有两条，一是未战先走，二是卷饷十万甚或十余万。

这里有必要回顾一下丘逢甲的家庭出身和征战历程。他的曾祖父于清乾隆年间从嘉应州（今广东蕉岭县）渡海至台。丘逢甲1864年出生在台湾苗栗县铜锣湾，后移居彰化县。他少负大志，1889年赴北京会试，中进士，钦点工部虞衡司主事。后绝意仕途，请假回乡。1894年7月，清朝廷鉴于日本大

广东蕉岭丘逢甲故居

〔1〕 丘逢甲：《岭云海日楼诗钞》前言，上海古籍出版社2009年版，第四页。

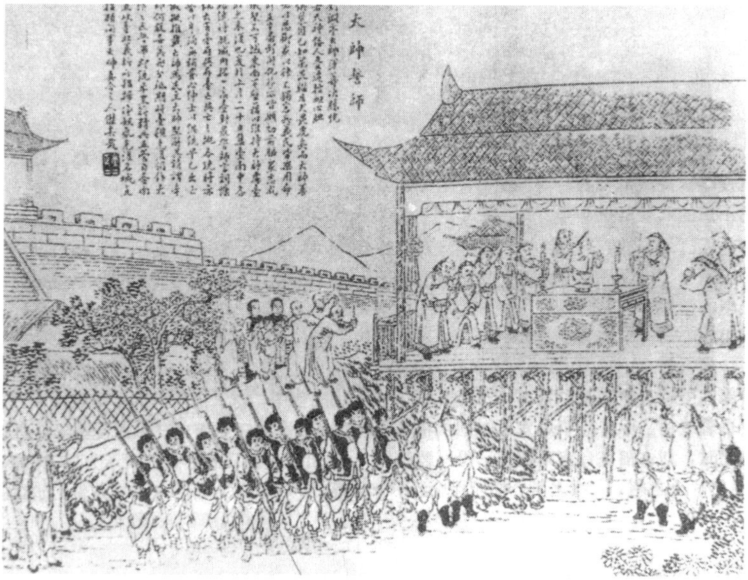

刘永福台南誓师图

举派兵入朝，密谕台湾加强防务，并令唐景崧署理台湾巡抚。9月，在籍工部主事丘逢甲上书唐景崧，认为台湾孤悬海上，日人垂涎已久，应集各方民众训练，并建议招募义军，以加强武备，防范日军来攻。经唐景崧同意，丘逢甲开始在台中召集义勇军，到12月间造册26营。唐景崧遂请丘逢甲总办全台三府义勇事宜。

1895年3月下旬，日军攻占澎湖，台湾岛形势孤危。唐景崧正式任命丘逢甲为全台义军统领，率营伍北上。丘逢甲即率义军5营驰赴台北后路，并刊刻统领各路义军关防。《马关条约》签订当天，割台消息便传到了台湾。5月29日，日军在台湾岛东北角的澳底港登陆，开始向西进犯。6月3日，日军占领基隆市街后，又攻陷了狮球岭。台北外围尽失，危在旦夕。此后，台北清军溃败，仅余后路丘逢甲这一支义军，势难支撑，遂退往新竹一带，继续抗击南侵的日军。时有苗栗秀才吴汤兴，经丘逢甲举荐后，统领台湾府义军。当时，台北、新竹间的抗日义军还有三支，其首领胡嘉猷、苏力、江国辉被称为“三猛”。吴汤兴抵新竹城外，会聚各路义军及清军上万人。众推吴汤兴为抗日义军首将。7月25日午夜，抗日联军试图趁夜摸过新竹城，被日军巡逻哨兵发现。日军出新竹西门，用山炮向联军射击，战斗一度非常激烈。日军炮火既猛，又具有良好的掩体，联军虽奋力抗御，然处境不利，伤亡惨重，牺牲达130余人，丘逢甲部将丘国霜不幸阵亡。战至上午8点半钟，抗日联军被迫向南撤退。后经过反攻新竹之战，丘逢甲部损失严重，精锐丧尽，已经惨不成军。此时，日军展开了搜捕丘逢甲的行动，丘逢甲先退到台中丰原，但藏身困难，感到只有内渡一途，于是便由梧栖港登舟内渡。

经过血与火的洗礼，被迫内渡的丘逢甲蒙受“未战先走”和“卷款内渡”的不白之冤，故而他的诗尤为激愤：“往事何堪说，征衫血泪斑”“春愁难遣强看山，往事惊心泪欲潸”“梦里陈书欲痛哭，纵横残泪枕痕深”，都是这种窝囊、郁闷心境的真实写照。

戚其章在《甲午战争新讲》中介绍：“1986年3月，台中市逢甲大学举办‘丘逢甲与台湾历史文化学术研讨会’，我应邀与会，发现丘逢甲的这两桩公案仍然无解决的迹象。”中兴大学黄秀政教授还在发言中说，此前的翻案文章并未有确切的文献资料可佐证。戚其章先生根据自己为中华书局编辑《中国近代史资料丛刊续编》之《中日战争》卷所查阅到的可靠资料，证明“丘逢甲并不是‘未战先走’，而是转移到了新竹，并且参加了对日战斗”；而“卷款内渡”一案，卷金者不是丘逢甲，而是唐景崧，具体数额是 16 万两银子。此证提出，始使这两桩公案画上了句号。[1]

关于丘逢甲甲午战争诗的艺术风格，丘菽园在《诗中八友歌》中作过这样的评价：

吾家仙根工悲歌，铁骑突出挥金戈。
短衣日暮南山阿，郁勃谁当醉尉呵。[2]

他认为丘逢甲善于写悲壮慷慨的诗歌，凌厉雄迈，既悲且壮，在悲痛沉郁中表露出一股豪迈之气。

再录几首予以品评、赏析：

元夕无月五首选二[3]

一

满城灯市荡春烟，宝月沉沉隔海天。
看到六鳌仙有泪，神山沦没已三年。

二

三年此夕月无光，明月多应在故乡。
欲向海天寻月去，五更飞梦到鲲洋①。

【注释】

①鲲洋：台湾的别名。台湾有七鲲身海口，故名。

---

〔1〕 详见戚其章《甲午战争新讲》，中华书局 2009 年版，第 315 页。

〔2〕 丘逢甲：《岭云海日楼诗钞》前言，上海古籍出版社 2009 年版，第 4 页。

〔3〕 丘逢甲：《岭云海日楼诗钞》，上海古籍出版社 2009 年版，第 57 页。

天　涯〔1〕

天涯雁断少书还，梦入虚无缥缈间。
兵火余生心易碎，愁人未老鬓先斑。
没蕃亲故沦沧海，归汉郎官遁故山。
已分生离同死别，不堪挥涕说台湾。

夏夜与季平萧氏台听涛追话旧事作〔2〕

大海惊涛似昔时，离台同听不胜悲。
五年乡泪愁中制，半夜军声梦里驰。
铁弩何时开越国？素车终古走灵胥。
如闻鹿耳鲲身畔，毅魄三更哭义旗。

黄遵宪在1902年写给梁启超的信中，曾这样评价："此君诗真天下健者。"江山渊则评价说："诗本其夙昔所长，数十年来复颠顿于人事世故、家国沧桑之余，皆足以锻炼而淬砺之。其所为诗，益苍凉慷慨，有渔阳三挝之声，又如飞兔騕褭，绝足奔放，平日执干戈、卫社稷之气概，皆腾跃纸上，故诗人之名，震动一时。"〔3〕

丘逢甲"一生写了数千首诗，可惜早岁在台湾时期的作品遭焚殆尽，流传于世的只有《岭云海日楼诗钞》中所收的一

〔1〕 丘逢甲：《岭云海日楼诗钞》，上海古籍出版社2009年版，第12页。

〔2〕 丘逢甲：《岭云海日楼诗钞》，上海古籍出版社2009年版，第117页。

〔3〕 江山渊：《丘逢甲传》，见《小说月报》1915年6卷3号。

千七百余首，但精华尽萃于此……”〔1〕

尤为值得称道的是，丘逢甲诗始终保持一种誓要“卷土重来”的战斗情怀。

离台诗六首之三〔2〕

卷土重来未可知，江山亦要伟人持。
成名竖子知多少，海上谁来建义旗。

离台诗六首之六〔3〕

乱世团圆骨肉难，弟兄离别正心酸。
奉亲且作渔樵隐①，到处名山可挂单②。

【注释】

①“奉亲且作”句：是说作者自己像行脚僧一样流落隐居，但这是暂时的。

②挂单：谓行脚僧到寺院投宿。单，指僧堂里的名单。游方僧投宿寺院把衣钵挂在名单下，故称。

他盼望着有一天台湾与祖国骨肉团圆。

《离台诗六首》乃丘逢甲“乙未夏将乘舟离台时倚装匆匆所作。民国十四年八月，琮游台录得者。原稿尚存亲友家”，这是诗后小注告诉我们的。

丘逢甲还有“来路分明近，未信遽迷津”“百年如未死，

〔1〕 丘逢甲：《岭云海日楼诗钞》前言，上海古籍出版社 2009 年版，第 1 页。

〔2〕〔3〕 丘逢甲：《岭云海日楼诗钞》，上海古籍出版社 2009 年版，第 415 页。

卷土定重来”“我不神仙聊剑侠，仇头斩尽再升天”等句，其心境是何等豪迈！同时，他还嘱咐台湾的父老乡亲们不要忘记祖国大陆：“为言乡父老，须记汉官仪”“世间倘有虬髯客，未必扶余别属人。”他反问道：故乡难道永远是别人的吗？台湾一定会回归祖国！

《甲午战争120周年诗词选》征稿时，收到余廷林的两首诗。余廷林，1976年11月生，又名余亭霖，贵州大方人，毕节市诗词楹联学会理事，曾任大方云龙诗社秘书长及《青于蓝诗刊》《云龙诗苑》主编，著有《雨亭一心斋诗文集》《滴泉居词稿》等。

咏抗日保台丘逢甲

遥望岭云海日楼，一湾海峡注乡愁。
书生意气多悲愤，无计金刀斩寇酋。

和丘逢甲《春愁》〔1〕

破碎心灵破碎山，台湾半纪泪潸潸。
东邻闹鬼犹狂吠，偷觑中华水一湾。

今人咏丘逢甲的诗不多。余廷林是一位“七〇”后，他的诗与丘逢甲诗遥相呼应，读来别具一格，引发古今之幽思！

〔1〕 威海诗词楹联学会选编：《甲午战争120周年诗词选》，中华书局2014年版，第369页。

二一　一腔热血勤珍重

——奋笔甲午战争之巾帼诗人

在《普天忠愤集》这部书的卷十二，收入了两位女性诗人的唱和诗，三唱三和共六首。

唱诗的瓦兰芬女史生卒年无考，约活动于光绪二十年（1894）前后，贵州清镇人，同邑萧伯平之妻。学术精湛，诗赋兼长。她的《感咏三首》云：

其　一

沧海桑田几变更，可怜苍昊太无情。
三鲲忍陷衣冠薮①，百雉空营铁石城②。
夫婿位轻难报国，木兰我愧学从征。
深闺长向深宵拜，翘首呼天祝太平。

自注

① 衣冠薮：谓台湾。

② 铁石城：谓威海、旅顺。

和诗的长白佩珊女史，生平无考。她的《感咏次兰芬女史原韵》三首：

其　一

兰闺梦破月三更，厌听良人话敌情。
榆塞云排鹅鹳阵，妖星焰炽凤凰城。
寻常小丑谁轻纵，百万雄兵枉出征。
落得于思[1]成笑柄，几人奇计过陈平[2]。

【注释】

① 于思："行成于思毁于随"的缩略语。

② 陈平：西汉丞相，计谋高超，辅佐朝政有功。

长白佩珊女史的《序》全文如下："兰芬女史为清镇萧伯平鹾尹淑配，与侬如宛若交。值时事艰难，窃怀忧宗室，有木兰从军之志，无良玉督师之权，慨焉长叹，吟成七字。虽女儿絮语，不似丈夫，然幼妇好辞，何惭君子。嘱侬次韵，未敢效颦；与子同心，辄自忘丑，乃依歌而和之，幸勿嗤侬为诗婢也！"

从长白佩珊女史《序》中所提供的信息可以看出，瓦兰芬女史"夫婿位轻难报国"，说明她的丈夫是个小官（鹾尹），因丈夫"位轻难报国"，自己感到很惭愧，没能像花木兰那样替父从军，唯有"翘首呼天"，祝福国家太平；长白佩珊女史"厌听良人话敌情"，厌听，应该是经常听。良人即丈夫，说明这对夫妇至少都是军事爱好者和关注甲午战争之人。

在清末那个男尊女卑的时代，两位知识女性又处在云贵高原偏远之地，仍然如此关心国家大事，确实很不简单。这两位女性诗人是这部书中绝无仅有的。其诗洋溢的忠愤之志，溢于言表，读后令人奋起。

在此后女性写甲午战争的诗词中，最为动人心魄的要数秋瑾了。

秋瑾像

秋瑾（1875—1907），字璇卿，又字竞雄，自号鉴湖女侠，浙江山阴（今绍兴）人。光绪三十年甲辰（1904）赴日本留学，次年参加同盟会。归国后致力于资产阶级民主革命，后在积极准备皖、浙起义时，于家乡被捕殉难。有《秋瑾集》。

现谨选取秋瑾的 8 件作品，分成 3 组来进行简要串述和简析：

第一组：《感时》《对酒》《感愤》。

这三首诗写在甲午战争后秋瑾个人活动的两个不同时期：前两首写于留学日本时，后一首写在归国后。

感时（其二）[1]

炼石无方乞女娲，白驹过隙感韶华。
瓜分惨祸依眉睫，呼告徒劳费齿牙。

〔1〕郭延礼、郭蓁选注：《秋瑾诗文选注》，人民文学出版社 2011 年版，第 120 页。

祖国陆沉人有责，天涯飘泊我无家。

一腔热血愁回首，肠断难为《五月花》。

这首诗主要是写甲午战争后，国家处在危亡之中的悲惨局面，帝国主义瓜分中国迫在眉睫，她个人无力补天，奔走呼号也徒劳无益。尽管有一腔热血，但一时还找不到报效国家的正确道路。《五月花》是美国女作家斯陀夫人的作品，视为“呼唤黑奴脱离苦海”的杰作。

对　酒〔1〕

不惜千金买宝刀，貂裘换酒也堪豪。

一腔热血勤珍重，洒去犹能化碧涛。

这首诗充分展现了秋瑾豪放的侠女性格，表现了她轻视金钱，愿意效法汉代司马相如和晋代阮孚貂裘换酒的故事，如果能用一腔热血换来“苌弘化碧”，也心甘情愿，毫不犹豫。从《感时》的“一腔热血愁回首”，到《对酒》的“一腔热血勤珍重”，秋瑾在报效祖国的认识上又一次升华。

感　愤〔2〕

莽莽神州叹陆沉，救时无计愧偷生。

〔1〕 郭延礼、郭蓁选注：《秋瑾诗文选注》，人民文学出版社 2011 年版，第 124 页。

〔2〕 郭延礼、郭蓁选注：《秋瑾诗文选注》，人民文学出版社 2011 年版，第 137 页。

抟沙有愿兴亡楚，博浪无椎击暴秦。
国破方知人种贱，义高不碍客囊贫。
经营恨未酬同志，把剑悲歌涕泪横。

这首诗是秋瑾从日本留学归国所写。诗人重睹国家的现实，又陷入茫然的沉思当中，总是惭愧而自责，其爱国情怀展现在诗句的字里行间，读来令人感奋不已。

第二组：索和、索句、柬某君。

日人石井君索和即用原韵〔1〕

漫云女子不英雄，万里乘风独向东。
诗思一帆海空阔，梦魂三岛月玲珑。
铜驼已陷悲回首，汗马终惭未有功。
如许伤心家国恨，那堪客里度春风？

这首诗是诗人光绪三十年（1904）去日本留学途中所作。当时同船的日人石井索和诗，诗人便写了这首诗。至于石井原唱，已经无从查考。

甲午战争是日本侵略中国，可秋瑾此时此刻正要去日本留学。甲午战争后，一大批仁人志士纷纷赴日，这是一种奇特的现象。“万里乘风独向东”的目的，是去日本寻求救国救民道路。他们似乎认识到封建没落的清王朝应该寿终正寝。康、梁的百日维新也失败了，中国该往何处去？不妨去向对手日本学

〔1〕 郭延礼、郭蓁选注：《秋瑾诗文选注》，人民文学出版社 2011 年版，第 117 页。

习吧！“梦魂三岛月玲珑”，这里的“三岛”指代日本。孙中山也是在日本受到了启发，回国后领导了辛亥革命。最后两句：“如许伤心家国恨，那堪客里度春风?”直抒救国救民胸臆！

黄海舟中日人索句并见日俄战争地图〔1〕

万里乘云去复来，只身东海挟春雷。
忍看图画移颜色，肯使江山付劫灰！
浊酒不销忧国泪，救时应仗出群才。
拼将十万头颅血，须把乾坤力挽回。

“万里乘云去复来”句，说明诗人赴日的过程。1904 年夏东渡，翌年春回国，1905 年夏再次赴日，同年十二月返国。这首诗正是写在第二次回国途中的船上，遇到日人索句，此时作者看到了日俄战争地图，于是便写下了这首很著名的诗。

这里必须了解一下 1904 年 2 月至 1905 年 9 月在中国辽东半岛发生的日俄战争。这场“狗咬狗”的战争，居然发生在中国的土地上，软弱无能的清政府居然还宣布“中立”。诗人的颔联写道：“忍看图画移颜色，肯使江山付劫灰?”“肯使”是不忍心使，也就是不忍心去看这幅战争地图颜色的改变，又岂肯让祖国的河山劫灰满地、生灵涂炭呢？最后诗人发出了“拼将十万头颅血，须把乾坤力挽回”的慷慨激昂的誓言，字字句句铿锵有力，掷地有声！

〔1〕 郭延礼、郭蓁选注：《秋瑾诗文选注》，人民文学出版社 2011 年版，第 122 页。

柬某君三章（其三）[1]

河山触目尽生哀，太息神州几霸才！
牧马久惊侵禹域，蛰龙无术起风雷。
头颅肯使闲中老？祖国宁甘劫后灰？
无限伤心家国恨，长歌慷慨莫徘徊。

这组诗各本题名不一，《秋瑾史迹》题作《书感》，《秋瑾女侠遗集》题作《柬某君》。这位“某君”，是当时《女子世界》记者、爱国志士陈志群。诗共三首。而《秋瑾诗文选注》将题改为《柬志群》，似有不妥。该诗写于1907年6月17日，此日是光绪三十三年五月初七日，恰好是秋瑾六月六日英勇就义前一个月。诗人一如既往地忧国忧民，以“无限伤心家国恨”之恨，呼号“长歌慷慨莫徘徊”！读来真是催人泪下！

第三组：《鹧鸪天》《如此江山》两阕词：

鹧鸪天[2]

祖国沉沦感不禁，闲来海外觅知音。金瓯已缺总须补，为国牺牲敢惜身？　　嗟险阻，叹飘零，关山万里作雄行。休言女子非英物，夜夜龙泉壁上鸣。

〔1〕郭延礼、郭蓁选注：《秋瑾诗文选注》，人民文学出版社2011年版，第139页。

〔2〕郭延礼、郭蓁选注：《秋瑾诗文选注》，人民文学出版社2011年版，第171页。

这阕词系作者赴日后不久的作品，约作于光绪三十年（1904）。词中表现了作者甘赴国难的雄心和不辞万里东渡的壮志。其中最为感人的诗句“金瓯已缺总须补”，表示在甲午战争中被强行割让的土地，一定要让它回到祖国怀抱的决心。“夜夜龙泉壁上鸣”，喜欢宝刀的秋瑾，夜夜听到龙泉宝剑鸣叫的声音，形象、生动，极富艺术感染力。

如此江山〔1〕

萧斋谢女吟《愁赋》，潇潇滴檐剩雨。知己难逢，年光似瞬，双鬓飘零如许。愁情怕诉，算日暮穷途，此身独苦。世界凄凉，可怜生个凄凉女。　　曰“归也”，归何处？猛回头，祖国酣眠如故。外侮侵凌，内容腐败，没个英雄作主。天乎太瞽！看如此江山，忍归胡虏？豆剖瓜分，都为吾故土。

《如此江山》系词牌名，又名《齐天乐》。此处作者将词牌名与所写词的内容巧妙地结合在一起。也可以说，这阕词写的就是“如此江山”。词作写于日本留学期间。上阕写自己对祖国前程的忧虑：穷途、独苦、凄凉。下阕对“酣眠如故”的祖国发出悲愤的呼唤：救国的英雄啊！赶快出现吧！为国家作主吧！你怎么能忍心侵略者对江山如此糟蹋、“豆剖瓜分”呢？这是作者号召民众起来革命的呐喊啊！

秋瑾的甲午战争诗词就是这样字字血、声声泪，鼓与呼，

---

〔1〕 郭延礼、郭蓁选注：《秋瑾诗文选注》，人民文学出版社 2011 年版，第 175 页。

警天下。秋瑾虽身为女性，却有着阳刚的男子汉之豪情、气概与血性。她处在封建没落皇朝末世，其壮举尤为独特、罕见、珍贵。她的诗和词通俗易懂，读来令人血脉贲张，颇能提振卫国的勇气和力量！

“一腔热血勤珍重”，应该成为每一个中华儿女的座右铭！

二二　千古伤心是马关

——以马关为题的甲午诗作

马关，即日本下关，地处日本本州岛西北，是进入本州岛的门户。

甲午战争时期，这里不叫下关，而称“赤间关”或“赤马关”。后江户时代的日本汉学家按中文的风格将“赤马关”缩写成“马关”。

1895 年初，中日甲午战争清政府彻底失败，日本政府并不善罢甘休，以大军压境之势相威慑，但又恐怕战事久拖会招致英、俄等国干涉，便竭力向清政府逼和，做出如不媾和即要攻打津、京的态势。正是在这种京畿危急的情势之下，李鸿章、李经方父子受命赴日讲和。同年 4 月 17 日，李鸿章代表清政府被迫与日方代表伊藤博文、陆奥宗光于马关签订了丧权辱国的《日清讲和条约》，即《马关条约》，主要内容是割让辽东半岛和台湾、澎湖列岛，赔偿白银二万万两。

该条约的谈判签定是经朝廷授意和批准的，李鸿章只不过

李鸿章与伊藤博文像

是临危受命的使臣而已。

关于谈判地点，本来奕䜣、李鸿章等担心遣使赴日会受到要挟，希望以上海附近为会谈地点，但日本政府强调会谈地点必须在日本国内。这就使得马关成了中国人的伤心之地。

甲午战败后，中国的许多名人志士如康有为、吴汝纶、梁启超、于右任、孙中山、秋瑾、郭沫若、鲁迅等，纷纷前往日本避难、考察、求学，其中就有些人留下了以马关为题的诗作。

较早过马关的诗人是康有为。1899 年康有为自美洲东归途经日本赴香港时，写下了“过马关”绝句一首：

碧海沉沉岛屿环，万家灯火夹青山。
有人遥指旌旗处，千古伤心过马关。

这首诗抒发了诗人对备受欺凌的祖国无限伤痛的情怀。

前两句写景，后两句写椎心之痛：茫茫大海浩瀚无边，大海上空白云漫卷，远望似与大海相连。浩荡强劲的海风掀起万顷波涛，涌向日本本州岛西南的海滩。在这水天一色、苍茫空阔的云海之间，只有羽毛洁白的海鸥最为悠闲，它不顾浪涌云飞，舒展着双翼在海天之间自由自在地飞翔。可是，谁能想象到四年前曾在此地演出过一场弱肉强食的丑剧呢？诗人正凝神观赏海景时，同行的船夫指着前方说，再往前行一程就是马关了。船夫当然不知道马关在中国历史上有着多么令人伤心的意味。这首诗慷慨悲凉，是一篇饱含爱国主义情操的作品。

这首诗的题目并非“过马关”三字，全题如下：“九月二十四夜至马关，泊船二日。即李相国鸿章议和立约被伤地也，有指文忠公所驻地者。昔戊戌变法，文忠相助，及蒙难掘坟，文忠抗旨不得，密令吾家移骨，既感故知，又伤故国，过此黯然神伤。”〔1〕

这个标题，实际是一段文字说明，从中可以读出如下信息：戊戌变法时，李鸿章对康有为有所帮助，变法失败后，朝廷要掘康家祖坟，李鸿章正在两广总督任上，对祖籍在广东南海的康家又给予了关照。同时，也可以看出，康对李赴马关谈判、签约过程心知肚明，一无成见，故而“过此黯然神伤”。这可能有一份感激和感动吧！

诗人吴汝纶也曾两过马关。

吴汝纶（1840—1903），字挚甫，安徽桐城人。同治四年

〔1〕 康有为：《万木草堂诗集》，上海人民出版社 1996 年版，第 109 页。

(1865）进士。官冀州知州。曾师事曾国藩，为“曾门四弟子”之一，又与李鸿章关系密切。光绪二十四年（1898）京师大学堂成立，任总教习，三年后赴日本考察学制。为桐城派后期作家。有《桐城吴先生全书》。

吴汝纶像

吴汝纶在赴日本考察期间，写下了《过马关》一诗：

愿君在莒幸无忘，法国摧残画满墙。
闻道和亲有深刻，欲移此碣竖辽阳。

根据吴汝纶本人日记记载：壬寅年（1902）五月十五日到长崎，十月七日（回）到安庆。据此，可算出吴汝纶此次赴日本“东游查学”历时四个月零二十二天。

吴汝纶之子吴闿生为其父《过马关》这首诗笺注如下：“五月十六日，公过马关，访李文忠议约故址春帆楼，主人请题榜，公为书‘伤心之地’四大字，一时报纸轰传，以为名笔。‘愿君无忘在莒也’，见《管子》。”〔1〕

这个笺注，对这首诗的背景做了说明，对诗的第一句也略作解释，可后三句，颇费解，却未作笺释。

吴汝纶自己在《日记》中记载：

〔1〕 施培毅、徐寿凯校点：《吴汝纶全集》第一集，黄山书社 2002 年版，第 493 页。

（五月十六日）抵马关，吾欲上陆一览春帆楼，中岛不肯[1]，《门司新报》记者日野种吉、《福冈日日新闻》记者丁吉治、大阪《朝日新闻》关门特派员藤昌树皆到船，各索一诗以去。吾途间所为拙诗，皆已传遍各报，丑亦不容自匿矣。是日船中作字甚多。船入内海，风景多可喜。[2]

（九月十八日）船至马关，前来时未及上岸，今船人约往一游。至春帆楼，李文忠与伊藤议和处也。楼主人乃一寡妇，姓藤野，乙未和定后，日本政府欲买此楼归公，主人不肯也；闻余至，备素绢求书，为书前《过马关》诗一绝与之。主人留余等饮，及去，又以茶馈余。船人以开行尚早，复导至接引寺，门署云："清国请和大使李鸿章旅寓"，入室，则皆议和时所留摄影也。[3]

此诗让人费解的是"法国摧残画满墙"句，本人反复琢磨，无法理解，且多方查询无着。明明写的是"法国"，而非系"倭国"之误而乱改。可法国与马关何干？正在困惑之时，偶翻《梁启超诗词全注》，在梁启超《游台湾追怀刘壮肃公》一诗标题下的题解中，提到台湾首任巡抚、抗法名将刘铭传"治台创画百度"字样。随即购得《刘铭传传》，终于搞清楚了这样一段史实：（光绪十年三月二十六日，1884年4月21

---

[1] 此处写未上岸，与其子吴闿生笺注此日即已"访李文忠议约故址春帆楼"不同。因日记经其子归类刊引，似以其父记载更为准确。

[2] 施培毅、徐寿凯校点：《吴汝纶全集》第四卷，黄山书社2002年版，第775页。

[3] 施培毅、徐寿凯校点：《吴汝纶全集》第四卷，黄山书社2002年版，第790页。

日本马关春帆楼旧照

日）寄出上谕一道："前直隶提督刘铭传统兵有年，威望素著。前患目疾，谅已就痊。现值时事艰难，需材孔亟，着李鸿章传知该提督即行来京陛见，以资任使等因。"[1]李鸿章不敢怠慢，派人火速"传知"，但这道上谕辗转递送到正在杭州泛游西湖的刘铭传手中时，已是五月下旬。当时，中法两国正在进行紧张的外交交涉，随时有开战的可能，刘铭传求得直隶总督李鸿章兵员、物资上的调度和帮助，迅速赴任。刘铭传到达台湾的第七天，法国军队入侵台湾，刘铭传组织军勇顽强抵抗，予以痛击。1884 年 7 月，基隆初战，法军失败；8 月 23 日，法军以偷袭的方式，在福建发动了中法马江海战，清军水师惨败；10 月，第二次基隆大战爆发，双方势均力敌。相持之际，沪尾（即今台湾淡水）告急，刘铭传"撤基援沪"，取得了沪尾大捷。中外报纸大肆刊登此消息，而"一些反对本国

〔1〕 周殿龙、孙素云主编：《李鸿章全集》第 4 册，时代文艺出版社 1998 年版，第 194 页。

政府好战政策的法国人甚至将‘沪尾大捷’绘成巨幅图画，张贴在巴黎街头，‘诧为近世奇功’……昔日不可一世的骄气被普遍的沮丧取而代之”[1]这就是“画满墙”的来历。这个难点突破了，这首诗就好理解了。

现将此诗试释如下：愿大家不要忘记了过去那段历史，法国那样地摧残（中国）却落得“画满墙”的境地；闻说当年讲和的地方刻有“李鸿章道”的牌子（因第一次过马关未上岸，故“闻”），我却要将“伤心之地”的碑文竖立在辽阳。此处“辽阳”系诗的押韵所需，可理解为泛指甲午战争中国战败之地。辽阳为陆战失败地，威海是北洋海军覆没地，这些地方都是“伤心之地”。

吴汝纶为什么要写得这样婉转和拐弯抹角呢？因为他此次是赴日参观学习的友好之旅，从日记中可看出，日方热情接待，全力配合。此间，吴汝纶写了一些和诗也都热情洋溢，例如：

日户先生招游观水上放火花日本人谓之曰川开槐南有诗依韵奉和

火树银花信壮观，靓妆炫服绕朱栏。
只疑远海黄金阙，欲夺中天白玉盘。
但有神光燃渚易，纵多高焰爇云难。
休言下策攻非计，曲突凭君灶上看。

〔1〕 姚永森：《刘铭传传》，时事出版社1985年版，第110页。

木村知治晨送诗来依韵和答

水上繁星竞欲流，炎风四射不知秋。

君看赤壁烧兵后，只有髯苏作胜游。

日记中有“前《过马关》诗”的“前”字，说明这首诗在访日行程中已经使用过。这样，在第二次过马关上岸时，吴汝纶方有准备地将其写在春帆楼主人所预备的素绢上，真可谓用心良苦，属意深远！

自从康有为首题“千古伤心是马关”、吴汝纶再题“伤心之地”后，此后诗者多不离“伤心”二字，如吴保初乙巳年（1905）游日本马关时之诗作。

玄海滩·乙巳二月游日本作

万顷云涛玄海滩，天风浩荡白鸥闲。

舟人那识伤心地，遥指前程是马关！

这首诗的诗意很明白，“玄海”指“北方之海”，语出《淮南子·地形训》。诗用此语，暗含清王朝为蕞尔小国打败，以致不得不屈身俯就于此以乞和之叹。舟人哪知道这里是中国人的伤心之地啊！当然更是李鸿章的伤心之地。这首绝句先描写了一幅安谧的海边风景，一派和平安宁的景象，正是为了反衬下面的“伤心事”，顿生余味无穷之感慨！

吴保初（1869—1913），字彦复，号君遂，晚号瘿公，庐江县沙湖山人。系淮军将领、广东水师提督吴长庆之子，与陈三立、谭嗣同、丁惠康赞同“维新”，时人称为“清末四公子”。著有《北山楼集》。

可惜，阿英编《甲午中日战争文学集》却把这首诗误植于吴汝纶名下，且将诗题改为“马关”，以致以讹传讹，流播甚广。查《桐城吴先生诗集》《吴汝纶全集》均不载，却清楚明白地载于吴保初《北山楼集》第69页（此错误系夏冬波先生看了《甲午战争120周年诗词选》后指出的）。显然，这是阿英弄混了，搞错了。

其后，又有诗人启明（生卒年、生平不详）写有一首《过马关》如下：

碧水无情万古流，当年会此媾和谋。
伤心又见伤心地，怕过马关东渡头。

于右任像

碧水无情，岁月有忆。怕过马关，但到了马关，真是伤心人又见伤心地，一连用了两个“伤心”，尤显沉重、痛切。

著名诗人于右任的“马关诗”也很有名。

于右任（1879—1964），原名伯循，字诱人，后以“诱人”谐音“右任”为名，别署“骚心”“髯翁”，晚年自号“太平老人”。陕西三原人，祖籍泾阳。

于右任是辛亥革命元老，著名民主革命家、书法家、诗人。1906 年春，于右任为筹办《神州日报》，与邵力子同赴日本。在马关登岸后，他想到《马关条约》的签订，感慨万端，写下了一首七律：

马　关

雨中山好青如黛，浪里花开白似棉。
活泼游鱼吞晓日，回翔饥鸟逐渔船。
舟人指点谈遗事，竖子声骄唱凯旋。
一水茫茫判天壤，神州再造更何年？

1909 年 5 月，于右任在上海办《民吁日报》发行不久，即被清廷封闭。他二度出走日本，舟入马关，触景伤情，又作一首五律：

舟入马关

此《民吁报》被封、走日本时作也。

苍翠湾复湾，舟行入马关。
红旗翻碧海，白浪拥青山。
痛定行人血，羞开壮士颜。
况兼亡国恨，触处泪潸潸。

此后，于右任还有一首七绝：

望日本海岸

海产东人久自矜，相随霸业更飞腾。
君看照海若千里，远近渔船十万灯。

当时，日本为称霸亚洲，正在积极扩军备战。那远远望去的十万灯火，正是日本妄图建立霸业的明证。

以“马关”为题遗有诗作的还有郁华。

郁华（1884—1939），本名郁庆云，字曼陀，浙江富阳人。早岁留学日本。南社社员。历任北京大理院推事、沈阳最高法院刑庭庭长，朝阳大学、东吴大学教授，江苏省高等法院第二分院刑庭庭长等职。1939 年 11 月被日伪特务暗杀。

他的《马关》写道：

晚对门司泊，相依一水间。
江湖秋赴梦，灯火夜临关。
市隐千楼雨，舟藏两岸山。
云中问鸡犬，何处是琅嬛。

此词作于 1907 年。门司，日本门司港，位于北九州，地处关门海峡和丰后水道的交汇点。作者夜泊马关，与门司港遥遥相对。琅嬛，神话中天帝藏书的地方。此诗亦是写作者对马关这个伤心之地心生感慨。

1911 年 3 月 24 日，应台湾爱国青年林献堂热情邀请，旅居日本的梁启超在汤觉顿的陪同下，带着女儿梁令娴，乘日本轮“笠户丸”号离开横滨，经马关向基隆而行。他此行作诗颇多，其中有《舟中杂兴》十首。

25日，船泊马关，梁启超静听海涛拍岸，往事不堪回首。他深沉地吟诵：

舟中杂兴之二

明知此是伤心地，亦到维舟首重回。
十七年中多少事，春帆楼下晚涛哀。

系舟马关，回首再三。可见这段伤心的历史在诗人的脑际久久盘旋，挥之不去。

曾经是驻日使节的黄遵宪，也写有《马关纪事》五首，其中第一首述说《马关条约》的主要内容和谈判经过，第二首写李鸿章在谈判中的表现和际遇，后三首写《马关条约》签订后的情形，限于篇幅，后三首此处不录：

马关纪事①

一

既遣和戎使，翻贻骄倨书②。
改书追玉玺③，绝使复轺车④。
唇齿相关谊，干戈百战余⑤。
所期捐细故⑥，盟好复如初！

【注释】

①1895年2月，北洋海军覆灭于威海。3月4日，清廷颁敕，委任李鸿章为“头等全权大臣”，出使日本。3月19日，

李鸿章及其子李经方一行抵达马关；20日，与日本全权大臣伊藤博文、陆奥宗光举行谈判；4月17日签订《中日讲和条约》（即《马关条约》）十一款。

②“既遣”二句：意谓清政府派遣议和使节以后，日本政府反而致送傲慢无礼的信件。和戎使，此指张荫桓、邵友濂。伊藤博文、陆奥宗光指责中国使臣“全权不足”，不同意与其谈判。清廷遂改由李鸿章出使日本。

③“改书”句：意谓清廷决定修改国书，钤以玉玺，授与张、邵二使臣。

④“绝使”句：谓张、邵二使臣被逐回国。轺车：古使节所乘之车。

⑤“唇齿”二句：叹中日两国本唇齿相依，而如今干戈相见，战事极多。

⑥捐细故：放弃小事上的分歧。

二

卅载安危系，中兴郭子仪[①]。
屈迎回鹘马，羞引汉龙旗[②]。
正劳司宾馆，翻惊力士椎[③]。
存亡家国泪，凄绝病床时[④]。

【注释】

①“卅载”二句：以郭子仪比况李鸿章。唐代的郭子仪曾平定“安史之乱”，使唐王朝中兴；李鸿章亦因参与镇压太平天国起义，使清王朝统治得以继续，而被称为“中兴名臣”。

②“屈迎”二句：言李鸿章羞于以国使屈身乞和。羞引汉龙旗：羞于以汉龙旗为前导。汉龙旗，此指清国旗。

③“正劳”二句：言李鸿章马关遇刺事。司宾馆：即国宾馆。时李鸿章下榻于引接寺。力士椎：典出《史记·留侯世家》。《中东战纪本末·使相遇刺纪实》：“光绪二十一年二月二十八日（1895年3月24日），中堂自会议处言旋，将至行馆，忽有日人自人群中走出，距舆前五尺许，以手枪击中堂，倏逸去。”

④“存亡”二句：言李鸿章病榻情态。《中东战纪本末·使相遇刺纪实》：“初，众医之议取枪子也……中堂慨然曰：‘国步艰难，和局之成，刻不容缓，予焉能延宕以误国乎？死生有命，我宁死无割！’遇刺之明日，见血满袍服，或言曰：‘此血所以报国也。’中堂潸然出涕曰：‘舍予命而有利于国，予亦不之靳也。’”

这两首《马关纪事》，把整个和谈情形以诗的语言和外交官的眼光描写得淋漓尽致。据现有史料记载，李鸿章在马关和谈中的表现可圈可点：七次谈判，他据理力争，毫不相让。“不嫌反复辩驳”，只是因为密码泄露，日本人掌握了大清的谈判底线，最后伊藤博文极其蛮横地要挟：“今日之事，所望于中堂者，唯允与不允之明确答复而已！”在所有的外交活动中，从未有任何资料证明李鸿章有一丝一毫的卖国行径。与此相反的是，当条约所有款项基本达成后，在第六次谈判中，李鸿章即认为最后关头能争一分是一分。

对于这一谈判过程，范文澜这样写道：“李鸿章虽然竭力辩论，甚至作无耻的哀求，都是枉费口舌，毫无效果，谈判举行五次（实际为七次，本文作者注），日本始终恃强逼勒，不

左为李鸿章 1894 年的照片，右为李鸿章在马关引接寺的照片

准不签字。"[1]范著以这样的口吻，凭空给李鸿章扣上"无耻"二字，是否站得住脚？

一位七十三岁的老人，作为使臣为国谈判挨了子弹，流了血，差点丢了老命，在外交史上并不多见。"此血所以报国也"，"舍予命而有利于国，予亦不之靳也"，难道这不是一种爱国精神？谈判结束后，李鸿章发誓不再踏日本这块伤心之地，并且说到做到。1901 年李鸿章访问美国，过境横滨，坚持搭"飞梁"换乘，这难道不是骨气？

没有国家的实力作后盾，任何外交家也很难挽回颓势。有些历史学家只会作阶级分析，不善作实力和形势的比较，当然弄不明白"秋风宝剑孤臣泪"的苦衷！

"弱国无外交"，马关是最好的例证。让我们永远铭记马关这块中国人的"伤心之地"吧！

[1] 范文澜：《中国近代史》上册，人民出版社 1955 年版，第 272 页。

二三　愿化干戈见太平

——一首李鸿章的马关诗悄然发见

近几十年来，研究晚清政局和人物，尤其是研究甲午战争史的专家、学者们处心积虑地搜寻、挖掘李鸿章关于甲午战争诗作，使得假托李鸿章“临终诗”和所谓李鸿章“遗诗”大行其道，以致一些知名作家、学者趋之若鹜，纷纷在自己的著作中加以引用，闹出许多乌龙。一首确系李鸿章所作的马关诗千呼万唤，终于在近年被悄然发现，重见天日。情况是这样的：

本书样稿2016年12月排出后，便分送到威海、合肥、广州一些研究甲午战争的学者朋友手中，请其审读、“把脉”，并诚望为之排难纠错。

2017年春节期间，我拜托中国海军史研究专家陈悦先生邀约几位在威海的相关人士一起小聚、恳谈，参与者有中央电视台《探索·发现》纪录片导演罗巍、威海研究甲午战争的学者孙建军和中国甲午战争博物院徐健恒同志等。我谈及拙作中关于丁汝昌红叶馆《赠宫岛栗香》诗到底源出何处，尚未知晓，诚为一大遗憾。陈悦、孙建军两位一起分析后表示，应该能够找到。正如前章所述：2017 年 2 月 4 日晚 22 时许，陈悦先生即微信给我发来了刊载丁汝昌《赠宫岛栗香》诗出自《日清交战录》的图片。

由此，我在网上搜罗，始知《日清交战录》共 44 号，有两种版本：一种是单行本，每号一本，共 44 册，其中第四十三、四十四号为补遗；另一种是合订本，每 10 号为一卷，有一至四卷，第四十一号至第四十四号仍为单行本。两种版本都是当年的古籍旧书，价格昂贵，不易淘到。虽然陈悦先生已将刊载丁汝昌诗的图片传给我，但抱着必须看个究竟，或有新发现的念头，我执意购买。恰巧，我买到了第三、四两卷，即第二十一号至第四十号。

拿到书后，我便迫不及待地一页页地翻寻。该书为甲午战争期间日本报刊资料汇集，多为日文，唯每号《文苑》《杂录》栏目，间或有中文诗作。翻到第三十九号第三十七页，一行“合肥　李鸿章”的文字跃入眼帘。在第三十六页上，一首“次李鸿章韵”的诗也很醒目。忆及 2016 年 12 月我将样书寄给合肥市文化广电新闻出版局社文处夏冬波副处长后，曾与他交流，他电话中曾说可能李鸿章在马关遇刺后给治伤的医生写过一首赠诗，但语焉不详，似不确定。踏破铁鞋无觅处，寻来全不费工夫！这一意外收获，让我大喜过望。现将李鸿章这首“马关诗”和日本人的唱和诗展示如下：

赠日本总医监[①]佐藤[②][1]

耄年秉节赴东瀛，愿化干戈见太平。

盟约重申同富弼[③]，伏戎一击鄙荆卿[④]。

奇才医国君无敌，妙手回春我更生。

待乞宝星[⑤]邀上赏，绿章[⑥]归去达通明[⑦]。

【注释】

①《日清交战录》载此诗，“总医官”，“官”应为“监”。“趣东瀛”，“趣”应为“赴”。现根据李鸿章手迹改正。

②佐藤：马关和谈期间，李鸿章遇刺，得到日本名医、军医总监佐藤进的精心治疗。李鸿章归国后，曾写亲笔信感谢佐藤，内有赠诗。

③富弼：北宋名相（1004—1083），庆历二年（1042）出使辽国，以增加岁币为条件，拒绝割地要求。

④荆卿：即荆轲。著名刺客，代指枪伤其面的小山丰太郎。

⑤宝星：勋章。因清代勋章镶嵌有珍宝，故称。

⑥绿章：即青词，旧时道士祭天时所写的奏章表文，用朱笔写在青藤纸上，故名。此处代指《马关条约》。

⑦通明：形容开通而贤明。

李鸿章这首诗，文笔晓畅，犹如行云流水；捉句精准，意味深长。他将自己比作北宋名相富弼，是说他像富弼一样，曾

---

〔1〕 见《日清交战录》第三十九号第三十七页。

贈日本總醫監佐藤
耄年秉節赴東瀛顧化干戈見太平盟
約重申同富弼伏戎一擊鄙荊卿奇才
醫國君無敵妙手回春我更生待乞寶
星邀上賞綠章歸去達通明
合肥李鴻章

李鸿章《赠日本总医监佐藤》诗手迹

向日本“盟约重申”，拒绝割地的逼勒（但没有成功）。他明白无误地阐明到马关谈判是为了化干戈为玉帛，争取天下太平。颈联“奇才医国君无敌”语带双关，羡慕日本多有奇才医国，借赞扬日本总医监及其手下的高超医术，慨叹日本通过明治维新，国势日盛，以致“无敌”。下一句“妙手回春我更生”，也暗含励志深意，即不但是李本人通过医疗获得新生，同样盼望大清帝国也通过“医疗”，愈合战争创伤，获得新生并逐渐振作强盛起来。尾联言明他要呈请大清皇上为这位总医监颁发一枚勋章，并预感“绿章归去达通明”，即马关条约签订，大清皇帝、太后会贤达通明地予以首肯，进而期待清日关系改善。

李鸿章这首诗，是在那种身背恶名的特定环境中写就，似乎没有人们想象的那样振聋发聩，但初心未改，睿智盈篇，真实而贴切。他还手书了“妙手回春”的匾额赠给佐藤（见书前彩页图），借向这位总医监表达感激之情，彰显摆脱困境之考量、医国之联想。史料证明，正因为李鸿章挨了这颗子弹，方才扭转了谈判颓势，让日方不得不降低谈判要价的调门与砝码。这首诗，正是身陷困境、不堪日方百般羞辱而万般无奈、极其痛苦之李鸿章的喁喁心声！

在刊载李鸿章这首诗的上一页，有署名“司马　青衫子”的一首和诗：

解文明·次李鸿章韵[1]

皇谟①绝代极寰瀛②，谁拟金缯③购和平？
操纵干戈原在我，支持社稷转怜卿。
外援漫企联三国，末运宁知误一生。
自有天恩同覆载④，胡人亦合解文明。

【注释】

①皇谟：皇帝的谋划。

②寰瀛：意思是天下，全世界。

③金缯：黄金和丝织品，泛指金银财物。

④覆载：覆盖与承载，谓覆育包容。

这首诗的作者“司马　青衫子”应该是日本人，生卒年及生平无考。

这首诗的大意是：天皇的策略谋划冠绝天下，那又是谁谋划了用金钱来购买和平呢？战争的主动权掌握在我们（日本）手中，你通过谈判扶持大清社稷是值得怜悯的。不要企图联合三国来要挟我们（即后来的三国干涉还辽），其实你的时运不佳已让人们误解了你的一生事业。天恩浩荡，包容万物，你们这些胡人（对大清的蔑称，日本始终有“元寇”侵犯日本之心结）也应该与我们一起来理解今天的文明吧！这首诗是日本侵略本性的真实写照。

如果说这首和诗还留有情面，那么同一位作者的另外两首诗（加评语），则是赤裸裸的讥笑、讽刺。

〔1〕 见《日清交战录》第三十九号第三十六页。

干戈止[1]

李直督，藤总理，功业勋名略相似。
赤马关头白马嘶，乞降议就干戈止。
谁济社稷涕泪中，英雄毕竟怜英雄。
去矣休说归舟险，三月渤海一帆风。

偿金二亿万余圆，支办怜他要六年。
春亩先生开巨口，并吞鸭绿以南天。
凯歌声里气如山，盟约两雄谈笑间。
好使蛮民浴皇泽，扶桑新领占台湾。

诗中提到的“春亩”，即伊藤博文。这就是日本人得了便宜还卖乖的丑恶嘴脸！“青衫子”还有一首诗：

旧瘢痕[2]

李牛朋党几恩怨，媾和盟成议尚喧。
他日文华殿中宴，知君笑指旧瘢痕。

诗中有评：樽俎三旬，仅全使命。豆大瘢痕，能排众口。湖南老爷[3]，何其多幸。

在李鸿章如此不堪的境况下，这位日本人仍然口蜜腹剑，

---

〔1〕 见《日清交战录》第三十九号第三十五页。

〔2〕 见《日清交战录》第三十九号第三十六页。

〔3〕 李鸿章是安徽人，疑该作者将其误为湖南人。

对大清的内政挑拨离间。日本人正是看中了大清政坛的不和，相互诋毁、掣肘，才敢放胆发动侵略战争。而大清帝国仅以“一省抗一国”，最终落得惨败危亡的局面。

读了日本人这些诗作、诗评，真是令人羞愧难当而又义愤填膺！如果中华民族仍不反思觉醒，仍然对日本失去警惕而麻木不仁，那真是民族的悲哀！

二四　直把马关移芷江

——从甲午忠愤到日本投降喜赋

只要读一读《日本侵华大事记》，就可以清楚地知道，中日甲午战争以后，日本并没有因清廷向其割地赔款发了横财而善罢甘休、离开中国，相反野心急剧膨胀，伙同西方一些国家，继续侵略霸占中国的东北，在中国的国土上为所欲为，长期蹂躏。其间发生了“九一八”“一·二八”“七七”“八一三”等重大历史事件，直到1945年8月太平洋战争结束，日本宣布无条件投降，才被彻底赶出中国，时间长达50年之久。

就战争得失而言，日本是中日甲午战争战胜国。可后来的第二次世界大战却彻底失败了，不但老本输个精光，连南千岛群岛（日称“北方四岛”）都丢了，国家主权被剥夺，不准拥有军队，以美国为首的战胜国为之制定了一部宪法，长期驻军监督，成了被“管制”的非正常国家。中国为这场战争做出了重大贡献，付出了惨重的代价，换来的是台湾等岛屿回归祖国。

过去，我们对中国共产党领导抗战了解得比较多，但对整个中国作为一个国家包括国民党在内五六十年抗战历史的大全景，我们这代人或许缺乏真正的了解和感悟。

姚伯麟（1877—1953），字鑫振。陕西三原县城东关人。因旧居三原县白鹿原，故笔名鹿原学人。医学家。清光绪三十一年（1905）考取官费生，赴日本留学。初入东京济美学堂，后转东京帝国大学医科。1915 年毕业，获医学博士学位。翌年返陕，曾任西安同仁医院院长。后迁居上海法租界，受聘于上海红十字会医院。

姚伯麟的《抗战诗史》堪称鸿篇巨制，创作收录传统格律诗近两千首，作者饱含炽烈的爱国热情以诗咏史，对 1931 年“九一八”事变至 1945 年日本无条件投降十四年间的抗战，作了全景式记录。现仅摘取其中与甲午战争相关联的部分诗作，并穿插一些他人的诗作，简要地回顾一下这段史诗般的历史。

一、抗战惨烈片断

先看看鲜为人知的关于琉球的几个镜头：

琉球兵八百名在战地自杀①[1]

一

琉球虽灭易冲绳，同种相残愧未能。
八百健儿齐报国，泰山一死大堪称。

〔1〕 姚伯麟：《抗战诗史·九一八抗战诗史》，上海书店出版社 2015 年版，第 21 页。

二

小岛孤悬黄海东，百年犹眷国恩隆。
精诚远过田横客，落日临城贯白虹。

三

情甘暴尸在疆场，不忍伤人愿自伤。
百万国军奏凯日，千秋俎豆祝馨香。

自注

①三月二十五日，《华美报》临沂电，华军庞部在汤头东池草坡发现自杀之琉球人八百名。留有遗字云：伊等系中国人，不愿打祖国，望祖国军民，保其尸体，并望掩埋等语。

此组诗写于1938年3月25日。这是很惨烈的一幕，让人怵目惊心！

琉球全岛化为登陆场〔1〕

机声轧轧海波扬，全岛化为登陆场。
弹雨枪林云黯淡，龙争虎斗血玄黄。

欲下琉球先平九州〔2〕

何故攻琉障碍生，良有基地尚强横。
欲期一鼓连番下，先把九州轰炸平。

〔1〕 姚伯麟：《抗战诗史·太平洋抗战诗史》，上海书店出版社2015年版，第28页。

〔2〕 姚伯麟：《抗战诗史·太平洋抗战诗史》，上海书店出版社2015年版，第89页。

冲绳切腹两将军①[1]

浩淼西南海水滨，荒烟蔓草石嶙峋。
可怜白骨纵横地，谁识双双切腹人。

自注

①东京二十九日电，冲绳方面日军最高指挥官牛岛满中将及该部参谋长长勇少将，于施行最后之总攻击后，业已“壮烈”自杀……于冲绳西南海面岸上石坟下，发现有冲绳方面日军最高指挥官牛岛满中将及长勇参谋长之尸体，身御戎装，腹部切有十字形伤，无人收埋，亦云惨矣！

看看作战样式：

中美联合对日作战[2]

笑彼孽龙犹自雄，兴波作浪海之东。
联盟中美风云会，大陆西南总反攻。

看看日本在南京制造的大屠杀惨案：

南京大屠杀案初次统计惨死三十万[3]

大屠杀案石头城，初次查编已告成。

〔1〕 姚伯麟：《抗战诗史·太平洋抗战诗史》，上海书店出版社 2015 年版，第 115 页。

〔2〕 姚伯麟：《抗战诗史·太平洋抗战诗史》，上海书店出版社 2015 年版，109 页。

〔3〕 姚伯麟：《抗战诗史·太平洋抗战诗史》，上海书店出版社 2015 年版，372 页。

惨死同胞三十万，冤魂夜夜有冤声。

再看看“出云”号舰的下场：

出云舰沉[1]

急报飞来骏马骎，万人齐说出云沉。
山川终有裂崩日，一扫当年祸首侵。

日本在甲午战争胜利后从清朝政府手中获得了巨额赔款，为了善用这些资源，1896年日本政府制定新一波武力强化计划，海军的强化方案称为六六舰队（战舰6艘、装甲巡洋舰6艘），出云号巡洋舰便是利用这笔款项向英国订制的装甲巡洋舰。出云号于1898年开工，1900年返国服役，在日俄战争期间成为日本帝国海军的作战主力。

1945年7月24日被美国空军炸沉的装甲巡洋舰“出云号”

〔1〕 姚伯麟：《抗战诗史·八一三抗战诗史》，上海书店出版社2015年版，第15页。

姚伯麟在书中注解：出云舰于“一·二八”时，率领敌舰队侵犯，指示一切。因为旗舰之故，沪人称为祸首。十九路军曾以鱼雷轰炸，惜未命中。此次又来，故国人衔恨最深，誓欲得而甘心。我空军及某项轰炸军器，费数日之力方奏效。出云舰后经修理，仍被敌方利用。1945 年 7 月 24 日，被美国空军炸沉。

二、日本投降喜赋

以下七首诗，可以看出抗战胜利，中华民族喜极而泣的情景。

陈寅恪（1890—1969），江西修水人。陈三立三子。曾留学日、欧、美。历任清华大学、西南联大、中山大学等校教授。有《陈寅恪集》。

晨起闻日本乞降喜赋〔1〕

降书夕到醒方知，何幸今生见此时。
闻讯杜陵欢至泣，还家贺监病弥衰。
国仇已雪南迁耻，家祭难忘北定诗。
念往忧来无限感，喜心题句又成悲。

王冷斋（1892—1960），福州人。“七七事变”时任宛平县县长，协同守城抗战。中华人民共和国成立后任北京文史馆副馆长。

〔1〕 石叟、刘慧勇编：《中华民国诗千首》，海南出版社 2013 年版，第 173 页。

闻日寇乞降狂喜书感[1]

汹涌鲸波万里涛，降幡片片出东瀛。
捷音电闪传环宇，爆竹雷喧色满城。
坚苦八年完胜利，阴沉一旦复光明。
头颅拼掷宁无价，必死方能庆更生。

刘逸生（1917—2001），原名刘日波，广东中山人。毕业于香港中国新闻学院。暨南大学新闻系教授。中国作家协会会员，中华诗词学会理事，广东诗词学会名誉会长。有《唐诗小札》《唐诗选讲》《宋词小札》《龚自珍己亥杂诗注》《刘逸生诗词》等著作几十部。

喜悉日寇无条件投降[2]

飞来喜讯决江河，万众频催播电波。
复九世仇今日事，百年第一快哉歌。

张中如（1919— ），山西崞县（今原平）人。1937 年加入中国共产党，同年参加八路军。曾任晋绥军区第八军分区二十一团营长、军区司令部作战科长，西北军政大学晋绥分校副教育长，国防部外事局政委，河南省军区政委，总参某部政委、

〔1〕 石叟、刘慧勇编：《中华民国诗千首》，海南出版社 2013 年版，第 21 页。

〔2〕 贺新光主编：《近现代诗词鉴赏辞典》，北京燕山出版社 2009 年版，第 1084 页。

部长。1964 年晋升为少将军衔。

日本投降之夜〔1〕

烛天篝火暗星月，动地欢声荡碧空。
午夜已接进军令，喜看朝阳照古城。

王亢（1911—1992），辽宁营口人。1937 年加入中国共产党并参加绥西抗日先锋队。曾任第四野战军五十一军参谋长，作战部军务局副局长，西藏军区副司令员，中国人民解放军铁道兵顾问。1960 年晋升为少将军衔。

拔掉太阳旗〔2〕

一九三七七月七，卢沟桥畔敌紧逼。
中华儿女齐奋战，八载拔掉太阳旗。

李兆书（1923— ），江苏泗阳人。1942 年参加革命。曾任第三十九军政委、沈阳军区政治部顾问。

日本投降〔3〕

强梁终了竖旗降，华夏生灵喜若狂。

---

〔1〕 解放军红叶诗社选编：《抗日烽火诗词选萃》，解放军文艺出版社 2007 年版，第 152 页。

〔2〕 解放军红叶诗社选编：《抗日烽火诗词选萃》，解放军文艺出版社 2007 年版，第 39 页。

〔3〕 解放军红叶诗社选编：《抗日烽火诗词选萃》，解放军文艺出版社 2007 年版，第 118 页。

破碎山河怀旧事，八年苦痛永难忘。

黄迂（1874—1947），字仲荃，号迂叟，浙江乐清人。光绪举人，同盟会会员。民国后，曾官知县。有《慎江草堂诗钞》。

哀日本〔1〕

巧凭利器奏奇功，原子弹成神鬼恫。
穷岛何堪供一击，强邻况复起相攻。
飞扬明治维新后，断送昭和黩武中。
太息雄风竟安在，降幡远出海天东。

三、马关、芷江互证

甲午战争失败，李鸿章受清政府指派赴日本马关谈判，在日本方面的羞辱刁难之中，签订了丧权辱国的《马关条约》。50年后的1945年9月，抗日战争胜利，由中华民国派员在中国湖南芷江接受日本的无条件投降。以下五首诗，写的就是这件事。

孔惠（生卒年不详），黄埔军校第十六期毕业生，1945年任少校营长。

受降谈判途中吟①〔2〕

一

堂堂整整汉家兵，敲镫挥鞭赴敌营。

---

〔1〕 杨子才编注：《民国六百家诗钞》，长征出版社2009年版，第78页。

〔2〕 解放军红叶诗社选编：《抗日烽火诗词选萃》，解放军文艺出版社2007年版，第54页。

眼底残夷迎使节，马前将士尽豪英。
轻骑纵跃神滩渡[②]，降诏传闻宝庆城。
喜破楼兰奏凯日，望旌爆竹夹途鸣。

二

八年抗日敌投降，血肉拼回久陷疆。
顽寇低头齐缴械，义民拍手庆还乡。
河山依旧嬉尧宇，海陆而今靖战场。
外侮方除宜戮力，莫教兄弟再阋墙。

【注释】

①这两首诗是作者 1945 年 9 月奉命赴宝庆沦陷区日军营参加受降谈判途中所吟。当时中方首席代表为整编六十三旅少将副旅长程有秋。

②神渡滩：在今湖南邵阳西北。

芷江受降纪念坊

姚伯麟亦有诗云：

芷江举行日军投降仪式[1]

将军飞到受降城，此日芷江仪式行。
千载永留新协定，空前历史造光荣。

甲午清廷一败降，八年抗战复兴邦。
旋乾兼有转坤手，直把马关移芷江①。

自注

①甲午一战，清廷屈降于日，签订马关条约。今我国以八年抗战，使日寇无条件投降，……在芷江举行日军投降仪式，是无异将马关移至芷江也。

陈寅恪亦曾赋诗一首：

乙酉九月三日日本签订降约于江陵感赋[2]

梦里匆匆两乙年①，竟看东海变桑田。
燃萁煮豆萁先尽，纵火焚林火自延。
来日更忧新世局，众生谁忏旧因缘。
石头城上降幡出，回首春帆一慨然②。

---

〔1〕 姚伯麟：《抗战诗史·太平洋抗战诗史》，上海书店出版社2015年版，第153页。

〔2〕 解放军红叶诗社选编：《抗日烽火诗词选萃》，解放军文艺出版社2007年版，第177页。

【注释】

①两乙年：一指乙未年（1895）李鸿章与伊藤博文签订不平等中日和约，一指乙酉年（1945）9月3日日本签订投降条约。

②春帆：作者自注，光绪乙未中日订约于马关之春帆楼。

四、抗战胜利善后

日本在中国战区的投降仪式分两部分：1945 年 8 月 21 日，在芷江举行受降仪式，是由日本方面乞求投降停战。正式投降仪式于当年 9 月 9 日在南京举行，日本派遣军总司令官冈村宁次在对华投降书上签字，并向中方交出他的随身佩刀，以表示侵华日军正式向中国缴械投降。

中国人民历经 14 年的浴血奋战，在听到日本投降并在芷江举行了受降仪式的消息后，喜极而泣，欢呼雀跃，诗情喷

何应钦（左）在南京接受冈村宁次的投降书

发，对在南京举行的日本正式投降仪式的关注度，反而逊于芷江，这是可以理解的。

诗人姚伯麟将抗战胜利的善后工作也说得很清楚：

我军与盟国同占日本

我军派遣渡东瀛，辟地开天第一声。
六十年来国耻雪，同盟共管助同盟。

日三军不复存在[1]

海陆空军一扫空，东邦尽数丧罴熊。
远谋永久和平计，制日销兵麦帅①功。

【注释】

①麦帅：即麦克阿瑟，美国陆军五星上将，二战时任西太平洋战区盟军司令，战后出任驻日盟军最高司令等。

我抗战损失要求日本抵价偿还①[2]

战祸延长损失连，蒐罗资料贵精研。
总清算日何时起，抵价赔偿十四年。

原注

①大公报重庆5日专电，抗战损失调查委员会，近正积极整理已经调查所得关于抗战损失之正确资料，准备要求日本赔偿。按最低限度，应自“九一八”算起。

---

〔1〕 姚伯麟：《抗战诗史·太平洋抗战诗史》，上海书店出版社2015年版，第226页。

〔2〕 姚伯麟：《抗战诗史·太平洋抗战诗史》，上海书店出版社2015年版，第258页。

设立两委员会管制日本〔1〕

双重管制更精严，四国①共同兵驻添。
永久消除军阀祸，东西额手一齐瞻。

自注

①四国指中、英、美、苏。

日新宪法成〔2〕

重新宪法已编成，军队永除废战争。
步入和平民主路，日皇从此拥虚名。

五、台湾光复纪实

因甲午战争失败而痛割的宝岛台湾，52 年后又回到了祖国的怀抱。日本军国主义者可以用武力征服台湾，但要征服中华民族的民心是永远做不到的。

姚伯麟曾有诗作记载此事：

台民不忘祖国二首〔3〕

一

收回台岛重欲光，万绪千头挈大纲。

---

〔1〕 姚伯麟：《抗战诗史 · 太平洋抗战诗史》，上海书店出版社 2015 年版，第 311 页。

〔2〕 姚伯麟：《抗战诗史 · 太平洋抗战诗史》，上海书店出版社 2015 年版，第 392 页。

〔3〕 姚伯麟：《抗战诗史 · 太平洋抗战诗史》，上海书店出版社 2015 年版，第 178 页。

年老同胞来议献，治理先图教育昌。

二

台湾沦陷岁月长，全岛人民暗增光。
夜半家庭读国语，心怀祖国未曾忘。

台胞庆祝光复祭告祖宗[1]

一

老至谁知愿不空，受降已见九州同。
国军达到台湾日，家祭焚香告乃翁。

二

虽云祭祖孝思深，究是难忘祖国心。
万户辉煌香烛夜，嗟予感极泪盈襟。

日本驻台总督安藤利吉签字受领第一号命令

〔1〕 姚伯麟：《抗战诗史·太平洋抗战诗史》，上海书店出版社 2015 年版，第 242 页。

台湾光复前后之趣闻[1]

一

师生会聚互咨询，一语能教露至真。

伟大回声同伟大，不忘祖国见精纯。

二

倭人逐去神重临，信仰自由感化深。

五十年间空暴虐，始终未服台民心。

六、日本仍不死心

日本投降后，开始了仰人鼻息的日子，但依然念念不忘昔日的荣光，幻想有朝一日能重做“帝国之梦”。姚伯麟《抗战诗史》有诗曰：

美军占领下日人犹恋帝国梦[2]

东人大梦未全醒，憧憬当年帝国荣。

每见飞机天际现，昂头愤激不胜情。

日本这个民族在二战的废墟上，经过不懈努力而恢复了元气，跻身世界发达国家行列，不能不令人敬佩。作为岛国，一

〔1〕 姚伯麟：《抗战诗史·太平洋抗战诗史》，上海书店出版社2015年版，第286页。

〔2〕 姚伯麟：《抗战诗史·太平洋抗战诗史》，上海书店出版社2015年版，第386页。

直以来，总是觊觎别国的土地，中国的钓鱼岛、太平洋中的冲之鸟礁，他都不放过，甚至中国的南海也妄图插足。就是对过去侵略史、投降史，转眼之间即遗忘，而且矢口否认，真是好了伤疤忘了痛。

二战中被美国炸沉的“出云”舰，日本现在又用以为新舰命名。逐渐复活的日本军国主义，又有将日本再次带上战争道路的危险。

“千年易过，德国的罪孽难消。”〔1〕这是二战结束时德国驻波兰总督汉斯·弗朗克在纽伦堡就刑前的忏悔。此话多么深刻！同是战争罪魁的日本，右翼政客不但不道歉，反而对前首相村山富市的道歉也予以否定。

“凡是忘掉过去的人注定要重蹈覆辙！”〔2〕这是美国思想家桑塔亚那的警告！

〔1〕〔2〕 引自二战美驻德记者威廉·夏伊勒《第三帝国兴亡》卷首语。

二五　回首何殊失怙恃

——痛失琉球与战平壤之诗思

关于甲午战争爆发的直接原因，一般认为，是由于晚清政府出兵干预朝鲜的东学党事件，招来了这场战火。这种看法太过简单、片面。其实甲午战争的真正诱因，二三十年前，甚至半个多世纪前即已产生了。

孔广德于1896年孟冬编定的《普天忠愤集》卷十一的“诗赋门”中的甲午战争诗词，开篇诗先是“前海疆四首”“后海疆六首”。其中“后海疆六首”每首诗标题均以“战”字开头，如“战福州”“战基隆”“战澎湖”等，但作者不详，或是编者本人所作；接着是“海藩五首”，作者李光汉（简介见本书首篇），说的是当时五个小国，如琉球、朝鲜、越南等。

这十五首诗，将甲午战争之前发生的一些战事、纠纷先作交代，也就是说，中日甲午战争不是突然发生，而是有诸多历史渊源。而这些原因当中，1874年（即甲午战争前20年），清政府失去琉球宗主国地位非常关键。李光汉有诗为证：

海藩五首（其一）[1]

流球来脩贡①，执礼若奴婢。
一朝不顾恤，何殊失怙恃②。
他族任取携，弃藩如弃屣。
吁嗟海澨③民，背恩从此始。

【注释】

①脩贡（xiū gòng）：献纳贡品。

②怙恃（hù shì）：依仗，凭借。语出《诗经·蓼莪》，后来用“怙恃”作为父母的代称。

③澨（shì）：指堤岸；海澨，海滨之意。

据《文史知识》2015年第九期王凯伯文《琉球朝贡崩溃的历史分析》介绍：明治维新后，日本国力渐隆，觊觎琉球之贪念也愈加强烈。1871年，琉球宫古岛民的进贡船只在前往中国途中遭遇风暴，一艘幸还，另一艘则漂到台湾，船上60名船员与台湾的高山族人发生冲突，总计有54人被杀，3人被淹死。日本便以此为借口“兴问罪之师”，在和中国的一系列谈判与冲突后，中日签订《北京专条》，赔款白银50万两，把日本出兵称为“原保民义举”，默认琉球人是日本人。日本政府尝到了甜头，1878年4月，悍然决定废琉球设冲绳县。

在此过程中，《北京专条》签订后的第二年，日本派兵进驻琉球，并命令琉球尊奉日本明治年号，不再向清政府入贡。

〔1〕 见《普天忠愤集》卷11《诗赋门》。

眼见形势不妙，琉球国派尚德宏赴福州向清政府告急，呈上求助信，表示日本要“灭数百年藩臣之祀”，琉球上下正是“主忧臣辱”，“生不愿为日本国属人，死不愿为日国厉鬼”，恳请清政府“咸惠于天下”，希望能“速赐拯援之策，立兴问罪之师”，救琉球于水火。但此时正值阿古柏侵扰新疆，清廷无力拯救琉球。面对尚德宏的哭求，清政府犹豫不决之中让日本占了先机，也使日本摸清了清政府的懦弱本性，为侵略朝鲜埋下了种子。李光汉的这首诗就是写的这件事。

李光汉还写了下面这首诗：

海藩五首（其三）[1]

朝鲜箕子裔①，其地近神京。
曷敢②有越志，时时通欵诚③。
朝廷存恤字，捍御常调更。
如何三岛月，分照日俄英④。

【注释】

①“朝鲜箕子裔”句：中国史载，西周灭商后，商朝遗臣箕子到朝鲜半岛与当地土著建立了“箕氏侯国”，韩国有箕子墓。

②曷（hé）敢：岂敢。

③欵诚（kuǎn chéng）：心悦诚服的意思。

④“如何三岛月，分照日俄英”句：作者李光汉自注：“时三国分其三岛……”具体指向不明。本书作者经反复查阅

〔1〕 孔广德：《普天忠愤集》卷十一《诗赋门》，文海出版社 1975 年版。

资料，应该系指：1873 年 9 月，日本单独与朝鲜订立《江华条约》，乘“测量航道”之机，攻占了朝鲜江华岛；1885 年 4 月，大英帝国突然出兵占领了朝鲜巨文岛；为了与英国对抗，俄国宣称，如果英国继续占领巨文岛，俄国也将占领朝鲜的某个地方。它选中了永兴湾，并策划占领对马岛。

尚泰像

在古汉语中，“石之有光者”谓之“琉”，“美玉”谓之“球”。琉球群岛正是一串（36 颗）撒落在太平洋上的美玉。在李光汉看来，清廷对琉球失去“怙恃”，这才招致日本侵略朝鲜之祸。

1879 年 4 月，日本派出一支由 450 名军人和 160 名警察组成的队伍，前去镇压了有 200 年不设军队的琉球“藩王”，并将王室及国王尚泰强行迁到东京。

琉球王室及国王尚泰被日本掳至东京后，其他官员包括长期滞留在福州向清朝求救的使臣并不甘心。1879 年 10 月，三名衣衫褴褛的海外客匍匐来到大清国总理各国事务衙门痛哭不已，情极可怜，他们是琉球耳目官毛精长和琉球国使者林世功、向德宏。这三人历尽千辛万苦前来母邦陈情求援，以求“尽逐日兵出境”。尽管三人痛苦哀号，但母邦无能为力，只能给他们三百两银子作为川资（即盘缠、路费），让他们自行回去。

由于求助无望，琉球国使者林世功在悲愤中自戕，希望以死来呼唤母国的关注。殉国前，林世功留下了一份“以死乞师”的遗书，号乞赐救。林世功生于 1842 年，士族出身，1868 年被琉球国王选拔到北京国子监留学。四年后，学成归国的林世功被任命为国学大师匠等。临终前，林世功留下两首绝命诗：

一

古来忠孝几人全，忧国思家已五年[①]。
一死犹期存社稷，高堂专赖弟兄贤。

【注释】

①已五年：系指 1876 年，琉球国王尚泰因日本逼迫断绝中琉关系，派遣林世功随向德宏赴福州，向清朝求救。1879 年得知日本吞并琉球的消息后，林世功等由福州出发北上京师，直接向清政府请愿哭诉。

二

廿年定省半违亲，自认乾坤一罪人。
老泪忆儿双白发，又闻噩耗更伤神。

林世功将陈情书提交给总理各国事务衙门后，即于当年 11 月 20 日自尽身亡，时年 38 岁。

林世功慷慨就义，让大清朝中官员唏嘘不已，一些人自发组织起来，捐银二百两，将其葬于京郊通州的张家湾。

与林世功同行的使者向德宏之妻，是尚泰王之姐，他曾在天津数次见到李鸿章。

1885 年 7 月，向德宏再次向李鸿章提交请愿书，其中称：“若复任日本横行，彼将谓天朝置敝国于度外，遂生不测之变。

非特数百年国脉从是而斩，其祸更不知者!”“国主得归宗社，亡而复存……上自国主，下至人民，生生世世，感戴皇恩惠德于无既矣!”

请愿书文末，向德宏坚决表示：生不愿为日国属人，死不愿为日国属鬼。但是，由于当时的北洋海军初建，尚未正式成军，这些琉球遗民的泣血陈情最终未能得到清廷官方的响应。对于向德宏，李鸿章私下里评价很高，称其“忠贞坚忍”，较“申包胥有过之而无不及”，“仁贤可敬，孤忠可悯”。但他当时能做的，仅是保护向德宏免被跟踪而来的日本浪人所刺杀。

1891 年，49 岁的向德宏在悲愤交加中客死在福州琉球馆。

对于上述这些事，诗人黄遵宪在《续怀人诗》〔1〕(共 16 首）第十六首写道：

波臣流转哭途穷，犹自低徊说故宫。
中有丹书有金印，蛮花仙蝶粉墙红。①

自注

①向德宏仅一微官（紫巾官），然间关渡海，屡求救援，国亡后誓死不归，或言今犹寓闽中云。王宫有花名胡蝶红，亦德宏所言。

黄遵宪作为清末驻日外交官，在此前即作《流求歌》〔2〕三首，对琉球国与中国的宗藩关系的渊源，以诗的语言作了深

---

〔1〕 黄遵宪：《人境庐诗草笺注》，上海古籍出版社 1981 年版，第 587 页。

〔2〕 宋、元以前所云流求，指今之台湾，而黄遵宪此诗，乃借流求以指琉球群岛之琉球国。见《人境庐诗草笺注》第 323 页《流求歌》注一。

入细致的描写，其中第三首有这样的诗句：

御沟一带水溶溶，流出花枝胡蝶红。
尚有丹书珠殿挂，空将金印紫泥封。
迎恩亭[1]下蕉荫覆，相逢野老吞声哭。
旌麾莫睹汉官仪，簪缨未改秦衣服。
……
几人脱险作逋逃，几次流离呼伯叔。
北辰太远天不闻，东海虽枯国难复。
毡裘大长来调处，空言无施究何补？
只有琉球恤难民，年年上疏劳疆臣。

自注

①据《清一统志》，迎恩亭在那霸港地方，明洪武年间建，离海口三里许，即天使登岸之所。

甲午战争后，梁启超赴日本避难，于光绪二十七年（1901）六月写道：

去年六月间，琉球故王尚泰卒于日本东京，余在新闻纸上见其讣告，书“侯爵尚泰家扶”字样；盖王降后，侯于日本，家扶者，府中长史之称也。余感慨不能自禁，口占一绝云……公度（即黄遵宪）见此诗，其感又当何如！

闻琉球故王尚泰卒于日本东京，口占一绝[1]

千年噩梦汉珠崖①，一夜降王走传车②。
哀绝伊川③披发者④，忍更侯邸问家扶⑤？

原注

①珠崖：郡名。汉置，故治在今海南省琼山区东南。此处以汉置珠崖郡后旋弃喻日本之并吞琉球。《清史稿·属国传》："光绪五年，日本入琉球，灭之。"

②传车：本指传递公事文件的驿车，此处借指尚泰被掳至日本。

③伊川：水名。源出河南省卢氏县熊耳山，东北流经嵩县、洛阳，合洛水而入黄河。此处代指中国。

④披发：披散头发，常指挂冠遁隐。此处有流亡之意。披发者，作者自谓。

⑤忍：怎忍。本句写国亡之痛。

这首诗的意思是：丢掉琉球如同汉置而旋弃珠崖成了千年噩梦，一夜之间尚泰即被日本掳往东京，可怜这位去职故王成了隐者，怎么忍心去看"侯爵尚泰家扶"这位亡国受辱的君主啊！

琉球人自古便汉族打扮，多是中国人的后裔。自明洪武五年（1372）琉球中山王察度遣使来华，正式成为中国的藩属国，保持了500多年的宗藩关系。最突出的例子是明太祖朱元

---

〔1〕 诗、注见汪松涛编注《梁启超诗词全注》，广东高等教育出版社1998年版，第94页。

璋曾派闽人三十六姓进入琉球，带去了生产技术和中华文明。但是，琉球被日本吞并后，日本采取了种族灭绝政策，在中国抗日战争时期，曾发生琉球八百人在战地自杀事件。诗人姚伯麟曾在《抗战诗史》中写下了《琉球兵八百名在战地自杀》三首（见上一篇，此处从略）。

著名军事评论员张召忠少将在他的一篇关于琉球的文章中写道：

> 1945 年 3 月美军发起冲绳战役，以雷霆万钧之力和迅雷不及掩耳之势占领琉球群岛。琉球人原以为迎来曙光和黎明，没想到被推入更加黑暗的魔窟。日本是单一民族的国家，认为“非我族类，其心必异”，大难当头，死生命悬一线的关键时刻，他们决定要把琉球人灭种，让老弱妇孺充当人体盾牌，把他们赶到最前线，从背后用机枪扫射致其大规模死亡，就这样数万人被赶尽杀绝。日本兵强迫民众跳崖自杀，逐村逐岛逐户清理，灭门灭族不留活口并销毁证据。到底死了多少人谁也说不清楚，1995 年日本政府在冲绳设立了一个和平纪念碑，上面刻有 9．4 万个战死者姓名，希望借此安抚当地民众。没想到，到 2002 年，纪念碑上就铭刻了 24 万人的姓名。

1955 年 8 月，赵朴初访问日本，飞机飞过琉球时，他写道：

星槎吾祖昔曾游，试卷惊涛浩荡秋。
百五十年无限事，飞鸿一瞬过琉球。

“百五十年无限事”，是指琉球之事无疑。但“百五十年”和“无限事”，大概是指清军入关不久，琉球国王尚贤就派遣使者金应元前来请求册封。由于琉球使者没有携带明朝政府的册封印信，因而请封未成。后尚贤去世，于是改由其弟尚质继续上表请封。顺治十一年（1654），琉球国王被清顺治帝册封为琉球国中山王。康熙元年，又改封琉球国王。此后百余年，琉球不断遣使进贡，历任琉球新王即位后都要遣使请封，从未间断。直到前面提到的 1874 年琉球的丢失。对此，赵朴初 1955 年访日飞过琉球，有感而发。“百五十年”只是个约数，“无限事”是指期间所有发生的事。

总之，强占琉球，让日本尝到了甜头，随即入侵中国另一个藩属国朝鲜，进而侵略台湾，染指钓鱼岛。

琉球被日本吞并后，清政府曾三番五次地请求与日本谈判，但都遭到拒绝。清政府只好退而求其次，“延宕搁置”。1895 年签署《马关条约》后，连台湾都割让给了日本，清政府就更没有心思去管琉球归属之事了。

直至抗日战争后期，1943 年 11 月开罗会议召开时，日本侵略者已成强弩之末，美国总统罗斯福提出日本投降后，将东北、台湾、澎湖列岛交给中国，琉球也交给中国管辖。蒋介石称收复其他失地就心满意足了，唯琉球不能要，希望中美共管或国际托管。罗斯福很不理解，两天后再次约谈蒋介石，并指出中国收复台湾如果丢掉琉球，台湾也不安全，但蒋介石仍然是那四个字：坚决不要。1972 年美国把军管了 27 年的冲绳私相授受，移交给日本，琉球再次与中国失之交臂。

历史上的事，只能用历史的眼光看。清朝的李鸿章也好，民国的蒋介石也好，他们放弃琉球，都不是存心“卖国”，因当时国家没有那个能力，管不了那么多——或者说还缺乏海权意识和战略眼光。历史就是这样的无情与遗憾。

2013 年 5 月，有中国社会科学院学者在《人民日报》上刊文指出，按照法律，不仅钓鱼岛属于中国，琉球的地位也可再议。这篇文章刺中了日本的痛处，日本政界要人纷纷向中国表达抗议。但《冲绳时报》5 月 10 日指出，日本“用武力吞并冲绳（琉球），强制合并的历史却是事实”。

2016 年清明节期间，福建省有一处与琉球有关的古墓被盗，墓地的主人叫赵新。

在中国和琉球交往的五百多年间，中国派出册封琉球的使团共计 25 次，这些册封使团的人数众多，少则二三百人，多则 700 余人。而航海日期少则数日，多则近一个月。

赵新（1809—1876），字又铭，福建侯官人，咸丰二年进士，清代最后一任册封琉球国的正使，著有《续琉球国志略》等书。记载仅此而已。

赵新的墓建造于 1879 年，去世后被安葬在福州市仓山区建新镇劳光村。墓有 58 圹，葬其本人和他的梁、叶两任夫人及儿子儿媳。赵新的后人赵学坚扫墓时，发现坟墓被盗。盗墓贼除了将死者遗骸翻出之外，还将刻有墓志铭的墓碑打碎！墓上方树上挂的“第三次全国文物普查登记不可移动文物”的木牌也没了，墓顶上方五六米外的大大的“福”字红漆石碑更是不见踪影。

这让考古专家非常痛惜！正是这块墓碑记载了赵新生平，对历史文化有着重要的价值和意义。该地文物部门正想办法尽快修复。

琉球地位未定，我们永远不能淡忘！

就在修改这篇文章时，中国社会科学院学者冯钺再次发声：

> 琉球本为独立之国，长期与中国有宗属关系，于19世纪末被日本强行占领。二战中及以后的相关公告、宣言和文件等都强调日本应退出这些强占的地方。

接着，冯钺引用《波茨坦公告》等有关文件，用历史和法理事实予以阐述。文章接着说：

> 曾有人认为中华人民共和国政府1972年与日本恢复邦交，就等于承认了日本对琉球的占领。但当时《中日联合声明》第三条的内容非常明确："日本国政府充分理解和尊重中国政府的这一立场，并坚决遵循第八条的立场。"但从现实来看，日本并未如声明中所说坚持并遵循《波茨坦公告》第八条的立场。〔1〕

这就是问题的症结所在。国家振兴，人民振奋，维护国家海权利益大有希望！

---

〔1〕 冯钺：《日本琉球申遗的潜台词》，《环球时报》2016年11月16日第15版。

二六　铁火炼成日本胆

——伊藤博文甲午战争诗述评（一）

伊藤博文像

伊藤博文（1841—1909），日本长州（今山口县西北部）人。德川幕府末期长州藩士出身。幼名利助，字俊辅，号春亩，后改名博文。日本近代政治家，日本第一个内阁首相，第一个枢密院议长，第一个贵族院院长，明治宪法之父，立宪政友会的创始人，四次组阁，任期长达七年，任内发动了中日甲午战争，使日本登上了东亚头号强国的地位。他的功绩是建立了一种有生命力的立宪制度，使日本人能够有秩序地进行政治和平演变，在此种变化中，民众得到日益扩大的参政机会。1909 年 10 月，伊藤博文在哈尔滨遭朝鲜爱国义士安重根刺杀身亡。

一、从“海陆大捷歌”说起

本书样稿印出后，正赶上 2017 年春节。利用这一空闲，我在网上浏览寻觅，偶然发现在 2014 年甲午战争 120 周年的纪念活动中，中国甲午战争博物院曾赴香港参展，展出了日本胜海舟“吊丁汝昌”诗和伊藤博文“海陆大捷歌”两件条幅藏品。关于胜海舟“吊丁汝昌”诗前文已经提及，而伊藤博文《海陆大捷歌》是第一次耳闻，这引起我极大兴趣。

中国甲午战争博物院王记华副院长赴港参展，当时我知道这件事，但具体参展内容却一概不知。春节假期刚过，上班的第一天下午，我即到王记华副院长处打听，他说，2013 年我院收藏了网上说的那两幅作品，并于 2014 年 9 月参加了香港《甲午：争与战》展出。随后，他将《海陆大捷歌》条幅照片传到我的邮箱。

伊藤博文这幅作品的文字内容如下：

猛狮瞋目久忍饥，悍鹫张翼暗朵颐。
铁火铸成日本胆，我武我文扬国威。

海陆大捷歌　春亩山人

反复品读这首诗，心灵颇为震撼！这幅作品不但笔力遒劲、狂放，且文字犀利，锋芒毕露，颇有枭雄强悍之气势、狂魔残暴之口吻，极为形象地吐露出日本当年发动甲午战争的原因与贼胆，将其战争底气的由来说了个清楚明白：日本这个国家，生性就像雄狮、秃鹫一样，总是饥肠辘辘地在周边寻找“猎物”，图谋将其攫为己有、大快朵颐。说这幅书法作品即伊藤博文发动甲午战争的心路历程，丝毫不为过。

于是，我在网络上搜出伊藤博文的墨迹，请书法爱好者一同两相比较，觉得字体笔锋颇为近似。我决心继续查证，想法找到这首诗的来源，以便作进一步判断、解析。

通过在网络上苦苦搜寻，终于，一部日本旧版《春亩公诗文录》跳入眼帘，尽管价格不菲，我也毫不犹豫地下单购买。三四天后，这部书摆到了眼前。此书原函原装大开本，二厚册全，美浓纸手抄印刷。该书由中田敬义、小松绿纂订，九十一叟田中光显撰序，滑川达书（抄写），时间为昭和癸酉年（1933）三月。

打开书看，上册全部为诗，下册为文。我对上册粗略浏览两遍，没有发现“海陆大捷歌”这首诗，这让我颇感遗憾。但定下神来逐篇细检，终于在下面这首诗中发现了踪迹：

征清歌〔1〕

大风吹起渤海浪，朝鲜八道战尘飏。
可怜小邦苦外侵，千里山河无城障。
日东天子爱苍生，直发三军进大旌。
君不见海洋岛外沉敌舰，又不闻平壤城头鏖万兵。
沈阳胡族彼何为，敢逞鸱张抗王师。
早应燕京树降幡，长使东洋致缉熙。①
狮舌雒鞯②久苦饥，鹫目眈眈暗窥机。
割断大事铁与火，我武我文扬国威。

〔1〕 伊藤博文：《春亩公诗文录》上册，第30页。

【注释】

①缉熙：光明。

②譚耼（tán tán）：吐舌貌。

这首诗把当年的日本帝国描写成“爱苍生”的觅食者，诉说他们的“可怜”和“苦”。“可怜小邦苦外侵”，给侵略找了一条似乎合理的缘由。接着就凶相毕露地称中华大地为“胡族”，将侵略者自己称之为“王师”，甚至喝令赶快投降，由东洋为中华大地带来“缉熙”（光明）；后面四句是一个形象的总括：当年日本就像猛狮悍鹫一样窥视多时，终于经过铁与火的洗礼，运用文武之道，获得“征清”胜利，张扬了国威。

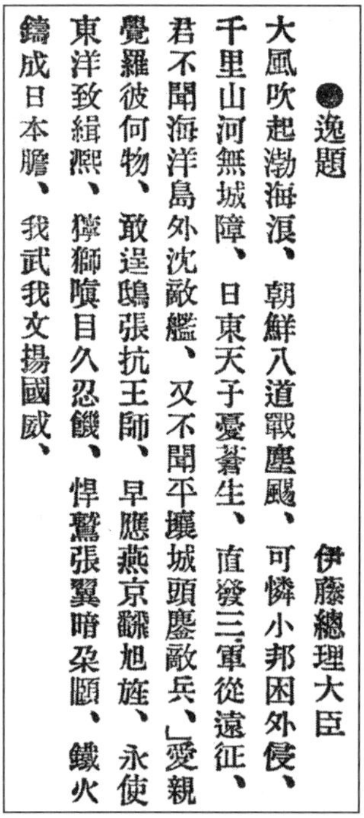
●逸題　　伊藤總理大臣

大風吹起渤海浪、朝鮮八道戰塵颺、可憐小邦困外侵、千里山河無城障、日東天子憂蒼生、直發三軍從遠征、君不聞海洋島外沈敵艦、又不聞平壤城頭鏖敵兵、」愛親覺羅彼何物、敢逞鴟張抗王師、早應燕京翻旭旌、永使東洋致緝熙、獰獅瞋目久忍饑、悍鷲張翼暗朶頤、鐵火鑄成日本膽、我武我文揚國威、

《逸题》诗

（《征清歌》原作）

杀人犯也有理由，但有理由不等于合理；合理也不能杀人，因为杀人是犯罪。同理，“苦外侵”有理由，有理由难道合乎国际公理？同时，侵略战争是犯有战争罪的，战争罪岂能饶恕？这就清楚地看出当年日本侵略朝鲜、中国的理由是何等可笑和站不住脚！

经查证，伊藤博文的《征清歌》最先发表于日本报刊，明治二十七年（1894）十月编入《日清战争实记》第七编第76页《文苑》栏目，题目是“逸题·伊藤总理大臣”，诗的字句与1933年出版的“诗文录”有34字不同（见上文《征清歌》着重号，其中“＝”号为字同位置不同），这可能是最先版本，粗糙而露骨，如第九句为“爱亲（新）觉罗彼何物”，显其对大清帝王的极度轻蔑。最后四句28字中有27字与《海陆大捷歌》完全相同，仅首字为“狞”，“狞狮”即“猛狮”也！这就可以断定，《海陆大捷歌》系据此而书，其中第一字可能是手书时临时改动，使与“悍鹫”对仗更工。经书法爱好者初步鉴定，条幅字体，尤其署名，与伊藤博文惯用笔迹相像。因此，该条幅为伊氏手书，亦可基本判定。

后来，伊藤博文对《逸题》诗进行修改，更名为《征清歌》，大概是他自己也觉得原诗写得太过张狂，需要作些修饰与掩盖，修改稿刊载于《日清交战录》第十二号第40页，文字与“诗文录”完全一致。

尽管诗可以修改，但是，历史事实是无法修改和掩饰的。下面这一史实，便是最好的佐证：

1895年4月15日，李鸿章在马关跟伊藤博文进行最后一轮谈判，伊藤博文已经从情报部门获得清政府给李鸿章的电报内容，知道无论什么条件，李鸿章都会答应。面对这个身体极度虚弱、枪伤未愈的72岁老“朋友”，伊藤博文的冷酷与无耻原形毕露。以占领台湾的日期为例，伊藤博文要求一个月内交割，李鸿章认为“一个月之限过促”，要求展限两月，并云“贵国何必急急？台湾已是口中之物”，伊藤博文回答道：“尚未下咽，甚饥。”〔1〕

二人以上对话，充分暴露了日本军国主义凶残贪婪的本

〔1〕 徐平主编：《中日甲午战争人物志》，金城出版社2014年版，第138～139页。

性，真是诗如其人，人如其诗啊！

二、日本发动甲午战争的“操盘手”

伊藤博文在日本四次拜相，任期长达七年，任内发动了中日甲午战争，使日本登上了东亚头号强国的地位。

伊藤博文诗集中另有八首诗，每首均从一个侧面再现其在甲午战争中的策略与战争进程：

自清国归朝有作

解纷不用干戈力，谈笑之间又缔盟。
万里归舟风浪静，载将春色入京城。

伊藤博文与李鸿章互相戏称为“朋友”，始于伊藤博文1885年4月赴天津与李鸿章签订《中日天津会议专条》（又称《朝鲜撤兵条约》）之时。这个条约有如下内容：“中日同时从朝鲜撤兵，将来朝鲜国若有变乱重大事件，中日两国或一国要派兵，应先互行文知照。”此条款让日本狡诈地寻到了一个出兵朝鲜的理由，后来日本就是利用此条款的漏洞，发动了中日甲午战争。诗中“谈笑之间又缔盟”说的就是这件事。

奉命巡视琉球

六只艨艟旗色雄，鹏程万里驾长风。
谁知军国边防策，辛苦经营方寸中。

前文已述，甲午战争自1874年日本吞并琉球即已萌芽，这首诗是伊藤博文奉命巡视琉球时的情形。他的侵略野心也随之逐步膨胀、发酵！

甲午七月作

八道风云未起尘，岂无醉梦到天津。

知君豪放平生志，应有雄图惊鬼神。

闻牙山战报

铁岭风云定奈何，天兵今日卷旗过。

从军谁记当年事，鬼将遗踪到处多。

以上二首，作于甲午战争向前推进之时，有时间、有地点，可以参照。他将自己的侵略行径美化为“天兵”，并将侵略矛头直指天津。不以侵略为耻，反以侵略为荣，这就是侵略者的可悲与可怕！

甲午十一月廿一日广岛春和园雅集分韵得山[1]占一诗以示众宾

文坛诸将发斑斑，把酒推敲谈笑间。

笔阵千军横扫处，王师已报定天山。

【注释】

①雅集分韵：是诗人聚会作诗的一种游戏。得山，即分得“山”字韵，故有“王师已报定天山”句。

这首诗应该是在甲午战争黄海大战日本取得胜利，并趁势侵犯大清辽东半岛、攻占旅顺之时，他与朋友作诗庆贺，足见

日军旅顺大屠杀场面（日本随军记者龟井兹明摄）

其骄横跋扈之狂妄情态。

书　感

干戈岁月两推移，春雨秋风羽檄驰。
北伐班师机未熟，南航制海计何奇。
挫强局势虽辽远，字小皇谟在缉熙。
愧我叨参军国政，都俞无策献丹墀。

乙未四月作

长风万里送人归，订约犹看羽檄飞。
遮眼云烟果何兆，个中消息是天机。

失　题

逐鹿中原彼一时，海南游猎策何奇？

春帆载笔归来日，经国文章上玉墀。

以上三首，写于甲午战争取得决定性胜利和马关议和之时。《书感》一首，说的是现在班师时机还未成熟，应该以“北伐”“挫强”来掩护日军进攻台湾，形成犄角之势。《乙未四月作》很明确地道出他看到了好兆头，即他已经破译了密码，掌握了“天机”，已有胜算。《失题》一首是写马关议和结束，其“壮举”被载入历史，献给天皇。伊藤博文的谋划、策略、胆量用诗的语言表现得淋漓尽致，不愧为发动侵略战争的“操盘手”！

三、巡视台湾踌躇满志

伊藤博文诗集中有他巡视台湾“新领土”的诗作载入。

关于伊藤博文巡视台湾的时间，下面第一首诗明确说是丙申年，即1896年。据台湾2016年4月主办的《新竹清华文物展透视日本殖民台湾》报道，也可确认伊藤博文巡视台湾是明治二十九年（1896）。

巡视台湾这块“新领土”，是伊藤博文早已梦寐以求之事。因此，他踌躇满志，心情大好，一路赋诗挥毫，除已知书有两件条幅（不算《海陆大捷歌》）外，另有六首诗载入《春亩公诗文录》。这些诗无须解释，照录如下：

丙申岁将赴台湾有作

战后烽烟迹欲无，百年长计在皇谟。

节旌衔命辞天阙，去见海南新版图。

赴台湾舟中作

鸣皋时欲脱鸡群，万里风涛共鹤闻。
物外何缘忘境遇，世间有路出尘氛。
晴光忽动南洋浪，孤影尚留东海云。
行视台湾新领土，普覃皇化好敷文。

台北旅馆喜雨

夏山带雨半天云，忽见惊雷拂瘴氛。
一阵清风来坐上，满楼无客不欣欣。

题台北城壁

同仁一视没阴晴，须以斯心策治平。
满堂唱和乾坤动，日本天皇万岁声。

台湾巡视中作（二首）

一

即是神州南海关，节旌今日入台湾。
一条铁路穿山出，万顷秋田傍岸环。
铁树花开荆棘里，水牛背露涧流间。
途逢父老询新政，只愿皇恩及岛蛮。

二

际会风云从六龙，宣敷皇化纳蛮宾。
百年草木霑新泽，千里车书脱旧封。
淡水东流入蓬岛，玉山北向揖莲峰。

郑家[1]遗迹今何在？只见古坟没野榕。

【注释】

①郑家：指郑成功。

这六首诗的前四首，道出了他巡视台湾一路春风得意的情景，是他“侵略有功”的自我表白，并以“拯救”台湾的“解放者”自居。

最后这两首诗表明日本要永久霸占台湾，并进一步显示出他的贪欲与无耻！其中的第二首，据新竹清华文物展标明：“中日甲午战争的伊藤博文巡视台湾时留下的楷书条幅，伊藤看到殖民台湾成果，写下‘百年草木霑新泽’等文字，意味草木都受恩泽的得意之语，得意皇民化。”这是伊藤博文对台湾皇民化的极力推崇。条幅上的文字，与《春亩公诗文录》所载诗文完全一致。

从以上这些情况可以进一步证明：伊藤博文不但是“铁火铸成日本胆”的战争狂人，还将日寇“侵略有理，殖民无罪”的强盗逻辑和“弱肉强食”的血腥兽欲描绘到极致！

二七　成败由来疾似风

——伊藤博文甲午战争诗述评（二）

从伊藤博文年表中知道，他1885年44岁时出任日本首届总理大臣兼宫内大臣；1888年47岁时辞去总理大臣职务，改任枢密院议长；1892年51岁时再次就任总理大臣；1898年57岁时又再次组阁出任首相；1906年2月65岁时前往朝鲜任首届统监，实际上是朝鲜的太上皇。

伊藤博文就任的统监一职，是日本强迫大韩帝国（傀儡政权）于1905年签订“乙巳保护条约”获得其外交权后，于汉城（今首尔）设立的一个官署，是日韩合并之前日本在朝鲜的殖民统治机构。1910年8月22日日韩合并后，朝鲜统监府改为朝鲜总督府，继续对朝鲜进行殖民统治。

发动甲午战争侵占朝鲜是伊藤博文干的，谋划朝鲜与日本合并也是他干的，去朝鲜担任太上皇还是他，以至于他多次赴朝。

一、到访朝鲜赋诗作秀

从以下所选伊藤博文赴朝鲜九首诗看，本来他是侵略者，可其诗却多为“忧国忧民”的作秀，这就要从殖民主义者对殖民地小恩小惠这个角度来加以认识。

奉命将赴朝鲜

日月照临环宇中，阴晴虽异四时同。
只看人事难穷测，成败由来疾似风。

这是伊藤博文最早一次赴朝鲜的诗作。从诗的内容看，应当是日本取得甲午战争朝鲜战场胜利之后而作，其中“成败由来疾似风”是最好的注脚。日清两军对垒，胜败是瞬间发生的事情，如果不是一场暴雨，或者如果清军的将领不是叶志超，也许战争态势是另外一个样子。伊藤的得意即在于此。

入朝杂诗

韩城风色转荒凉，战后山河经十霜。
烽火急传黄海上，天兵再度向辽阳。

时事偶感

空前大敌迫西邻，猛政临民如暴秦。
韩满山河埋万骨，溅将热血报天人。

“烽火急传黄海上，天兵再度向辽阳”和“空前大敌迫西

受日军雇佣的朝鲜苦力

邻”都说明战事正在向黄海和清国之辽东半岛发展。那么，人们不禁要问：“韩满山河埋万骨”是谁造成的呢？难道不是日本发动战争造成的吗？可是伊藤博文不这么看，因为“猛政临民如暴秦”，是“暴政”引起来的，我们日本是解救者。这无疑是侵略者的狡辩。

赴韩国作

治乱谁言有两途，修文讲武是良谟。
胸中所画无佗策，欲使韩山草木苏。

自韩国归

老去何辞济万艰，新盟系得两邦间。
芙蓉一别三旬日，迎我天边开笑颜。

以上二首，从诗中内容可以看出，甲午战争已经结束，诗中讲“治乱”，说“修文讲武是良谟”“欲使韩山草木苏”了。“新盟系得两邦间”，朝鲜果真成了日本的殖民地，这不正是伊藤博文梦寐以求的吗？他当然要对他的“顺民”假惺惺地施以呵护了！

汉江所见

寒烟十里没平原，暮色荒凉处处村。
汉水欲枯秋亦老，沙光雁影月黄昏。

京釜铁道车中作

山河满目未回春，野景还添别恨新。
家似卧牛人似鹭，白衣茅屋可怜民。

以上两首，是又一次赴韩之作，从诗中可以看出，朝鲜人民正陷入战后苦难之中。难道是当地人民本来就这么苦吗？是战争造成的啊！可是，作为征服者的战争狂魔，他认识不到这一点，反而认为弱肉强食是天然合理的。试问他的“别恨”何来？难道是“暴民”不争气吗？

绝　句

三军英烈皆韩白，八座忠良谁杜房。
拨乱伟勋须永记，守成功业未全彰。

韩城杂吟

秋天一碧绝纤尘，北岳南峰护紫宸。

战后山河成败迹，生民休戚属何人？

这两首诗，前一首是吊亡日军“英烈”，说什么“拨乱伟勋须永记”；后一首说“生民休戚属何人”，也都了无反悔与新意，仍然是他的“侵略有理”这种歪曲理念、错误认识的再现而已！

二、以邻为壑，命丧哈尔滨

伊藤博文与李鸿章曾有三次会晤，相互以朋友相称，是在其三次担任总理大臣或首相期间。李鸿章在经历了第一次1885年4月天津会谈和第二次1895年4月马关议和两次重挫之后，真正看清了伊藤博文这位近邻“朋友”的狰狞面目。1898年6月30日，第三届伊藤内阁解体。8月11日，伊藤宣布访华，目的是实地了解中国情况，并试探联合“对俄之可能”，对外则表示“中国已陷于绝境，将促使中国觉醒”。1898年9月，伊藤博文漫游中国，与李鸿章在北京第三次见面，仍玩弄所谓“满韩交换”的把戏：即以俄国承认日本对朝鲜的占领，来换取日本对俄国占领满洲的承认。因李鸿章认识到伊藤博文的虚伪，明白了他“以邻为壑”、以友为敌的本质，提前与俄国签订了《中俄密约》，使其图谋未能如愿。这就是李鸿章“老来失计亲豺虎”的因由，实际上，人们可能又一次误会了李鸿章。

最后一次赴中国，即伊藤博文68岁时的中国满洲之行。“他此时决意去‘满洲’旅行似乎没有特殊的理由和目的”〔1〕，

〔1〕 久米正雄著，林其模译：《伊藤博文时代》，团结出版社2007年版，第289页。

但从他沿途所做的最后七首诗来看，伊藤博文的目的很明确，他到满洲，是为了吊念、祭奠甲午战争、日俄战争的亡灵而来：

乙酉十月将赴满洲启行作

秋晚辞家上远程，车窗谈尽听虫声。
明朝渤海波千尺，欲吊忠魂是此行。

以下五首诗是他悼念活动的具体行程记录，无须一一解释：

搭铁岭丸入黄海时神尝祭①日

匆匆南北东西客，裘葛一年更几回。
万里壮游黄海上，神尝祭日共倾杯。

【注释】

①神尝祭：日本的三大祭祀活动之一，是把收获的新稻让日本“天照大神”品尝的“迎新节”，意在庆祝秋收，感谢自然的恩惠。

旅　顺

渤海湾头新战场，两军忠骨土犹香。
恩仇本是非私怨，追吊当年转断肠。

侵略者的尸骨是“忠骨”，其土至今“犹香”。这就是伊藤博文的特殊思维方式。

二百三高地

久闻二百三高地，一万八千埋骨山。
今日登临无限感，空看岭上白云还。

二龙山

望台塞下二龙山，历历战图眉睫间。
残壁犹存攻守迹，血痕和土土斑斑。

露国[①]忠魂碑

丘冢垒垒不记名，生灵几万作牺牲。
堪怜今古虫沙恨，手荐寒花泪自横。

【注释】

①露国：是日本对俄国的称谓。露国，即露西亚联邦。但这一称谓另有深意：日本是日出之国，俄国是露水之国。露水见不得太阳，见了太阳便消亡。日俄战争被称为“日露战争”，即“太阳与露水的战争”。由此，日本战胜俄国的国家意志和扩张意图便显而易见，呼之欲出了。

伊藤博文为何要凭吊俄国“忠魂碑”？无非是惺惺相惜。他考虑过给中国人民、朝鲜人民带来深重战争灾难了吗？显然没有！

十月二十五日发奉天赴哈尔滨汽车中作

万里平原南满洲，风光阔远一天秋。

当年战迹留余愤，更使行人牵暗仇。

请看伊藤博文这首“绝命”诗，明明是日本侵略中国，并在中国土地上发动日俄战争，可伊藤博文却丝毫没有悔意，反而“留余愤”“牵暗仇”。这显然是他一贯坚持的“侵略有理，扩张无罪”“弱肉强食，天然合理”的战争逻辑！

然而他并没有意识到自己的死期到了。1909 年 10 月 26 日上午 9 时 30 分，韩国人安重根以义兵参谋中将的身份，为维护“东洋和平”和“韩国独立”，在“中东铁路”哈尔滨火车站举枪怒射“大日本帝国”的“元勋”枢密院议长伊藤博文……30 分钟后，伊藤博文在列车内一命呜呼。

鄙人曾有诗仿昔人《海陆大捷歌》奉送之：

嘲伊藤博文

悍鹰秃鹫会投机，觅肉征清性难移。
坐大痴心贼有胆，魂丧哈市命归西。

安重根为什么要刺杀伊藤博文？在对其近 5 个月的审讯及公审中，安重根始终斥责伊藤博文是破坏“东洋的和平”的罪魁祸首，背信弃义，挑拨离间，致使东亚兄弟自相残杀，并理直气壮地列举了伊藤博文所犯下的“15 条罪状”。安重根的大义凛然和义正词严的论述，使得日本关东

安重根像

韩国首尔安重根义士题词碑

都督府旅顺监狱、法院及涉及案件调查的日本人也为之折服。

安重根的义举影响久远。梁启超于当年十月作《秋风断藤曲》对其颂扬有加。

周恩来总理说："中日甲午战争后，中韩人民对日本帝国主义侵略的斗争，是在本世纪初，安重根在哈尔滨刺杀伊藤博文开始的。"〔1〕

为什么当今日本右翼分子如此热衷于侵略、扩张，痴迷于挑事、玩火，对世界公认的二战之罪顽固不化地死不认账？为什么他们那样虔诚地、争先恐后地参拜供奉有二战甲级战犯的靖国神社？这些，从伊藤博文身上都可以找到答案。

这似乎让我们找到了当今的中日关系陷入困境的根本原因，也即今日研究《春亩公诗文录》的意义之所在。

日本右翼继承了伊藤博文的衣钵，这些邪恶理念，无疑是日本这个民族的致命毒药！借伊藤博文的诗句"成败由来疾似风"言之，日本右翼闹得越欢，灭亡得越快，二战就是一个例子。让历史作证吧！

〔1〕 中野泰雄：《安重根为何刺杀伊藤博文》封底语，黑龙江人民出版社 1999 年版。

二八 甲午悲风滚雷霆

——日本靖国神社门前石狮怨

2015 年，我与人民日报前国际部副主任（正局级待遇）驻东京特派记者、首席记者长达十一年之久的孙东民先生有一段关于甲午战争诗的交流。

当时，我正在为试编《甲午战争诗词别裁集》收集资料，读到了孙东民先生 2015 年 6 月发表的一篇文章，发现文章最后有一首七言绝句诗，我很欣赏，准备录用。于是，我便与孙先生取得了联系。

孙先生这篇题为《难忘靖国神社前那对中国石狮》[1] 的文章写道：

笔者知道这一对石狮的存在，是在 2005 年的深秋，

---

〔1〕 孙东民先生这篇文章收入北京中日新闻事业促进会编著、人民日报出版社 2016 年 5 月出版的《风雨东京路》一书，题目更名为《石狮怨》。本书主编即孙东民先生。

日本靖国神社门前的中国石狮

即将结束多年驻日生活的时候。我翻阅有关史料时得知，这一对石狮是在中日甲午战争时，被日军从辽宁海城的寺院里掠夺的。

日本作家兼“狛犬”研究家铎木能光曾于2005年6月撰文，备述这对石狮如何运到靖国神社的经纬。他引用靖国神社发行的《靖国神社百年史资料编》史料说，1895年2月前后，日军攻占海城，把城内的“三学寺”充做野战医院，发现了寺里的石狮。

三学寺之“三学”，乃指佛学的戒学（戒律）、定学（禅定）、慧学（智慧）。相传三学寺初建于唐代，“规模宏敞、殿宇轩昂”。其寺在宋、辽以后多次被毁，明、清朝代又多次重建。光绪十年（1884）又一次重修，是海城最有名的寺院。

日本明治年间发行的《新撰东京名所图绘》记载，石狮是在“二十七八年之役（1894—1895）在辽东捕获”。为此，当时“军中役夫组成狮子搬运组，打造坚车

今日三学寺

分运。其车后来分纳于诸社寺作纪念，有一辆藏于上野的大师堂”。掠夺者非但毫无罪恶感，还堂而皇之地说成是“捕获”的，这不是很滑稽吗？

这3只中国石狮子在1896年运到日本，先是送到皇宫，明治天皇玩赏一番之后，将一对白石狮给了靖国神社。雄狮底座上刻着“大清光绪二年（1876）闰五月初六日敬立”，雌狮底座上刻着“直隶保定府深州城东北得朝村弟子李永成敬献石狮一对”。刻文证实，这对石狮是一个名叫李永成的佛家弟子奉纳给三学寺的。

可悲的是，当年为祈求吉祥平安奉献石狮的信徒李永成绝不会想到，他献给寺院的石狮竟在20年后漂洋过海，被放到靖国神社。如果石狮有灵，定会为蹲踞在靖国神社大门前，蒙受百年羞辱而黯然神伤。

孙先生在文章最后深情地赋诗一首：

甲午悲风滚雷霆，百年恩怨饭夹生。
时人不察石狮怨，争看鸟渊[1]飘落樱。

自注

①“鸟渊”指千鸟渊，日本皇宫的护城河之一，东京著名赏樱胜地，旁有二战战殁者墓苑。

孙先生这首诗，非常准确地说出这对石狮的遭际：明明是日本在甲午战争中将属于中国的石狮掠夺偷运到日本的，日本却让这对象征着“平安、吉祥”的文物，去“看护”“伴陪”发动甲午战争的罪魁和此后侵华战争的甲级战犯，为他们守灵；同时，又让前去参拜的右翼狂徒体味当年“捕获”这对石狮的“窃胜窃喜”。同时也说明，对这件本属民族尊严的大事，我们竟然不知道，或知道也未引起重视，更没有提出抗议和要求归还！

这是为什么呢？孙先生的诗句“百年恩怨饭夹生”道出了其中的缘故。二战以来，以美国为首，包括中国在内的战胜国，在处理中日之间的历史问题上，仓促草率，把好米做成了“夹生饭”。对日本的战争罪行，既没有进行彻底清算，也没有对其所强占的别国领土如琉球、钓鱼岛等，依照《开罗宣言》和《波茨坦公告》的条款，进行恰当的处置。中国当时由于国力有限，或者是内战的延宕等原因，使得日本右翼势力和某些当权者，没有从根本上接受教训和彻底反省，其“永不再战”的承诺，也只是停留在口头上。时过境迁，其侵略野心再度膨胀，悼亡的邪欲死灰复燃，昔日被国际法庭判处“绞刑”的战争罪犯，反倒成了“英雄”被供奉在靖国神社，堂而皇之地接受信徒顶礼膜拜，还掳去一对中国石狮，充当军国阴魂魔窟的“门神”和殉葬品，这是何等的讽刺与屈辱啊！

孙先生的这篇文章还写道：

> 日本的网上有文章说：“在日本首相参拜靖国神社，无谓地刺激亚洲邻国的当下，把这对中国狮子返还原来的寺院……也是‘外交政策’的一个选项，但却谁都不说。”这使我想到在2005年发生的一件事：靖国神社内有一块“北关大捷碑”。16世纪末，丰臣秀吉为征服中国向朝鲜提出“借道入明”，后派大军入侵，当地义民奋起抵抗，击退日军。朝鲜在咸镜北道（北关）立碑记事。1905年，日军作为“战利品”把碑运到日本，放到靖国神社。1970年此碑被韩国人发现后，韩国强烈要求归还。经过交涉，2005年10月，日本作为“历史文化财产”交还韩国，2006年3月由韩国转交给朝鲜，“北关大捷碑”终于百年后回归。

其实日本人自己，对这类历史问题尤为敏感。2017年1月，韩国在釜山日本总领事馆前设置象征受害慰安妇的少女像，让日本政界如芒刺在背，竟不惜动用外交手段，做出临时召回驻韩大使及驻釜山总领事等决定，以示抗议，由此而演化成外交争端。

值此，步孙先生之韵乃成诗一首：

石狮怨

无语雄狮怨泪倾，何来伴鬼听妖声？
春雷迎我回家去，化作精灵奋剑缨。

这对中国石狮啊，你们经历风雨沧桑，受尽了屈辱，在不属于你们的地方蹲踞太久，早该回家了！

我与孙东民先生取得联系，是想将他那首七绝编入《甲午战争诗词别裁集》，孙先生欣然应允。现“别裁集”演变成了“诗话”，于是便有这篇文章问世。

与孙先生联系时，他正在日本，为中国记者驻日五十周年活动组稿，几经交流，他又将自己的新作《中国驻日记者歌》六首发给我，其中第六首如下：

愿　景

手把汗青为镜鉴，面朝来日共相赢。
襟怀开启强国梦，信果争得弱水同。
不让浮云遮望眼，愿托皓月照征程。
放翁回看扶桑路，喜见英才步履轻。

是的，孙先生在关于这对石狮的文章中曾这样写道：

笔者之所以披露这一史实，自然无意煽动仇恨，而是希望有个说法，有好的结局。

孙先生的这首七律，与文中的想法是一致的，这就是“超越恩怨，开创未来”！

不过，作为中国曾经长住日本的资深记者，他是了解日本这个民族和社会的。孙先生又说：

> 日本的右翼势力把靖国神社视为“日本价值观的心脏”，对“修复日本人的价值观起着决定性作用”（中西辉政语）。正直的学者则一语道破“靖国神社是显彰战死者，使新的战争动员成为可能的装置”。把战死者作为“英灵”祭祀，“是把‘战死的悲’转化为‘名誉的死’，把不幸变为幸福的‘感情炼金术’，许多人被国家政策愚弄却浑然不觉”（高桥哲哉语）。从战后至今70年间，左与右、进步与保守、荣誉与耻辱、现实与宗教、政客与旧军人的表演，以及日本社会争论的话题，都在这里得到反映。

这就是日本右翼一再顽固坚持“参拜靖国神社”，使之成为中日关系解不开“死结”的原因所在。

但是，侵略战争是必须诅咒的，真理是不可战胜的，和平是需要维护的。惨遭战争劫难的石狮们，日日盼归期，归期定可待！

上面这几句话，并非空喊口号。韩、朝讨回“北关大捷碑”的经验值得借鉴：20世纪70年代，韩国的国际韩国研究院院长崔书勉在日本发现此碑，经过仔细研究后，他在杂志上撰文披露了这一不为人知的事实。韩国人遂发起签名运动，要求日本归还石碑。2005年3月底，韩、朝佛教界就要求日本归

1985 年 12 月，中日记者在东京举行座谈会（左二为孙东民）

还“北关大捷碑”达成协议。10 月 12 日，日本向朝鲜半岛归还掠夺文物的移交仪式在靖国神社举行，“北关大捷碑”在离开朝鲜半岛 100 年后终于回归。在追回被劫文物的整个过程中，韩、朝通过佛教界等民间组织不断向日本施压起到了重要作用。我们也可参考韩、朝的经验，先通过民间层面沟通，再上升到政府层面索要，或许是切实可行、较为有效的做法。

试看今天的中国人与中国民心是何等坚定与自信！

二九　百载风雷激大洋

——中日修好诗词中的战争记忆

1945 年，中国人民取得了抗日战争的伟大胜利，日本侵略者被迫无条件投降。1949 年，中华人民共和国成立。日本发动侵略战争遭受的惨败，教育了日本人民，他们同样渴望和平。两国人民首先是在民间，有过一段良好的往来，逐渐发展到半官方互访、交流，直到 1972 年 9 月田中角荣首相访华，中日恢复邦交。此后，两国领导人频繁互访，1978 年 8 月《中日和平友好条约》签订。至 20 世纪末 21 世纪初，大约五六十年的时间里，两国间是一段相对平静的友好年代。

赵朴初像

尤要提及的是，两国在 1972 年 9 月 29 日的建交《联合声明》中，中国政府宣布："为了中日两国人民的友好，放弃对日本国的战争赔偿要求。"这是中国政府主动放弃的，没有像当年甲午战争日本那样索银掠地，大肆鲸吞。但日方也私下表示以帮助中国发展经济建设的方式，来弥补中国的战争损失，这充分体现了中国人民的大度和当时两国领导人的智慧。日本方面自田中角荣首相始，对我国的经济建设特别是改革开放，确实给予了一定的帮助。我在威海市外经贸委工作期间，对此也有所感受。

但是，中国人民对甲午战争刻骨铭心，未敢忘却。这里列举几位有代表性诗人的诗作，看看他们在中日修好的年代，是如何述说甲午战争的。

赵朴初（1907—2000），安徽太湖人，本名荣续，晚年自号开翁，别署无尽意斋。当代著名社会活动家、杰出爱国宗教领袖、诗人、书法家，原中国佛教协会会长、全国政协副主席。赵朴初一生以慈善、和平为事业，诗词书法无不蕴含这一主题。先生著作弘富，所作诗词韵文广为流传世间，生前出版有《滴水集》《片石集》《赵朴初韵文集》。

赵朴初堪称中日友好使者，在中日恢复邦交的进程中，他以中国佛教协会会长的身份，做出了特殊贡献。

访问日本杂诗（二十首选其八）

一九五五年八月二日，由京起飞，途中遇雨，过后霁色转佳。

奋翼朝阳天气新，宾朋挥手祝和平。
云围雨阵都冲过，更喜天空分外青。

这里的“云围雨阵”不是单纯写景，应该是指甲午战争和其后的抗日战争，两国人民已经“冲”过来了，所以“天空分外青”，我们要向着朝阳，共祝和平。字里行间，凸显和平来之不易。

八月九日，飞抵东京

我来沧海不扬波，万里云开喜气多。

去杀胜残凭众力，大家携手唱平和。

“去杀胜残”，意指要消除残余的战争阴影，大家携手共唱和平之歌（注：日人谓和平为平和）。

相见欢·周总理欢迎田中首相宴会上作

廿年填海深功，忆群朋。赢得今朝欢宴一堂同。

兄与弟，千秋意，万年红。待赏春光华雨又和风。

喜春来·新年话旧，寄日本友人（八首选一）

劫波有尽情无尽，精卫终填恨海平。相逢一笑弟兄真。师鲁迅，代有抗流人。

这两首词，前一首提到“填海”，后一首“精卫终填恨海平”。“恨海”，当然是指那弥漫战火之海。鲁迅于1933年应西村真琴博士之请为三义塔题诗，后半首云：“精禽梦觉仍衔石，斗士诚坚共抗流。度尽劫波兄弟在，相逢一笑泯恩仇。”

应邀参访日本诸山，大西良庆长老赐诗欢迎，次韵奉和三章（选一）

由来风月是同天，绿绕青回水护田。

度尽劫波兄弟在，同行同愿万般全。

这首诗作者直接引用了鲁迅的“度尽劫波兄弟在”这一诗句，一再提醒中日历史上甲午战争那悲惨的一劫。

下面一曲一词记述了象征中日友好的两件大事，一是1978年中日友好条约签订，二是唐代的鉴真大师像回国巡展。

庆东原·中日和平友好条约签订志喜

豪气千山发，欢声两岸哗，二千年史册添佳话。喜辛勤种瓜得瓜，遍西东天涯海涯，结同心彩带如霞。太平洋长护太平花，好相扶不许谁称霸。

鹧鸪天·鉴真大师像将于今春回国巡展，敬表欢欣伫望之诚

奋入狂涛不顾身，终携明月耀天平。千秋德范存遗像，万里香花结胜因。　　今古事，去来心。海潮往复两邦情。故乡无数新新叶，待与离人拭泪痕①。

【注释】

①拭泪痕：日本古代诗人芭蕉咏鉴真像诗有句云：“愿将一片新叶，为您擦干眼泪。”鉴真像乃生前弟子所造，悲心示现，似有泪痕。

在这些修好活动中，诗人并没有迷茫在歌舞升平当中，仍具有警示性地写道：“太平洋长护太平花，好相扶不许谁称霸”，“今古事，去来心，海潮往复两邦情”。

下面两首诗，是诗人1987年“七七”卢沟桥事变纪念大会期间写的，一首赠日本人清水正夫，另一首赠沪上友人：

一九八七年七月七日，奉赠清水正夫先生留念

五十年前旧梦，钟声唤醒群迷。
千古卢沟晓月，随君随我依依。

一九八七年七月，卢沟桥事变纪念大会后二日，沪上友人来谈往事，得诗一首，托致达君老兄，奉贺八旬大庆

洗眼重看畴昔事，饮冰初识玉壶心。
骎骎默对江湖老，耿耿还期天地新。
五十春秋劳点染，百千公案费商评。
寄书一笑为君寿，善保康强乐性真。

诗写得十分明确，对“七七”卢沟桥事变永志不忘，对日本人说“千古卢沟晓月，随君随我依依”；对“达君老兄”说，“洗眼重看畴昔事”“百千公案费商评”。赵朴初的诗词，写在和平年代，但对日本军国主义复活的警惕是始终如一的，他是“修好”不忘“隐忧”的。

下面，再看一看冰心老人与日本友好交往的词。

冰心（1900—1999），女，本名谢婉莹，福建长乐人。现代著名诗人、作家、翻译家、儿童文学家，被称为“世纪老人”。出生于北洋海军军官家庭（其父谢葆璋甲午海战时系来远舰二

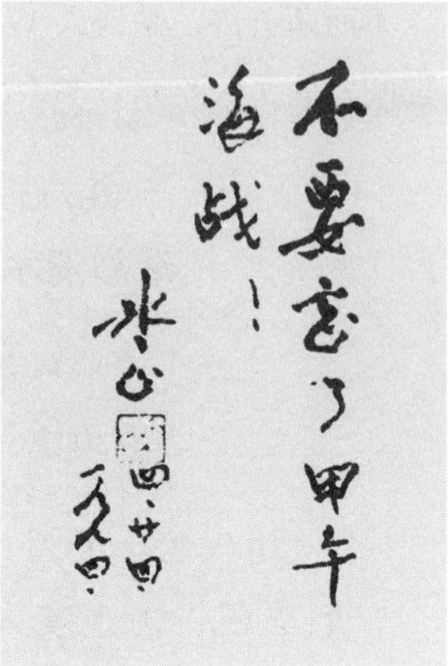

冰心老人及其 1994 年为中国甲午战争博物馆题字手迹

副，1903 年创建烟台海军学校，任校长），曾任中国文联副主席，中国作家协会名誉主席、顾问，中国翻译工作者协会名誉理事等职。著有小说集《超人》，诗集《春水》《繁星》，散文集《寄小读者》。

卖花声·为访华日本女作家有吉佐和子书扇

忆我访扶桑，椿树山庄。欢迎会上互飞觞。淡素衣裳灯彩里，玉润珠光。　何事最难忘？热血柔肠。纵谈广岛泪双行。者是论交开始地，春雨镰仓。

这阕词是中日两国人民友谊的颂歌，大约作于 1972 年中日恢复邦交之后。中日两国是一衣带水邻邦，有着两千多年文化交流的悠久历史。但是自“甲午战争”之后的半个多世纪中，两国之间的睦邻关系受到严重破坏。促进中日友好、恢复中日邦交，是两国人民的共同愿望。1972 年 9 月 25 日，田中首相访华，中日两国政府发表联合声明，正式建立邦交，揭开了中日友好史上的新篇章。作家以饱满的政治热情和对日本人民的深情厚谊，写下了这阕光耀当代词坛的咏怀佳作。

词中最耐人寻味的一句是“何事最难忘”，由于作者是甲午海战参与者谢葆璋的女儿，父亲对她讲述了大东沟海战的惨烈：他的一位亲戚在来远舰上，肠子被炸断甩到烟囱上烤煳的场景，让他刻骨铭心。晚年，他下决心要写一本甲午海战的书，可一提笔就痛哭得不能自已，不得不作罢。后来他亲笔写了“不要忘了甲午海战”的题词。“何事最难忘”？在冰心老人的心目中，就是甲午战争和甲午海战，这是没有疑问的。

郭沫若像

中华人民共和国成立后的国家领导人、社会活动家、历史学家、诗人郭沫若写抗日战争、甲午战争的诗也是很有特色的。

郭沫若（1892—1978），四川乐山人。当代著名学者。曾留学日本。历任中国文联主席、政务院副总理、中国科学院院长、全国人大常委会副委员长。有《沫若文集》。

郭沫若是抗日战争的参与者，他的《归国杂吟》吟道：

自日本抵上海有作，和鲁迅

又当投笔请缨时，别妇抛雏断藕丝。
去国十年余泪血，登舟三宿见旌旗。

欣将残骨埋诸夏，哭吐精诚赋此诗。
四万万人齐蹈厉，同心同德一戎衣。

1937年七七事变爆发，日本的侵华战争全面开始。流亡日本的郭沫若面临一个艰难的抉择。他的妻子安娜是日本人，四子一女生活在日本，但中日两国成了敌国，祖国正处在生死存亡的危急关头。报国必抛家，恋家即弃国。郭沫若最后选择了抛家报国的道路。这首诗很有名。当时国民党当局尚未取消对郭沫若的通缉令，他毅然离别妻子儿女潜回祖国，在乘船临近祖国海岸线时写了此诗，表现了对祖国的爱和献身精神。

归国后，郭沫若活跃在抗日战争的战斗行列，写了一些抗日诗篇：

登衡岳

中原龙战血玄黄，必胜必成待自强。
誓把豪情寄山水，权将余力写肝肠。
云横万里长缨展，日照千峰铁骑骧。
犹有邺侯遗迹在，寇平重上读书堂。

抗日抒怀（四首选二）

十年国础夕朝摧，早料倭奴卷海来。
建筑长城需血肉，充盈府库费镰槌。
红羊劫近欃枪乱，白鹿洞边鹅鹳开。
辽沈烽烟连冀北，动心忍性几多回。

七七卢沟卷大波，关头最后剑新磨。
休将委曲重相问，除却惩膺更有何？
气作银虹穿白日，人擐金甲护黄河。
今朝毕见雄狮醒，举国高扬抗战歌。

这些写抗日战争的诗，隐约涉及40多年前的甲午战争。郭老在1972年秋写的《沁园春》这阕词尤显功力：

沁园春·祝中日恢复邦交

赤县扶桑，一衣带水，一苇可航。昔鉴真盲目，浮桴东海，晁衡负笈，埋骨盛唐。情比肺肝，形同唇齿，文化交流有耿光。堪回想，两千年友谊，不等寻常。

岂容战犯猖狂，八十载风雷激大洋。喜雾霁云开，渠成水到，秋高气爽，菊茂花香；公报飞传，邦交恢复，一片欢声起四方。从今后，望言行信果，和睦万邦。

“岂容战犯猖狂，八十载风雷激大洋”显然是既指抗日战争，更指甲午战争，因为1894年甲午战争至1972年为78年。八十载是诗的语言，为约数。

中日两国本是一衣带水、一苇可航的邻邦，有着两千多年的交往史。其中有文化往来，也有兵事袭扰。特别是自甲午战争后，日本再度发动侵华战争，两国之间的睦邻关系从此受到严重破坏。促进中日友谊，是两国人民的共同愿望。20世纪五六十年代，中日民间友好往来方兴未艾。为顺应这一历史潮流，1972年9月25日，应中国总理周恩来的邀请，日本田中角荣首相访问中国。两国政府发表联合声明，正式恢复了外交关系，揭开了中日友好的新篇章。这是中日邦交史上的大事，也是维护亚洲乃至世界和平的大事，值得庆贺和大书特书。而词的作者郭沫若早年曾留学日本，当年又是中日友好协会名誉会长，对中日邦交的恢复格外珍视，于是挥动如椽巨笔，写下了这首传世名篇。

在中日修好之时，诗人词中念念不忘甲午战争那段惨痛的历史，不是没有原因的。甲午战争日本胜利后，侵略野心不断膨胀，妄图吞下整个中国。此后，悍然发动侵华战争，且有与德国法西斯会师天山之妄想，结果，被中国人民和世界人民一道彻底打垮，不得不宣布无条件投降，成了不得拥有军队、由多国（条约中也包含中国）驻军“保护”的非正常国家。对于日本这个国家，周恩来总理不但了解透彻，也是有预见的。在中日恢复邦交谈判中，出现了个小插曲：周恩来总理于9月28日写给日本外相大平正芳一句话：“言必信，行必果。”日本首相田中角荣也写了“信为万事之本”回赠周恩来。由此，中日两国在诚信的基础上互相承诺世代友好，达成关于钓鱼岛问题“搁置争议”的默契。郭沫若对此心领神会，将周总理与大平正芳外长、田中角荣首相之间相互传递的白纸黑字，化为“望言行信果”的诗句，真可谓直击要害的点睛之笔！

然而，遗憾的是，日本右翼政客上台后，不但早就忘记了当年宣布无条件投降时“永不再战”的诺言，也对两国老一辈政治家之间的郑重承诺肆意践踏、矢口否认。这实为中日关系之悲哀。

我们必须不断重温甲午战争的历史教训，警惕日本军国主义者的轻举妄动，做好万全的准备！

三〇　宜将剑戟多砥砺

——解放军将领们的甲午战争诗词

中华人民共和国成立后，老一辈革命家萧劲光大将担任首任海军司令员，他也是第一位用诗来写甲午战争的高级将领。

萧劲光（1903—1989），湖南长沙人。1922年加入中国共产党。曾任军团参谋长，中央军委参谋长，陕甘宁留守兵团司令员，四野副司令员兼十二兵团司令员，海军司令员，全国人大常委会副委员长。大将军衔。

抗日战争感怀（五首选三）

一

敌骑踏破中原地，赤县处处血如雨。
山河破碎心亦碎，报国张弓射金矢。

二

甲午战云蔽海天，八载干戈添仇冤。

劫波渡尽春又归，一衣带水写新篇。

三

从来养兵为征战，卫士戍疆老少安。

宜将剑戟多砥砺，不教神州起烽烟。

萧劲光将军写甲午战争不是偶然的，作为海军司令员，心中不能没有甲午战争。“宜将剑戟多砥砺”，他写得多么实在，多么有见地。海军初创时，毛泽东主席视察海军部队，曾挥笔题词：“为了反对帝国主义的侵略，我们一定要建立一支强大的海军。”从老一辈革命家建立中华人民共和国开始，人民海军建设一路走来，发展到今天，已从近海防御，到走向深蓝，成为祖国和人民牢靠的“海上长城”。有海无防的时代终于结束了。

担任国防大学政委的刘亚洲上将，是一位军旅作家，他的《恶魔导演的战争》等著作在军内外产生很大的影响。在甲午战争 120 周年时，他有《甲午十章》问世。

刘亚洲，1952 年 10 月生，安徽宿县人，曾任中国人民解放军国防大学政委。上将军衔。

甲午十章（选五）[1]

一

蓝田飘汉帜，甲午启新篇。

皇典织珠锦，斑斑血泪年。

---

〔1〕 选自中华军旅诗词研究创作院编：《中华军旅诗词》（五卷本），国防大学出版社 2014 年版，第 2 页。

二

折戟大东沟，龙旗逐水流。
刘公空有泪，难洗百年羞。

三

开眼向西方，争相蹈海长。
谁家抛旧梦，谁自醉黄粱。

四

血刃弃沧溟，白旗弯舵行。
射雕夸后羿，欲死勒何名。

五

华胥几度梦，四十七番风。
翘望开新纪，东天一道虹。

在甲午战争120周年期间，全国各界、各地的诗词楹联杂志纷纷刊载甲午战争诗词联，尤以《中华诗词》《红叶》《中华军旅诗词》等为先。其中，由刘亚洲上将兼任院长的中华军旅诗词创作院院刊《中华军旅诗词》辟出《锥心甲午》专版，并赋诗十章，这在全国是独一无二的。

在甲午战争120周年诗词征稿活动中，我发现了李栋恒“落晖脉脉照刘公”这首律诗，读来为之一震，并产生强烈的共鸣，但并不知道李栋恒是怎样的一位诗人。威海诗词学会副会长隋鉴武告诉我，李栋恒是解放军红叶诗社社长，是一位将军。

于是，我便与红叶诗社取得联系，通过张心舟秘书长（现为副社长）询问，李将军可否应征赐稿，随即李将军的稿件便

刘公岛旗顶山炮台西侧大炮

从北京飞来。

李栋恒，1944 年 7 月生，河南南阳人，1963 年考入上海交通大学，入伍后从士兵一直到陆军中将。中华诗词学会顾问，中国人民解放军红叶诗社社长，中国作家协会会员。有《李栋恒将军诗词书法作品集》四卷。

游甲午海战故战场刘公岛

落晖脉脉照刘公，隐约悲歌入海风。
似祭英灵鸥裹白，如腾恨火浪翻红。
舰残犹欲犁顽阵，炮缺依然啸远空[①]。
知耻男儿休洒泪，卧薪尝胆奋邦雄。

自注

①“舰残”二句：甲午海战展览馆中陈列有自海底捞出的残舰、火炮。这里是说昔日的战舰、火炮仿佛仍处于战斗

状态。

忆旧游·甲午春重游威海中日海战故地

值暮春时节，战地重游，烟雨无边。大海惊涛起，听旋鸥凄厉，风怒礁喧。刘公愤懑孤兀，默默忍熬煎。看残舰悲怆，炮膛呜咽，其恨绵绵。　　谁忘，昔奇耻？尽血脉贲张，气在胸翻。断脊横行犬，又欺邻狂吠，妖雾迷漫。旧仇更有新恨，安可任疯癫。信浩浩天威，逢时雷厉惩贼顽！

《忆旧游》这阕词是前面那首诗的进一步阐发，起到“尽血脉贲张”的艺术效果。其间我们收到的甲午战争诗稿中，发现一些诗有明显模仿李将军诗的痕迹，便可看到其诗的穿透力和感染力。李将军这首诗获得二等奖。

我还得说说《甲午战争120周年诗词选》征稿活动中两位将军作序、赋诗的佳话。

在征稿和编纂这本书之初，大家议论，最好邀请一位将军作序。起初考虑的是请经常在中央电视台做军事节目的张召忠教授（少将），后来通过看“甲午殇思”系列文章，看到了丁一平海军中将关于甲午战争的长篇记述，及其主编的图书《喋血甲午》担任总策划的《北洋海军兴亡史》大型纪录片，便试图请他作序，但苦于不知怎样把信和样书送到丁将军手中。威海诗词学会徐武增会长找了海军政治部战友、已退休的海军史研究室主任赵小平。我又找到在部队工作时的本科战友、海司外事处原处长徐援助。经向二人咨询，得到最有可能与丁将军沟通的渠道，便于8月21日将信函及样书寄往北京，然后一直等消息而无法直接询问。在苦等无果的情况下，又通过《甲午战争120周年诗词选》主编、威海诗词楹联学会副会长、时任《中华诗词》杂志社编辑部主任宋彩霞同志启动了第二方案，即呈请中华诗词学会领导李文朝少将作序。李将军爽快地答应了。

9月8日农历中秋节这天上午11时，我突然接到丁一平将军秘书的电话：为这本书作序还来得及吗？现在丁将军正在动手写。我激动地回答道："来得及，谢谢丁将军！"后来得知，丁将军到南海舰队处理完军务刚刚回到北京。隔了一天，序言和丁将军的照片、简介即发进了我会邮箱，并立即编入书中，又过了两天，李文朝将军的序言和照片也进入了我们的邮箱。

从丁一平将军的秘书和宋彩霞同志的口中得知，两位将军都是亲自动笔作序的。

丁一平，1951年2月生，湖南湘乡人。海军原副司令员，中将军衔。第十六、十七届中央候补委员。现为中国军事科学学会副会长。著有《世界海军史》《逐鹿海洋》等。

丁将军在《序》中写道：

> 120年前的甲午战争是国耻，中华民族在这场惨痛的失败战争中所受到的屈辱罄竹难书、刻骨铭心；120年前的甲午战争是国殇，中华民族由于这场战争的失败彻底沦落为任人宰割的羔羊，不堪回首；120年前的甲午战争是国醒，中华民族在这场失败战争的荡涤下从沉沦中觉醒，令人刮目；120年前的甲午战争是国奋，中华民族历经百年奋起抗争、流血牺牲、艰苦奋斗，可歌可泣。

……

时至今日，甲午战争的硝烟虽然早已散去，但甲午战争带来的屈辱仍留在人们心中，甲午失败的历史教训依旧刻骨铭心。祖国尚未统一，岛礁仍被侵占，海域正被瓜分，日本一小撮右翼分子还在为穷凶极恶的帝国主义侵略者招魂。历史教训告诉我们：安不能忘危，和不能忘战，落后就要挨打，中国必须走富国强军之路，必须走海洋强国之路，必须把民族发展振兴的命运牢牢掌握在自己手中，这是我们这代人的使命，我们任重道远！

丁将军的序，情真意切，启迪人思。最后他以一名海军老兵的身份，在甲午战争“两甲子”之际，填词一阕：

浪淘沙·甲午感怀

倭寇掠中华，罪恶滔天。北洋将士抗凶顽。浴血忠魂天可见，惊醒黎元。　　甲午又回还，破浪扬帆。洗刷国耻有诗篇。国富军强何所惧，敢向明天。

再看看李文朝将军的序。

李文朝，1948年生，山东梁山人。1968年参政，后携笔从戎，少将军衔。中华诗词学会常务副会长（法人代表），《中华诗词》杂志社社长，著有古体诗词集《古枝新蕾》《戎雅春秋》《李文朝将军诗词选集》。

李将军在序中说：

在纪念甲午战争，激励国人奋勇的历史担当中，也活跃着中华诗词大军的身影。甲午战争发生地山东威海诗词楹联学会和相关单位的领导及吟友，就是其中的代表。

他针对《甲午战争120周年诗词选》这本书写道：

这部诗词选的时间跨度是1894年至2014年的120年间，共收入相关内容的诗词作品近1200首，楹联120多副。其中最早的是1894年，到新中国成立前的有300多首，新中国成立后至今是800多首。我翻阅了这本诗集，从字词韵律间感觉到了甲午战争120年来，国人对这段沉痛历史的思考与省悟，应该说是深刻的、厚重的。

在《序》中，李文朝将军还以自己的一首诗来表达甲午情怀：

甲午战争120周年的纪念和福州船政

利炮坚船醒睡狮，师夷长技制强夷。
工开马尾兴船政，舰立潮头壮战旗。
学贯中西弘业伟，艺兼文武育才奇。
莫言甲午风烟惨，浩气惊天神鬼欷。

甲午！甲午！将军们的热血和诗情与我们一起沸腾、飞扬，给《甲午战争120周年诗词选》这本书增光添彩，注入了最雄浑的力量！

三一　甲午风云动国魂

——当代诗词名家吟甲午战争

在甲午战争120周年征稿活动中，威海诗词学会副会长兼《甲午战争120周年诗词选》主编，在京担任《中华诗词》编辑部主任的宋彩霞女士，广征博收，四方网罗，惊动诗词界名家耆英纷纷赐稿，为此次征稿活动增添了一道美丽的风景线。

首先收到了丁芒老的亲笔稿件，蝇头小字，颇见功力。

丁芒，1925年生，本名陈炎，又名陈轶明，江苏南通人。中国作家协会会员，中华诗词学会理事、《中华诗词》顾问。著有《丁芒诗词曲选》《诗的追求》等。

参观甲午海战纪念馆三首

一

甲午风云动国魂，怒涛犹染百年痕。
大刀砍向狼头去，纪念馆中满杀声！

二

刘公岛外浪声喧，涛海吞鲸列舰船。
唤起英魂潮壁立，炮烟如帜恨如泉。

三

扼腕锥心说北洋，国因腐败招强梁。
岂无丁邓铮铮骨，只供后人吊国殇。

自注

丁邓：指丁汝昌和邓世昌。丁汝昌在甲午战争中为海军提督，军败仰药死节。邓世昌任致远舰管带，战中殉难。

乘舰游海归

——纪念人民海军建军 65 周年

铁舰连云环北海，满旗春色耀山河。
凌云剑气驱重雾，潜海龙姿镇恶波。
炮口犹存家国恨，雷心满载自强歌。
经年筑起长城壁，一播军歌天下和！

自注

满旗：挂满旗是军舰最高的礼节仪式。

紧接着，又收到以下诸位诗界名家的作品：

欧阳鹤，1927 年生于湖南长沙，字子皋，毕业于清华大学，原《中华诗词》副主编，现为中华诗词学会顾问、《中华诗词》顾问。出版有《欧阳鹤诗词选》《鸣皋集》等。享受国务院政府特殊津贴。

刘公岛北洋海军提督署及其前面的东辕门（1895 年摄）

威海至刘公岛舟渡口占

惊涛骇浪起汪洋，此是当年古战场。
甲午风云痕尚在，中华奇耻岂能忘。

重游刘公岛

十载暌违续旧游，楼新路阔豁晶眸。
岛容易变情难变，甲午风云耻尚留。

沁园春·刘公岛

宝岛风光，石秀山青，海阔岸宽。有汪洋万顷，波翻浪滚；港湾十里，虎踞龙蟠。南障威烟，北屏辽沈，黄海雄横一险关。百千载，是兵家要地，海上名山。

清廷苟且偷安，更可恨、东瀛滋祸端。看排山倒海，强兵压境，赴汤蹈火，怒发冲冠。拼死求存，舍生取义，敌忾同仇神鬼寒。遗迹在，励炎黄儿女，奋勇登攀。

杨金亭，1931 年生。山东宁津人。曾任《诗刊》副编审，

《中华诗词》主编。现为中华诗词学会顾问。著有诗文集《陶铸诗词选注》（合作）、《编余诗话》、《村歌晚唱》等。

海　祭

甲午惊心忆战云，舰沉碧血觅无痕。
国殇万古雄边气，潮去潮来化海魂。

梁东，著名书法家、诗人。1932 年 5 月生于安徽省安庆市。曾任中国文联全国委员，中国作家协会全国委员，中国书法家协会理事，中国煤矿书法家协会主席、中华诗词学会副会长，中华诗词社社长。现任《中华诗词》顾问。

鹧鸪天·甲午中秋月

百廿年华朔望行，缘何不改玉壶冰？曾经甲午千重恨，依旧烟霾一日生。　　关山月，万千程。神州追梦马蹄轻。长空今夜浑如水，好趁清泠洗海瀛。

周笃文，1934 年生，湖南汨罗人。中国新闻学院教授、中华诗词学会顾问。主要著作有《宋词》《全宋词评注》《影珠书屋吟稿》等多部。在古典诗词界享有盛誉。

刘公岛书怀五首

一

森森庙貌焕辉煌，帝子当年避祸场。
手垦金瓯新世界，青莲花放水中央。

二

秦皇汉武经行地，虎踞龙蟠气象长。

拱卫皇畿真锁钥，吞天沃日海威扬。

三

青山如簇立残阳，拾级登临意慨慷。

鼠子居然成反噬，万千忠骸国之殇。

四

百年奇耻孰能忘，冒暑来寻古战场。

叱起鱼龙听大喟，赴汤蹈火要图强。

五

改革宏开国策新，腾飞经济蔚人文。

海滨乐土神仙地，动我诗翁浩荡魂。

郑伯农，1937 年生。福建长乐人。历任文化部政策研究室干部、中国文联研究室负责人，中国社会主义文艺学会会长、名誉会长，《文艺理论与批评》副主编，中国作家协会党组成员、《文艺报》主编。著有评论集《在文艺论争中》《艺海听潮》《青史凭谁定是非》，诗词集《赠友人》《诗词与诗论》《楹联与诗联》《京华吟草》等。现为中华诗词学会驻会名誉会长，《中华诗词》杂志主编。

过戚继光鏖兵处二首

一

倭寇当年犯海疆，将军水上筑金汤。

风驰南北八千里，不为封侯为振邦。

二

青史悠悠不可忘，环球几度抗豪强。

谁言烽火成遗迹，靖国阴风正越洋。

自注

戚继光有诗曰：“封侯非我愿，但愿海波平。”

宣奉华，女，1942 年生，笔名沐阳、田苏，安徽肥东人。曾任新华社安徽分社主任记者、高级记者、新华社安徽分社社长、党组书记，中国新闻学院副院长、教授、研究生导师、党委副书记，中华诗词学会副会长。著有《朱云风摄影艺术》《涓流集》及诗词、文学、新闻、学术作品等约 300 万字。

望海潮·钓鱼岛

夜阑难寐，饕蚊成阵，缘何啸聚如麻？污浊企图，狼心“知事”①，疯癫买岛喧哗。怒浪卷狂沙。眺汪洋琼宇，是我邦家。风雨千秋，先民汗血溉奇葩！　　钓鱼宝岛殊佳，系黄礁赤屿，南北珠沙。声应畔湖，歌传两岸，共同陆架潮涯。兄弟共飞槎。炎黄十三亿，拱卫中华，岂任瓜分豆剥？投戟戮凶鲨！

自注

①知事：东京都知事石原慎太郎。

望海潮·甲午战争 120 周年祭

今朝回忆，扪心犹痛，扶桑浊浪滔滔。威海舰沉，辽东血染，军民十万头抛。此恨永难消。莫世昌蹈海，忠烈昭昭。岛上风云，捐躯节士特英豪。　　丧权辱国清朝，竟台澎割让，钓岛遗枭。多少白银，民膏刮尽，奴颜献寇求饶。战祸隐重霄。看东洋魑魅，鬼啸狼嚎。赖我炎黄赤子，万代是天骄。

以上名家的甲午战争诗词，后学无须饶舌，却有如下感怀：

一是这些德高望重的诗人，其甲午战争情愫久在胸中，一下笔便有“甲午风云动国魂”的雄健笔力，其风韵和精气神，有直冲霄汉、气贯长虹的魅力，读来令人意气风发，斗志昂扬。

二是所征诗稿，不乏专为应征之新作，以博大的胸怀书百廿年之伤痛，令人耳目一新，精神振奋，倍提振聋发聩之声气！

三二　自家航母已开锚

——著名诗家甲午战争诗词之豪情

写甲午战争的诗词，大致有三种类型：一是回顾甲午战争耻辱史，这需熟读历史，把握理念，下笔方能准确有力度；二是悼念英烈，颂扬英雄，如果写得有个性，也得熟读历史，才能说到点子上，道出英雄的特质；三是从接受甲午战争沉痛的历史教训入手，立足当今，放眼未来，抒发豪情，展现希望。

甲午战争主要的历史教训是什么？落后就得挨打，国弱惨遭欺凌，实力外交才有话语权。接受历史的教训，就得强国强军，时刻防止帝国主义的侵略，树立敢战必胜的信心和一往无前的勇气与精神。

一些著名的诗家正是以这种慷慨激昂的笔触、大江东去的气势，让人眼前一亮，豪情满怀。读到这样的诗词，似乎读者自己瞬间也成了战士！现摘取几位诗家的作品，斗胆小议，与读者共享。

星汉，1947 年 5 月生，本名王浩之，山东东阿人。新疆师范大学文学院教授。中华诗词学会发起人之一，中华诗词学会副会长。著有《清代西域诗研究》《天山东望集》等作品 20 余种。

游刘公岛

小岛我初到，诗情衬浅秋。
清风催远舰，残日逐轻鸥。
甲午眼前过，戈矛海上修。
登高频四望，已换旧神州。

诗人从刘公岛的变化入手，秋天、清风、落日、海鸥和舰船，在诗人的笔下一览无余，最后登高环顾，刘公岛早已不见当年甲午战争惨败时的乱象，继而发出神州已焕然一新的感慨。全诗笔调轻松愉悦，跳出了甲午战争诗歌“怨”“恨”“仇”“愁”的框子，给人以无比的信心，增强了必胜的信念，从而起到了鼓舞人心的艺术效应。

威海黄岛炮台

黄岩碧水影斑斓，料想风光自昔年。
残炮似知遗恨事，至今怒口向东天。

这首诗以残炮说事，“至今怒口向东天”，表明国人正在怒目向东，高度警惕日本军国主义死灰复燃。此诗诗意与李栋恒中将的“炮缺依然啸远空”有异曲同工之妙。

刘公岛旗顶山作

旗顶山头舞赤旌，苍苍一望接东瀛。
自从甲午清廷败，海浪长年似炮声。

这首诗从旗顶山上的赤旌（红旗），想到此地与东瀛（日本）是相接相连的，“自从甲午清廷败”一笔带过历史，最后落实到“海浪长年似炮声”，让人浮想联翩，警示人们看到、听到海浪，就不能忘记甲午战争。

沁园春·参观北洋海军提督署

步踏深秋，天海吹蓝，松柏送青。看辕门分立，巍巍流彩；军旗高竖，猎猎飞声。几道空廊，满庭清昼，号令犹闻起水兵。徘徊久，剩冲天长叹，返绕丹楹。

当年弹裂烟腥，想舰起雷霆海欲倾。恨丧心遮目，虺蛇西母；张牙舞爪，豺虎东瀛。幽愤横胸，深仇透骨，教我神州奋健翎。登高处，见风翻海域，波荡英灵。

这阕参观北洋海军提督署的词，上片写了参观时的天气和景象，来反衬提督署的辕门、军旗、空廊。“号令犹闻起水兵”，是好像看到和听到当年的北洋海军将士仍在这里操练一样。徘徊良久，感慨万千，不禁冲天长叹历史的无情！接着笔锋一转，“返绕丹楹”，反复地琢磨那副楹联，即李鸿章手书：

万里天风，永靖鲸鲵波浪；

三山海日，照来龙虎云雷。

这副楹联也是豪情万丈、气壮山河！然而甲午战争为何失败了呢？紧接着，下片就写原因：“当年弹裂烟腥，想舰起雷霆海欲倾”，写战争的惨烈；“恨丧心遮日、虺蛇西母”，写清廷的腐败；“张牙舞爪，豺虎东瀛”，写日倭的猖狂、狡诈；“幽愤横胸，浮仇透骨”，写诗人的愤恨。那么怎么办呢？“教我神州奋健翎”，即强国强军，奋发图强。最后登高望远，看到海上滚滚波涛，那里荡漾着英灵的鲜血啊！

这阕词，层层叠叠，娓娓道来，一气呵成。是参观，又是回顾历史，且有很多的信息量。既面面俱到，又重点突出，发人深省，诚为一阕写甲午战争的好词。

赵京战，1947 年生，笔名苇可，河北安平人，空军功勋飞行员。副师职，大校军衔。现为中华诗词学会副会长。

刘公岛怀古

长风吹浪旧曾谙，乱世烟云不可探。
管带横眉身有铁，庙堂堆笑面无惭。
马关忍舍白银亿，江岸遥闻礼炮三。
应是尘缘犹未了，凝眸痴望海天蓝。

这首诗用韵奇特，以“三、探”险怪之韵写甲午战争，更能显示斩钉截铁的雄气。前两句写甲午战争的乱世风云，中间的颔联和颈联写甲午战争的众生相。尾联给读者以想象的空间，“尘缘犹未了”是不能忘记，“痴望海天蓝”是强国强军的美好愿望正在实现和一定能实现。一个“痴”字，显示出的是何等“执着”!

这首诗的韵，来历很不简单，还要从晚清著名外交家、散文家和学者黎庶昌说起。

黎庶昌（1837—1898），字莼斋，别号黔男子。贵州遵义人。曾国藩四大弟子之一，先在江南一代任知县。后随驻英法公使郭嵩焘赴欧洲，先后出任驻英、法、德、西班牙四国参赞5年。后升任驻日本国钦差大臣，1883年至1890年前后两任，凡6年。

黎庶昌在驻日期间，“每年上巳节（三月三日）和重阳节（九月九日）都举行文酒之会，在使署或芝山红叶馆等处招请日本朝野文士，或品鉴古书画，或即席赋诗作文，举觞唱酬（伊藤博文亦参与其间）”。在己丑（1889）春的宴集中，“黎庶昌首赋诗章，因押韵险怪，和者不多”。但使馆随员孙点（字君异，安徽来安人）先唱和二十四韵，后接叠百韵。随之，日本文士（包括宫岛栗香）、朝鲜文士、清驻日使馆人士及国内人士纷纷唱和盛赞达404首（件）之多，就连光绪帝的侍读学士文廷式亦有和诗，一时传为佳话。黎庶昌首唱本诗如下：

于红叶馆为春季同盟亲睦会，赋诗一章呈席上诸君雅正〔1〕

兰亭寂寞已千载，胜集今从海外探。
曲水杯觞余韵在，蓬瀛丝竹旧时谙。

〔1〕 参见黎庶昌等著《黎星使宴集合编》点校前言，贵州人民出版社1992年版；黎首唱诗见《黎星使宴集合编补遗》，贵州人民出版社2001年版，第25页。

论交须订亚西亚，修禊还同三月三。
红叶枕流成故实，为添诗料满东南。

这就是“三、探”韵（此韵颇似白居易《忆江南》词韵）的来历，作者选和此韵怀古，有其深意！

杨逸明，1948 年生于上海，籍贯江苏无锡。上海裕德中学教师，上海诗词学会副会长，中华诗词学会副会长，担任《上海诗词》常务副主编 10 年，著有诗词选《飞瀑集》。

甲午书感

百廿年前战一场，千回饮恨细思量。
太多权贵汪精卫，几个将军邓世昌？
凌弱总能频肆暴，御凶偏未自图强。
教狼刮目相看法，只有从今不做羊。

这首诗同样具有斩钉截铁的大气。首联写甲午战争引起的思考，颔联、颈联重在写甲午战争的教训，尾联则是指出对策，那就是我们自己强大起来，让敌人怕，这是唯一的办法。

张桂兴，1944 年 12 月生。河北隆尧县人。现任中华诗词学会副会长，北京诗词学会会长。著作有《社会保障概论》（合著），参编《今日北京》《简明老年社会学词典》等，主编《诗论选》，著有诗集《鸟巢集》。

甲午感怀

干戈燃甲午，难忘九一八。

炮响卢沟月，刀屠江岸花。
军国白日梦，右翼噪声哗。
指染钓鱼岛，今昔罪并罚。

写甲午战争的诗，不一定仅写甲午战争，联系当今的现实也是一个重要方面。这首诗就是从甲午战争开始，沿着主线一路写来，最后落笔在日本染指钓鱼岛，指出对侵略者应数罪并罚，绝不宽恕。

西江月

东海风云骤变，阴霾起自东瀛。迎敌炮火裂长空，甲午心中之痛。　　血染塔台舰板，可歌将士精英。刘公岛上战旗红，哪个狂徒敢动！

这阕词上片写甲午战争的情势和“心中之痛”，下片前两句写甲午战争将士们浴血奋战，可歌可泣；后两句写如今“刘公岛上战旗红”，指代当前神州大地热火朝天的备战景象，最后信心满满地说出“哪个狂徒敢动”，掷地有声，余音缭绕，雄心可鉴。

李增山，1945 年生，河北平山人。中华诗词学会常务理事，北京诗词学会常务副会长，《北京诗苑》常务副主编。著有《霜叶集》《黄花集》《李增山诗词选》等。

谒北洋海军忠魂碑

刀光剑气逼云霄，海雨天风恨未销。

朽府无能收失土，忠魂大义赴汹涛。
依稀舰影歌悲烈，缭绕鸥声慰寂寥。
肃立碑前传喜讯，自家航母已开锚。

这首诗，前面的首联、颔联写甲午战争，都是虚写，并未点出某人某事。颈联祭奠英烈，只提到舰影、鸥声，亦是虚写。到了尾联，笔锋一转实写："肃立碑前传喜讯，自家航母已开锚。"这首诗的诗"眼"即在此。

这三虚一实，给读者以强烈的意象冲击，瞬间把读者的思绪融入诗中，给人以信心满满的召唤和期待。

刘公岛北洋海军提督署和北洋海军忠魂碑

三三　弩射腥潮海未平

——甲午战争诗词风靡互联网

在互联网越来越发达的当下，甲午战争诗词成了网上珍贵的“客人”。广大诗词爱好者和甲午迷们，利用网络这个便捷的平台，推陈出新。他们把自己写的或搜寻到的甲午战争诗词联在网上展示，或“PK”，或唱和，花样翻新，红红火火。至于博客、QQ群、微信群，名堂就更多了。一时间，互联网成了甲午诗词爱好者赖以寄托的精神家园。

当我们这些老同志还是以纸质媒体为依赖，一笔一画地写作推敲之时，也许新生代早已利用网络“爱吾诗词”之“格律在线”检验润色了。

一个是“农耕”创作，一个是现代化作业，其出产品的速率不可同日而语。

现随意从网上摘录几个片断分享之：

一、犹“诗泉”之喷涌

一位“无以为名”的作者（且称他为“无名氏”吧）

诗曰：

甲午东海寄托（十一首选六）

一

时维甲午愤填胸，罪孽轻饶未警钟。
楚剑虽能争斩鳄，倭刀也敢试屠龙。
相持一峡输于怯，自缚三边拙在庸。
袒臂投鞭催踏白①，沧浪为我洗烟烽。

【注释】

①踏白：见“踏白军”。谓开路先锋。

二

我武维扬广辟疆，江山偌大载沧桑。
红羊劫祸消犹在，白虎军机决未央。
城破那堪涂炭苦，水浑何忍钓竿忙。
天教壮气留三寸，敢引铧弓射日冈。

三

浊浪汹空证恶邻，挥戈反日警前因。
岛基如璧本归赵，倭种是夷非属秦。
斗蚁连营谋溃坝，劫羊潜庙卧传薪。
大风歌处云飞檄，北府犹能护要津。

四

不甘雌伏每狂颠，走卒居然得手先。
狐试叩关威假虎，鹰筹伐国力援蝉。
磨针定海铜为柱，赶石归山水作鞭。
还我缺壶容唾血，啸歌东进太平船。

五

宵小公然启衅多，舞戈瀛海弄风波。
乍窥龙蜕徒呼蟹，略嗅龟膏妄化鼍。
虽远必诛如犯我，以蛮相埒怎容他。
耘除癣疥东隅净，异域频传击壤歌。

六

弩射腥潮海未平，烟氛近逼铁笳鸣。
捐嫌已养痈成患，负耻才尝胆结晶。
恩赦犬牙仍反噬，罪逃鳌足竟横行。
樱花谢处徒妖艳，只欠东风去廓清。

由于篇幅有限，这里仅依次选取前六首（未作挑选）。整体来说，所有这十一首诗，首首有看头，篇篇耐琢磨。就格律而言，所选这六首检验了一下，均为平水韵，且平仄合律，对仗工稳，诗中三昧，尽现其中。

当然，亦有值得商榷之处。如第二首末句“射日冈”，“日”是日本，“冈”怎解？是“日本的山冈”，还是日侵华司令“冈村宁次”？恐怕只有作者自己知道了。

二、诉衷肠之“晒场”

2014 年 10 月 15 日，网络上出现一组题为《贺新郎·甲午》的词的唱和。经反复梳理，猜想一位可能名叫方伟（濯缨轩主人）的诗人，在甲午战争 120 周年之际，填了下面这阕词：

贺新郎·甲午

此恨无人说！望东洋，风涛犹是，无穷瓜葛。百二年来云水冷，血海深仇谁雪？有几个，冲冠怒发？此日将军能开唱，似优伶，涂抹成风月。更弹起，琴和瑟。

今时可与前时别？怅年年，觍颜东向，水交云合。敌国军营漂木铎，我自笙歌销骨。更莫使，辛陈愁绝。料想鱼龙经过处，尚惊心，海底堆堆铁。船应被，浪摧裂！

“百二年来云水冷”，显然是甲午战争120周年时写的。后面的“血海深仇谁雪？有几个，冲冠怒发？此日将军能开唱，似优伶……”这一大段，应该是写军队反腐败的内容，这符合当时的时政。

下面，却是甲午战争110周年之际三人的唱和。

贺新郎·用稼轩韵和东海客

往事从头说。想当年，列强卷起，无穷纠葛。奇耻算来岂甲午？多少深仇难雪！心头恨，隐而未发。史册漫翻常下泪，对长空，一片伤心月。更何忍，听琴瑟！

今来古往何分别？叹而今，金瓯还是，久分难合。更有鲸鲨翻巨浪，搅得海风刺骨。漫引得，鲁连愁绝。宁蹈东洋而死耳，有腰间，三尺铮铮铁。强弓射，扶桑裂！

这阕词因与120周年所填《贺新郎》相连，作者应该也是方伟（濯缨轩主人）。

东海客的原词如下：

贺新郎·马关条约

台湾沦陷，距今110周年。赋此赠友。仍用辛弃疾“把酒长亭说”原韵。

慷慨樽前说。看风云、五洲变局，霸权瓜葛。众友羞谈甲午事，奇耻今生未雪。却两鬓、斑斑白发。报国当年曾热血，但常常、悲啸村边月。君读史，恨听瑟。

祖先昔日伤心别。有谁知、子孙何意？百年难合。总理咏诗惊四座，磊落中华风骨。望海峡、春愁如绝。最悔渔阳鼙宠梦，为称王、借重匈奴铁。风浪起，身名裂。

从这阕词小注“台湾沦陷，距今110周年。赋此赠友”可以判断，是这位东海客填词先赠方伟（濯缨轩主人），后有其“和东海客”的词。紧接着，又有一位作者吴彦填词唱和：

贺新郎·用辛弃疾韵和东海、濯缨写马关条约110周年之作

堪与何人说？向沧溟、余怀恰似，一坡藤葛。已报弹冠夸先富，忍见寒庐霜雪。官共贯、东窗频发。安得长天清如洗，破层云万里生明月？天不语，放悲瑟。

知兵总使心无别。望烽烟、戈矛虽利，散沙难合。但有

拜金如命者，便有柔颜媚骨。看雾晦，何年消绝？水击三千江河涌，驾艨艟要借民心铁。听鼓角，撼山裂。

简单一点儿说，正是这位濯缨轩主人，在甲午战争 120 周年时，自己新填一阕《贺新郎》词后，又粘贴了 10 年前即甲午战争 110 周年时三位作者的唱和。这三位作者，有可能是相互知晓的诗友和朋友关系，词风贴近，但又各有特色。他们共同倾诉的是甲午战争一百多年之衷情，抒发的是前后十年之感慨。这种锲而不舍的甲午诗情，委实令人敬佩。

三、显“时境”之风貌

网络上的诗，与时代最贴近。历史的重大节点，都会有无数诗人为之吟唱，可谓百花齐放，美不胜收。随便点击一下，就跳出来一些纪念甲午战争的诗和词。

江南一沙鸥 2010 年 6 月 28 日在网上发表诗一首：

甲午海战

近闻美韩将于黄海军演，蓦然忆起中日海战。抚今追昔，感慨良多，遂成七律一首。

波云谲诡海天摇，铁甲钢龙巨浪嚣。
炮火轰鸣风煞煞，硝烟掩映日萧萧。
精魂照月孤心碎，鬼魅逢时众寇骁。
廊庙倾颓梁柱腐，仓皇迎战败征昭。

这首七律的写作发表时间是 2010 年，这很清楚。

满江红·甲午杞忧

百廿春秋，匆匆过、风交雨杂。东向看、一群倭寇，叫嚣凶狎。海战硝烟因日起，扶桑气焰连涛压。痛那时、大厦竟倾颓，余萧飒。　　念民族，遭践踏。将国土，当回答。甚怀柔换取，两相融洽？梦且贪眠酣不醒，祸来趁夜频还沓。问兵戎、他日若重来，还容纳？

水龙吟·甲午战争百廿周年寄怀

海天东望苍茫，怒涛千丈挎风暴。扶桑戾气，清廷羸态，酿成凶兆。倭寇疯狂，北洋沉溺，输赢分晓。恨当时腐败，官荒国是，赔民泪，缘无道。　　百廿年间遗笑。问儿孙、几番凭吊？寻常事体，万千龙种，归尊堂庙。浩浩神州，悠悠岁月，及吾之老。唤春秋梦醒，江山就列，树乾坤纛！

以上两阕词一无作者姓名和简介，二无写作年代，但实为佳作。

在纪念甲午战争120周年时，由《中国朗诵艺术杂志》在网上收集合成“百首诗歌集锦”板块，颇具代表性。其中，有一些格律诗词很值得一读，现精选其中五首：

甲午战争感怀

独坐黄昏

日寇蓄谋侵我土，丧权割岛受欺凌。

水师覆灭心犹痛，国富兵强祭烈英。

甲午感言

翁一童

散去烽烟百二年，伤痕隐隐痛筋连。
中华近代多灾难，国运如今始向前。
回目马关遗恨事，今吞钓岛哽喉间。
贼心难改终将祸，早备长鞭惩恶顽！

纪念甲午战争120周年

云想飘逸

龙旗猎猎天朝倨，耻负衰微民族悲。
隐痛百年风雨骤，神州崛起倚雄师！

浪淘沙·忆甲午海战

佳句偶成

海水漫残阳，暮雾迷茫。硝烟散尽断舷凉。廿载脂膏一炬付，谁解荒唐。　　疏雨化冬霜，木叶青黄。侠肝未死壮怀长。百万舰船双翼展，我越重洋。

满江红·甲午海战120周年有寄

披林撷秀

黄海风涛，狂拍岸，如翻覆雨。贪五沃，物华灵地，视眈犹虎。倭寇败行张几度，大清痛辱含千古。睡狮醒，不负满江红，旌旗舞。　　儒之操，安可侮。贻耻雪，威风吐。笑中流击水，纵歌飞渡。携手同襄中国梦，齐心共御神州土。看今朝，旭日照河山，凭谁主？

这五首诗歌，比较抒情，适合朗诵，与时代的脉搏相通，读来令人心动。这是《中国朗诵艺术杂志》慧眼识珠！诗作署名多署网名或版主名，个别也像真名。这就是互联网风格。

2015年秋，致远舰的打捞工作在丹东以外海域展开，随着新闻报道，便有诗词在网上出现，这同样属于网络的快节奏。现采撷一首如下：

闻致远舰打捞中有感

寂寞有主

老凤难辞烈火烧，惊天一役大洋鏖。
沉沙斗舰身多创，出水英骸骨半焦。
啸罢殇随青史考，捞来釜作警钟敲。
邓公应有言相遗，隔海倭奴莫小瞧。

围绕着致远舰打捞出水的诗词，在网络上更是沸沸扬扬，一片繁荣景象。

四、拾“珠玉”之眉开

在网络上徜徉，有时会冷不丁地拾得散珠落玉，收获惊喜。本人曾以“甲午战争诗词”为关键词，不经意地搜了一下，在黄遵宪、丘逢甲等耳熟能详的甲午战争诗作当中，竟然夹带有苏曼殊的甲午战争诗作。

苏曼殊像

苏曼殊（1884—1918），近代作家、诗人、翻译家。原名戬，字子谷，后改名玄瑛，曼殊是他的法号。广东香山（今中山）人。幼年孤苦伶仃，1903 年后留学日本，加入了革命团体青年会和拒俄义勇队，回国后任上海《国民日报》的翻译，不久即于惠州出家为僧。后与鲁迅等人合办杂志《新生》，但未成功。此后远赴爪哇。辛亥革命后归国，对现实悲观失望。苏曼殊一生能诗擅画，通晓日文、英文、梵文，可谓多才多艺，在诗歌、小说等多个领域皆取得了不小成就。

以诗并画留别汤国顿①二首

一

蹈海鲁连不帝秦，茫茫烟水着浮身。
国民孤愤英雄泪，洒上鲛绡赠故人。

二

海天龙战血玄黄，披发长歌览大荒。
易水萧萧人去也，一天明月白如霜。

【注释】

①汤国顿（1878—1916）：原名睿，又名为刚，字觉顿。

祖籍浙江诸暨，因父亲汤世雄一直在广东做官，故又称广东番禺人。十六岁（1894）入万木草堂，从康有为学习治身经世之学。系康有为得意门生。曾于1911年3月陪同梁启超父女游台湾。

苏曼殊是知名诗人，可我手头没有他的诗集。但这不要紧，在旧书网上一搜，点击付款，一周左右，一册由马以君笺注、一册由邵盈午注释的同名为《苏曼殊诗集》的两部著作即已摆到案头。前者为珠海市政协文史资料委员会编印，后者是北京十月文艺出版社出版。这就为写作和编纂工作提供了极大的方便和扎实可靠的依据。

苏曼殊的诗句“一天明月白如霜”，既明白如话，又余音绕梁。他的这两首写甲午战争的诗颇有意境。

当今的网络传播快捷，不但为新生代所喜爱，也为老一代打开了宽敞明亮的“窗户”，能让大家不时收获惊喜！

必须指出的是，网络也是混浊之地，某些作品思想性和艺术性良莠杂陈，或有赝品误传、误导，读者应该有所辨识。特别是无名无姓、无作者简介和联系方式的作品，结集、出版、传承起来颇为不利。面对此种情况，读者犹如一团乱麻，一头雾水，无法梳理，只能一读了之。为长远计，希望网络作者在网上发表作品时，还是以“实名制”为好！且应有作者个人简介和联络方式。这是对社会、对自己作品负责任的态度。

许多高级将领在网络上发表关于甲午战争的文章，都是真名实姓，彰显其责任与高度。如果也用网名、假名，那就意义不大，甚至很可能无人问津。

三四　怒潮夜夜扑崖来

——甲午应征诗稿修改得失及诗函

2014 年 3 月，威海诗词楹联学会与威海刘公岛 AAAAA 级景区联合在《中华诗词》杂志上发出为《甲午战争 120 周年诗词选》征稿的启示，并承诺对入选的稿件进行评奖活动。

评奖活动的终评，特邀中华诗词界专家担任。这样，在选稿、编审、评奖、出版和以书代酬回馈作者的过程中就发生了一些有趣的故事。

一、诗稿修改

周峙峰，1934 年 2 月生，河北献县人，军人出身，烟台广播电台播音员，中华诗词学会会员，著有《周峙峰绝句百首》《周峙峰绝句二百首》等，其作品经常在《中华诗词》上刊登。

他是一等奖获得者，获奖作品如下：

驻思刘公岛

烽烟血火浪中埋，犹剩云头古炮台。

休说国魂涛下没，怒潮夜夜扑崖来。

这首诗为初选组看中，也获得了有关专家的青睐。但刊登时，根据有关方面的建议，改了四个字，即将第二句“犹剩云头”，改为“杂草荒滩”。征求作者意见，作者尊重有关方面的意见，同意修改。

然而，过了一天，作者来了电话，意思说，这四字可否改为“久卧无言”，与第一句连起来比较契合。我们回复，就不再改了吧，但可以继续琢磨。

这首诗获得一等奖是当之无愧的。然而好诗也有改动的余地。哪种改法更好，读者可以评判。但笔者个人感到，作者原作不错，烽烟血火埋在浪中，可古炮台似在云头（山上），意境深远。更何况，古炮台也根本就不在“杂草荒滩”，而是在高高山坡和山顶上，会不时与云头相连；它不应该是“无言”的，而有着恰似“啸远空”的姿态。所以，原作不但有高度，而且更合理。很可惜，作者寄给我的2015年9月出版的《牧云斋吟草新编》，却用了“久卧无言”。这就是仁者见仁，智者见智了！

朱恒铸，1947年10月生，山东淄博人，供职于齐鲁石化公司，退休教师。

三等奖获得者朱恒铸的诗，修改也很有故事性。他的这首诗原稿如下：

甲午战争百廿周年祭

遗羞甲午恨难销，已祭国殇百廿遭。
铁舰劈波忠勇泪，旌旗染血邓公袍。
敢拼昔日捐身命，岂怕今朝闹鬼妖。
剥尽倭皮蒙鼓面，四时常作警钟敲。

这首诗读起来感觉不错，之所以要改，是中华书局责编提出来的，觉得最后两句似乎有点“残忍”，建议修改。电话打给作者，作者于 2014 年 11 月 7 日改为：

剑亮东溟蛮倭尽，豪情直上九重霄。

修改后的稿子，仍然难以令人满意，尤其是“蛮倭尽”略显牵强，难道要灭了人家吗！尽管是诗，可以浪漫，但也要力求准确，建议再改。2014 年 11 月 10 日作者再改稿如下：

华夏犹磨千尺剑，削平东海万层涛。

我在手机信息中回复：“朱先生，改得好，谢谢。”但是，出版社责编觉得“削平东海”，似乎口气太大，可否再改？便将此意见与作者再次沟通。作者于 2014 年 11 月 23 日信息回复：“关于我的诗，就最后两句的措辞，我专门请教了中华诗词学会的诗词导师孔教授，他认为没有什么问题。可以参看毛主席的词‘安得倚天抽宝剑，把汝裁为三截’。”并说：“你们认为不可用，直接把稿件抽掉算了。”

当时觉得，如果没有“气吞山河”的精气神，就没有诗的味道了，遂与责编商量，建议不再改了，得到认可。2014年11月24日，发给朱先生的信息如下：“朱先生，您好！刚才与出版社中华书局（责编）电话协商，诗的最后两句同意不再作修改，照三稿的原样出版。特告，谢谢合作！”

我个人认为，这首诗的最后两句，原稿和三稿都不错，但原稿似意境更加深远。“蒙鼓面”“警钟敲”，似乎前人有类似的句子，不过有点血腥味道，用在我国东边“这家邻居”身上，似乎要慎重一些为好。

再介绍一位作者。

周永红，1972年10月生，湖南益阳人，中国楹联学会会员，湖南省楹联家协会副主席，长沙诗人协会常务理事，湖湘楹联七子之一。

他的应征联是：

陷生灵涂炭，陷家国倾颓，累百廿年旧恨新仇，誓斩倭颅祭黄海；

复民族脊梁，复山河壮丽，兴九万里宏图大略，长驱铁甲护蓝疆。

应该说，这副联很好，但责编认为“誓斩倭颅”应修改。2014年11月9日下午，即发给作者信息如下：“周永红同志：您好！我是《甲午战争120周年诗词选》征稿办，您的楹联上联最后七个字：‘誓斩倭颅祭黄海’，最好改一下，因这句太直露，怕引起外交问题，请改妥后发来。谢谢！”

刘公岛中国甲午战争博物院陈列馆

2014 年 11 月 10 日下午，作者发回来信息：“郑重声明，本人联作已经审慎撰写，谢绝更改，请予撤换。周永红。”遵作者的意愿，此联忍痛割稿，颇有惋惜之憾。但是，后来我看到南京“明辉杯”甲午战争诗词大赛作品，这副联被评为优秀奖，并刊载于“获奖作品集”书中。不过，却改动了六字：上联：“倾颓”改成“危亡”；下联：“兴”改成“举”；“驱铁甲”改成“鸣剑鞘”。其实，并非一字都不能改，除非作者发来的版本有异。

忍痛撤稿的还有一些，试举例如下：

王跃东，1957 年生，河北唐山人，河北诗词学会理事，唐山诗词学会秘书长，《唐山诗词》杂志编委，中华诗词论坛“同学园地”栏目版主。他的诗如下：

甲午感怀

一提甲午恨如潮，怒火腾腾贯九霄。
我欲融身千尺浪，荡平东海灭倭妖。

写得多有气魄啊！但“荡平东海”，不妥。

袁正义，1963 年 2 月生，又名袁正毅、袁峥铁，就职于贵州省金沙县史志办。《金沙县志（续志）》副主编，金沙县诗联学会常务理事，毕节市、贵州省诗联学会会员。他应征的一首诗如下：

甲午风云祭

一樽径自向东倾，甲午悲歌和泪听。
倭寇凶蛮还黩武，清廷腐败不强兵。
残阳长浴英雄血，激浪高扬壮士情。
怒叱东瀛休放肆，雄师为尔撞丧钟。

此诗最后一句表达似有点含混不清，故不予录用。

谢复兴，1964 年生，号寒烟。福建上杭人。福建省诗词学会理事，三明市作家协会会员，著有《寒烟诗词楹联选》《诗意将乐两百首》。他的一阕词如下：

满江红·甲午战争 120 周年有感

浊浪滔天，朝东望，战犹未歇。昔日恨，国衰船旧，空余壮烈。既有英雄沉海底，能无屈辱溶江月？只此痛，何以向人言？肤如切！　　华夏耻，终须雪。东瀛鬼，尤当灭。舞长刀，直使四肢残缺。怒火堪烹倭寇肉，赤诚已热吾侪血。况逢时，还我好山河，添城阙！

这阕词标着重号处似有不妥。或问，岳飞“壮志饥餐胡虏肉”可以，而作者“怒火堪烹倭寇肉”怎不妥？答曰：时代不同了，要体现人类文明进步。词虽可直白，但应白得恰到好处才是！

还有许许多多的例子，不再一一枚举。凡改一二字便解决问题的，编者便径直改正，相信这些作者会谅解的。

二、作者来函

《甲午战争120周年诗词选》出版后，得到诗词界楹联界和社会学界的一致好评。这是对本书征选和编辑工作的肯定，也是对参与者的褒奖和鼓励。许多读者专门发来信件或函电，抒发他们的感想和情怀，读后深受鞭策和鼓舞。现将其中三位的信函摘录如下，以飨读者。

湖北省阳新县陈世舜先生电函：

> 2015年1月17日，威海诗词楹联学会寄来赠书《甲午战争120周年诗词选》一册（中华书局出版）。展卷细读，感慨又添，于翌日填词一阕：
>
> 西江月·读《甲午战争120周年诗词选》感赋
>
> 甲午风云铭记，马关国耻谁忘。追思述志九州忙，一部史诗悲壮。　先烈丹心高照，后人虎步龙骧。雄师威震太平洋，敢把妖魂埋葬。

这阕《西江月》词，填得很有特色，读来其思无尽，其意无穷，反复诵读，犹如天籁之妙音。此词既对编纂这本诗词选予以充分肯定，又堪称一阕新的甲午战争词作。

湖南省衡阳县人大常委会刘秋柏先生回函：

《甲午战争120周年诗词选》这部书收到，拜读后感到，这是甲午诗史或史诗！是祭奠在此次海战中英勇献身的雄壮挽歌！是威镇祖国疆海的坚船利炮！是警醒国人不忘国耻的大吕黄钟！

我的一首“五绝”被选入该书，你们已赠了我一本，今后传给儿子；还要买一本传给女儿。如此岂不快哉！让我们后世都不忘国耻！

昨天我又口占了一首五绝：

甲午除夕感怀

甲午高歌去，钟声破晓来。
枕戈无绝期，劈浪走风雷。

辽宁省庄河市89岁高龄的林辉英先生回函：

《诗词选》编得特别好，堪称一流上品。能搞成如此浩繁的结集，实非易事。这次征稿之难度固不必论，单就对早期作品的搜集、整理，更是绝非举手可得，它是编委的心血所凝成！

总览全书，当以“上编”为重头，其不但能够洞悉先人的立场、思想与行动，更能从中体现出诗作之力度和深度，并且还能收到广泛的历史知识，所有这些，都是编纂者呕心沥血，锲而不舍的功劳！

《甲午战争120周年诗词选》出版后，社会反应颇为肯定，普遍认为威海诗词楹联学会做了一件功德无量的好事情。

三五　普天忠愤吟甲午

——甲午战争120年来诗词集简介

自1894年甲午战争以来，以此为题材的诗词楹联似火山喷发一样，高潮迭起。甲午战争到辛亥革命为第一高潮，抗日战争时期为第二高潮，甲午战争“两甲子”之2014年为第三高潮。虽然没有明显的分界，但总是与中日之间的时局变化和海疆岛屿之争息息相关。与这三次高潮相应的是，甲午战争诗词适时结集出版。

一、《普天忠愤集》

《普天忠愤集》是中日甲午战争时期的一部诗文总集。编者孔广德，别号鲁阳生，山东曲阜人，生卒年不详。光绪前后在世。编选和出版此书时寓居上海。光绪二十一年（1895）冬石印巾箱本，12册。卷首朱印光绪皇帝关于甲午战争的上谕6道，并以其中“忠愤”二字题名。上谕中关于“遇有倭人轮船阑入各口，即行迎头痛击”和“当此创巨痛深之日，正我君臣卧薪尝胆之时”等语，此为所收诗文的主题思想。

该书有孔广德自序、张之洞等序 3 篇。自序指出，当时文坛的主要情绪是因忠而愤，“或则忧愤而上封章，或则感愤而抒议论，又或则蓄其孤愤而形之于咏歌，无非愤也，即无非忠也”。“忠愤”也正是这部诗文总集的主要指导思想和编选标准。这种“忠愤”，其目的是“使读之者因耻生愤，因愤生励，兼其公忠，群思补救，挽既倒之狂澜，撑天下之全局”（自序），正是爱国主义在甲午战争时期的具体表现。

名为“普天忠愤”，则是因为采辑范围甚广，“上自朝士大夫，以至布衣女史，旁及西人”（凡例）。书分 14 卷，标分三门：前 3 卷为“章奏门”，收章奏 29 篇；4 ~ 10 卷为“议论门”，收议论 99 篇；第 11、12 卷为“诗赋门”，收诗 226 首，颂、赋各 1 篇，词 7 阕；最后两卷“增采章奏”32 篇。书中所收基本上是光绪年间作品，“凡立言有关时局，泣涕而道，言者无罪，闻者足戒，乃敢登之于篇，非有一毫私意”（凡例）。

这部诗文总集，上承鸦片战争时期《射鹰楼诗话》的影响，下开阿英所编一系列反侵略文学集之先河，对于了解中日甲午战争时期的人民爱国情绪和诗文创作情况，提供了不可多得的重要的资料，实在至为珍贵。

但由于这部诗文集出版于《马关条约》签订当年孟冬，故而一些甲午战争诗词名家如黄遵宪、丘逢甲、梁启超等人的作品均不可能选入，只是集中刊载了 1894 年至 1895 年不到两年的作品。

该诗文集暂未发现再版，石印本偶有字迹模糊，难以辨认。且未有标点断句，异体字繁多，阅读有一定的困难。同时，所选诗词作品均无作者简介，故而增加了解析的难度。

几乎在同一时间，日本也出了一本诗集，通过网上书店辗转从东京“松鹤堂”购得此书：《征清大胜祝贺皇国万岁》，日本明治二十八年（1895）十一月出版。当时日本为纪念在日清甲午战争中获胜，收集编印的颂扬粉饰征清大胜的日式传统诗集，堪称甲午中日战争罕见稀奇史料佐证。全书有两个小标题：“菊薰园外”载俳律116首，“杂咏”载俳律149首，合计265首，由不同的作者，用古典日文写成，从中可以看出日本胜利后的狂热与骄横。

二、《台湾诗乘》

《台湾诗乘》是著名史学家连横先生编撰的一部自郑成功收复台湾时起，至甲午战争反割台斗争失败时止的诗歌总集。该书以收集台湾抗战诗歌为主旨，运用简评、串述的笔法，对诗之作者及其事迹略有交代，对诗的内容亦间或有注析或点评，文笔精当。这本《台湾诗乘》不但是台湾二三百年间奋起抗击荷兰、法国、日本侵略者的诗歌荟萃，也是不可多得的珍贵史料。

该书于辛酉（1921）成书，依时间顺序凡六卷，其卷六为甲午战争诗歌，书前有题词赞曰：“千古人才一枝笔”“鹿耳鲲身壮海东”。

此书在中国大陆未见出版，台湾版书中异体字颇多，所引诗作与中国大陆出版该作者个人诗集（如易顺鼎《琴志楼诗集》）对照，个别字句偶有差异。[1]

---

〔1〕 参见本书第七节“龙性难驯或一鸣”。

三、《甲午中日战争文学集》

阿英编的这本文学集，1937 年初稿，经不断补充整理，逐渐臻于完善。1948 年 10 月由北新书局刊行初版。1955 年修订，1958 年 7 月由上海中华书局正式出版。

阿英（1900—1977），即钱杏邨。原名钱德富，又名钱德赋。安徽芜湖人。1926 年参加中国共产党，1927 年从芜湖逃亡到武汉，后到上海，长期从事革命文艺活动。抗日战争时期，曾任《救亡日报》编委，《文献》杂志主编。1941 年去苏北参加新四军革命文艺工作。现代著名剧作家、文学理论家、文艺批评家。著有诗歌、小说、散文，尤以戏剧成就最高。有著作近 50 部，主编 35 部，译著 4 部。

《甲午中日战争文学集》共分四卷，其顺序分别为诗歌、小说、战记、散文。将诗歌（主要为诗、词、赋）列为第一卷，可见编者对其之重视。书中选录了 102 位作者的诗（含歌行体诗）368 首，词 9 阕，赋 1 篇。少部分与《普天忠愤集》重复，主要从个人的诗稿和诗集中选出，集半个多世纪甲午收录战争诗歌之大成，蔚为壮观，弥补了《普天忠愤集》成书早、收录范围窄的缺憾。例如，黄遵宪的《人境庐诗草》入选诗歌 18 首，其中歌行体诗 7 首，格律诗 11 首；丘逢甲《岭云海日楼诗钞》入选诗歌 42 首，其中格律诗 41 首，歌行体诗 1 首。

这本书于 1983 年四月由台湾广雅出版有限公司在台北市出版，基本是阿英的本子，变化不大，但增加了一个 200 余字的《提要》，强调“没有中国国民党的领导，后来抗日战争的胜利是不可想象的”！

此书有缺陷，一是所有作者均无简介，仅有其诗集的名称，诗人的情况不甚了了，增加了解析的难度，个别还有张冠李戴的现象（详见本书“千古伤心是马关”节）；二是囿于当时的政治形势和对近代史认识的局限，出现了“左”的倾向，这在书前《关于甲午中日战争的文学》一文中表现得相当明显，有些认识和说法显然违背了历史事实。

四、《甲午战争诗歌选注》

1994 年是甲午战争 100 周年。李生辉（华东师范大学访问学者）、刘镇伟（长期在高校从事文学史教学工作，时任大连图书馆馆长）两位先生经过多年的爬罗剔抉，编撰完成《甲午战争诗歌选注》，由大连出版社出版。书中精选了 40 位作者所写的反映甲午战争的 150 余首诗歌（包括词），并对每首诗、词都做了校勘、题解、作者介绍和详尽注解。这些甲午战争诗歌精品，构成了一部翔实的甲午战争史，是甲午战争诗歌一个很好的选本。书中诗词，从《普天忠愤集》《台湾诗乘》《甲午中日战争文学集》中转录佳作不少，但半数以上是从清末民初有关总集、别集以及笔记、方志、报刊上新发掘的，因而具有很高的学术和史料价值。

当然，只选择 40 位作者的作品略嫌狭窄，并且没有选入梁启超以后作者的作品，更没有今人的作品。

五、《甲午战争 120 周年诗词选》

在甲午战争 120 周年到来之际，全面梳理甲午战争诗歌这件工作，由北洋海军诞生地威海卫（现威海市）的威海诗词楹联学会勇敢地承当起来。学会与刘公岛管委会联手，向全国发起了“甲午战争120周年诗词选”征稿活动。3个月的时间，全国诗词楹联界反应热烈，共收到诗词楹联作品4000余件（主要为今人作品），精选入围1200多件，刊用800多件。

当时的背景是，日本右翼势力抬头，妄图通过“购岛”改变现状，进而永久霸占中国的固有领土钓鱼岛，同时否定侵略中国的历史。中日之间纷争再起，举国上下群情激奋。

威海诗词楹联学会征稿、选编的《甲午战争120周年诗词选》，以一隅之力，成甲午战争120年之诗史，可谓竭尽全力，广征博求，摘取和汇集了自甲午战争以来之甲午诗歌精华珠玉，满足了广大诗友和国人的渴求，功莫大焉！该书出版后，被公认为是目前最为完善的一个甲午战争诗歌选本，它有以下三个主要特点，或者说创造了“三个第一”：

第一次将甲午战争诗歌近代部分和现当代部分集合在一起，分上下编出版，并适当引入了抗日战争诗词中与甲午战争有所联系的作品。

第一次搜集到了《北洋海军军歌》和北洋海军将领丁汝昌、邓世昌、萨镇冰等本人的诗联作品。

第一次将楹联列为甲午战争诗歌的一个组成部分，形成了歌（歌行体古诗）、诗、词、联四位一体的选本体例。

该书吸收和选取了此前各个版本甲午战争诗集的优点和优秀作品，一律采用简体字，近现代作者大多补齐了作者简介，今人作者的简介俱全，且按齿序编排，一目了然。

这本书由中华书局出版，深受广大读者的欢迎。从目前看，仅有少许差错，若修订再版，当是甲午战争诗词选的精品。

六、《纪念甲午战争120周年全国诗词楹联大赛获奖作品集》

在甲午战争120周年之际，由丁汝昌五世外孙赵怀民（江苏省诗词协会春华诗社执行社长）等发起了“明辉杯”纪念甲午战争120周年诗词楹联大赛全国征稿活动，并由葛韶华主任编编成《纪念甲午战争120周年全国诗词楹联大赛获奖作品集》，由南京出版社出版。书中刊载了获奖诗词60首，楹联60副，其中不乏诗词楹联优秀作品。

七、《悲歌：甲午战争史诗选》

此书由江苏省广播电视新闻研究所前所长、高级编辑邹荫辛编写，江苏人民出版社2018年1月出版，是甲午战争120周年后新出版的一本甲午战争诗歌选集。

该书共选录诗歌120首，其中歌行体诗17首、格律诗103首，未见词、曲。其主要特点是，以甲午战争的主要战事和马关和谈为主线，分海陆国殇、马关耻约、保台血泪、思痛初醒四个部分。所选诗作鲜见的有刘光第《万寿山》、李鸿章《赠日本总医监佐藤》等。书后附有诗人简介，但诗作选自何处未作标注。

这是一套丛书中的一本。该丛书依据晚清重大历史事件的顺序：鸦片战争（屈辱：鸦片战争史诗选）、甲午战争（悲歌：甲午战争史诗选）已出；另有戊戌变法、辛亥革命待出。作者在《凡例》中说，编辑这套史诗选，旨在“以诗辅史，读诗忆史”，亦即诗史互鉴、相得益彰耳！

三六　诗魂带血泪滂沱

——“两甲子”征稿花絮和宏愿

在甲午战争“两甲子”到来的2014年3月，威海诗词楹联学会与刘公岛管委会协商，确定向全国征集纪念甲午战争一百二十周年诗稿。学会即与在北京担任《中华诗词》杂志编辑部主任的宋彩霞同志联系，以最快的速度在《中华诗词》2014年三月号上刊载《征稿启事》，“启事”同时在宋彩霞个人博客上置顶公布。

一、国人热情似火

一石击起千层浪。征稿启事刊登不久，全国广大诗友、联友以极大的热情、最快的速度将稿件源源不断地发来。我们在滨海小城威海，感受到了甲午诗潮汹涌澎湃的巨大冲击力，看到了那激情燃烧着的诗的火把渐渐形成燎原之势！在第一时间就参加进来的既有90岁的老诗人丁芒，也有全国和省市级诗词学会的负责人和著名诗人如星汉、杨逸明、罗辉、李增山等，更有最后时刻加入这一行列的诗坛大家郑伯农、周笃文、蔡厚示、王改正等。尤其是为本书作序的丁一平海军中将和李文朝陆军少将在各自的序言中，情不自禁地填词赋诗，抒发甲午情怀。

一些省、市、地、县级诗词、楹联组织和诗社，纷纷发文号召组稿，许多稿件是以集体投稿的形式出现的，如福建省诗词学会、漳州老艺协诗词学会、福州《海西吟声》编辑部、屏南县鸳鸯溪诗社，河南省周口市老年诗书画研究会、武陟县诗词学会、偃师楹联学会，湖南永顺县老年大学，山东即墨市诗词学会等。来自新疆、黑龙江、云南、贵州等边远地区以及香港、台湾的诗作也纷至沓来。

年龄最大的投稿者为1923年出生，最小的为1996年出生，年龄跨度70多年。

一个主题的征稿，响应者如此之多，范围如此之广，年龄跨度如此之大，可以说绝无仅有，盛况空前。应征稿中，有老人一字一句的手写稿，字里行间可以读见那颤抖的手和火一般的情思；有儿女替父母发稿的，有一次次跑打字社发稿的，有一人写有十多首、二十多首的；有些作者对来稿一次次地修改，有纠正错别字和标点符号的，也有重写另创的……

对诗稿能否入选的关注度，更是令人感喟。一声声催问，一句句探寻、商榷，一回回殷切嘱托，我作为第一读稿人，常常是眼含泪花地解释与安慰！1926年出生的湖北咸宁的高盈川老先生，住在“夕阳红”护理院里，寄来诗稿9首，依其水准难以入选，但老先生不言放弃，真是难以言对。还有郑州的一名外科医生，贵州盘县的两名高中生，初学乍练，竟然能迅速进入角色，写出了具有相当水准的纪念甲午战争诗词。

120年前的中日甲午战争依然牵动着这么多中国人的心，中华诗词被这么多中国人用以抒发自己的爱国情怀，这让我们主办者十分动情和欣慰！笔者曾为此赋诗一首：

征稿所见有感

向全国征集甲午战争120周年诗、词、联稿历时90天，吟界瞩目，热稿如潮。值此截稿之时仍连绵不绝，不禁口占一首以记其盛：

八面来风稿似河，诗魂带血泪滂沱。
口诛软弱清廷腐，痛斥张狂日寇魔。
甲午殇思腾恨火，斯民激奋壮天罗。
五洲四海春雷动，试看倭奴奈我何？

二、书记雪中送炭

威海市委书记孙述涛同志，是当时威海市的当家人。在我们筹资毫无进展，且连最初得到允诺的2万元启动资金也不能兑现的山穷水尽之时，由我执笔起草了本学会领导成员给孙书记的一封联名信，得到了他的认可、支持，为我们解了困，使《甲午战争120周年诗词选》得以适时问世。事后得知，孙书记批示：

几位老同志发心发愿辑此书，以纪甲午、以祭英魂，亦乃威海文化大事。强国须先强心，期能如愿！作为特例，请王亮同志（注：时任市委宣传部部长）把关付印，节约费用，自文化事业经费中予以补助。

我们这些老同志并不怎么熟悉孙书记，但通过这件事让我们感觉到，他是诗词爱好者的知己，为打造威海卫甲午战争古战场这张名片尽了一份心力，播扬了威海“甲午战争文化”的新风。

三、诗情碧波荡漾

由中国社会科学院和山东省人民政府主办、威海市人民政府协办的“2014 中国威海·甲午战争 120 周年国际学术研讨会”于 2014 年 9 月 17 日如期在威海市蓝天宾馆召开。与会专家、学者 150 余人，其中来自日、韩、新加坡、加拿大、澳大利亚等国家和港、澳、台地区的学者 30 余人。会议内容丰富，发言踊跃、热烈。在开幕式之后会场休息的茶叙中，《甲午战争 120 周年诗词选》受到了一些与会者的热捧和称赞：“你们威海做了一件好事，填补了一项空白。”

这本书的加入，为这次学术研讨会增添了诗史互鉴的文学色彩。120 年来的甲午战争文学由此受到了学者们的重视。一位台湾学者在小组发言中谈道：有的甲午史料，人名都是真实的，可其记录的“史实”和情感有可能是不真实的；有的甲午文学作品，人名可能是虚构的，但所反映国人的情感却是真实的。这在甲午战争诗词选中也得到充分体现，那些慷慨激昂的诗句，反映了国人的心声与呐喊，句句是真情，声声是血泪！

来自新加坡的宋薇女士提到先祖宋庆（赏敕双眼花翎太子少保尚书衔总统毅军四川提督军门二等轻车都尉世职格洪额巴

图鲁）在辽宁锦州遗有一块、也是全国唯一记录中日甲午战争陆战史的碑刻。恰巧，我在该小组听会，立即翻出《甲午战争120周年诗词选》中辽宁锦州诗人王思明写的一首诗指给她看：

记王鸿业先生补锦州昭忠祠碑文

甲午忠魂展，残碑补竣时。
求真查史料，连属觅宜辞。
气韵清风合，豪情白发持。
沧桑百年事，留与后人知。

她看到后，非常激动地说，太好了，竟有这么多人知道此事，太荣幸了。这也说明我们此次征稿，真可谓广征博收，集120年甲午战争诗词联之大成。在大会闭幕前的自由发言中，宋薇女士登台吁请重视甲午陆战诗史研究。

会议结束后不久，这本书在9月下旬的"《中华诗词》·江西瑞昌金秋笔会"上展现，诗词界专家、耆英更是交口称誉，连声说好，编得好！其中李文朝将军说，这本书应该由北京来编，却让你们威海办到了，真是不简单啊！

四、一份宏愿待偿

《甲午战争120周年诗词选》出版前，威海诗词楹联学会在市旅游局的支持下，曾于2013年编纂出版过《威海风景名胜诗词选》。这两本书形同"姊妹篇"，传承了威海诗联文化的血脉与基因。但是，仅仅停留在书中、纸上是不够的，如何将这些诗联作品，选其精粹在相应的景点上予以展示，仍然是一个亟待解决的问题。

学会隋鉴武副会长为《威海风景名胜诗词选》一书写的跋中，曾有这样一段话：

> 现在，已是全民大旅游的时代，更多的游客也许会发现和感悟到，一处自然景观，有了优美的题咏镌刻，便会陡增游趣。这就是自然美与艺术美的交融感发作用。所以，元代一位散曲作家就说："一样烟波，有吟人景便多。"时人也有联曰："山水因佳篇壮采；诗文共胜迹流芳。"讲的是同一个道理。

这段话用在《甲午战争 120 周年诗词选》上，也同样贴切。

威海是一座年轻的旅游城市，近代因甲午战争闻名遐迩，2009 年游客达 1870 万人次，2015 年达 3587 万人次，6 年翻了近一番。凡是到威海的游客，刘公岛国家 5A 级景区和新建环翠楼景区都是必到之地。应该说，这两个景区都打造得非常好，很值得一游甚至反复畅游，但美中不足的是，景区内诗词楹联太少，有的景点可以说留下了许多空白，这就缺了文化血脉的滋养，少了一些画龙点睛的文化内涵。

针对这一情况，威海诗词楹联学会与刘公岛管委会、管理环翠楼园区的园林局及其所属公司的有关领导、专业人员反复协商，起草了一份建议，内容主要是：

其一，刘公岛景区。建议在"海军公所"（即北洋海军提督署）后山拾级而上至"北洋海军忠魂碑"的道路两旁，增设"甲午战争英烈碑林"。从甲午战争英雄谱中遴选若干最有代表性的英烈，树碑立传，配以诗联，久而久之，潜移默化，这些烈士的英名和事迹会在民众中不断传颂，耳熟能详；在景点的适当位置镌刻一些代表作，如《北洋海军军歌》和北洋海军将领以及名人贤达的诗、词、联；同时，建议在北洋海军提督署内的“演武堂”或其他适当位置，设立“甲午战争英烈纪念堂”（原建议设“甲午战争诗词楹联书法展”，现作此更名似更合适），由人物肖像、遗物、诗词楹联构造英烈群体，以庄严肃穆、生动形象的高格调展览，让游客和民众在艺术欣赏中流连忘返，去体味历史的厚重，接受更加精致、严谨、多姿多彩的爱国主义传统教育。

其二，环翠楼景区。建议在公园东门邓世昌雕像前的适当位置增设诗栏或诗廊；同时利用新建环翠楼楹柱多的特点，将历代名人的楹联作品刻置于上，而且草拟了具体内容，提出了在不损坏楹柱前提下的具有可行性的解决办法。

上述建议，已于 2015 年 5 月 28 日寄送给威海市政府，同时抄送给刘公岛管委会和市园林局及其所属环翠楼管理公司。

这是威海诗词楹联学会的一份宏愿，希望能为现有景点和甲午战争纪念地锦上添花。这花，是先烈们沃血滋养的诗词楹联之花!

三七　亿番春雨荡尘埃

——“情系甲午”诗词二十一首

以下21首诗词，系我自甲午战争“两甲子”的2014年开始陆续写成，从不同角度抒“情系甲午”之怀。毋庸藏拙，集中置于末篇，谨以一家之吟，就教于读者。

悲壮哉，威海卫保卫战

威海卫是北洋海军成军地和覆没地，细读甲午战史，其中威海卫保卫战尤为惨烈。

炮火猖狂裹血飞，涛红浪恶战云垂。
千钧铁甲心难舍，八尺男儿骨未摧。
拼死一搏英武泪，捐生几耀报国辉。
凄风苦雨春来早，思变神州滚滚雷。

北洋海军“敢死队”

漫湾碧血涨妖氛，丁帅昂然作一拼。

三百旋风升赤火，千条霞彩扫昏尘。
冲锋倭堡惊敌胆，杀向龙潭破阵云。
今有丰田①新证在，河山添色慰忠魂。

【注释】

①丰田：2013年初，来自日本的捐赠文物——士兵丰田隆成日记，印证了北洋海军“敢死队”的史实。

读甲午战将邓世昌、萨镇冰诗联感怀

甲午忠魂昔日梦，诗思如泣血还红。
呕心雅韵声声意，沥胆金言字字情。
冷眼东洋掀恶浪，热身钓岛斗狂风。
拼将仇泪结天网，撒向洪波缚寇凶。

甲午海战120周年祭

海藏记忆聚千仇，甲午钟声恨未休。
耻辱柱旁徒子笑，谒灵殿里罪人牛。
狼星匪寇魂难赦，旭日神州志当酬。
雪耻终需迎恶战，乘风踏浪淬吴钩。

警　告

日寇侵华血泪潸，国歌悲壮醒人寰。
春帆楼上劫何了？投降书中墨待干。
核弹才惊胡虏梦，魔窟又举引魂幡。
穷兵黩武黄泉近，作秀拉帮亦枉然！

勿 忘

谢罪德揆跪态憨，怒盯铁案日新翻。
还馋甲午银光亮，不认降书血泪斑。
山姆放鹰心已坏，鲸鲵作乱道犹弯。
害邻恶犬终欺主，勿忘珍珠港上烟。

浣溪沙·甲午年与中国梦

又是年逢甲午时，浪腾鸥啭惹千思。国殇百廿醒别迟。　　国不富强情未了，民应励志梦方驰。满园春色喜霖滋。

水调歌头·读甲午战史作

射落海东日，心里恨难消。满腔鲜血腾沸，疾忿起狂涛。百二年前战事，让地赔银受辱，妖火满天烧。频洒中华血，殇痛史昭昭。　　国困弱，政迂腐，画楼凋。幸逢换了天地，龙虎奋妖娆。华夏今朝崛起，烟海长城牢固，余孽枉喧嚣。万里岩疆在，毋让野狼叼。

甲午四题

马关血

慨叹弱国无外交，然战败国更无外交矣！

割肉输银喂虎鲸，百年问罪骂声声。
求和挺背谈何易？战败屈膝技乃穷。
唯有孤臣一脸血[1]，尚敌匪寇两师兵。

誓毋再踏伤心地，独木②攸攸也动情。

平壤雨

战云密布柳京③城，清日争锋煞气浓。
百里狼烟飘败絮，四方残火照哀鸿。
忽然一场狂霖扫，即刻千军滚雪崩。
忍睹白旗国祚死，叶公煮酒④好青龙。

密码思

自古隔墙防有耳，清廷电稿日人翻。
钓鱼剖肚图谋诡，出手剜心剑影寒。
战场马蹄常入拌，对桌牌底竟了然。
天机泄尽安邦计，半壁河山处处烟。

间谍考

日谍隐匿影憧憧，人面狼心雾里行。
坐镇京津窥政向，乔装农贾探军情。
挪银庆寿朝廷蠢，伸爪突袭鬼子精。
敌特呼风兼唤雨，情资窃去乱吾营。

【注释】

①一脸血、两师兵：指谈判期间李鸿章面颊中弹，日相伊藤博文称：浪人一弹，“比发生在战场一两个师团的溃败还严重”。

②独木：指跳板，当时称“飞梁”。《马关条约》签订后，李鸿章发誓永不踏日地，1896 年访美过境横滨，坚持搭“飞

梁”换乘。

③柳京：平壤的别称。

④煮酒：清军驻平壤总指挥叶志超战前日日“置酒高会”，醉生梦死，日军至则于雨中下令挂白旗弃城而逃。

老松滴血

——次韵李鸿章马关《赠日本总医监佐藤》

甫还顶戴渡东瀛，不惜残躯换太平。
一自丰郎戕富弼，几番赤马[1]思医卿。
清营喷沫嘲闲敌，异国迎浪挽众生。
齿烂舌干难脱罪，老松滴血是松明。

悼李鸿章二首

一

东沟赤马[1]伤心地，两手皆输五更寒。
战斗未遂腾众怒，和戎无奈举国冤。
自知不逮仍需逮，怎觉生难死亦难。
最恨清流多掣肘，三年否置一弹丸。

二

拼将一省抗一国，百罪千秋卷浪波。
长技师夷匡宝祚，靖边筹海御敌倭。
河山寸寸孤臣痛，沧水滴滴众士呵。
割地赔银心万箭，汗青字字费吟哦。

【注释】

①“赤马”即“赤马关”，甲午战争时期称“马关”，后

改称下关。

战舰“致远”归来颂

——看电视节目《“致远”归来》作

云中白鹤久徘徊，致远钢躯越水来。
诚验丹心辉史册，虔收文物亮瑶台。
捧回英烈忠魂志，植入龙人壮士怀。
黄海潮添殷血后，亿番春雨荡尘埃。

北洋海军英烈永垂不朽（五首）

——读海军副司令员丁一平中将《还北洋海军将领公正评价》作

北洋海军提督丁汝昌二首

兵败谗言入耳多，昏君后党辨几何？
成军作帅真磨练，提旅挥师未蹉跎。
宁死不降鹏举骨，含冤忍唱窦娥歌。
一生骁勇垂青史，灿灿英魂耀碧波。

苦里出生跨战鞍，鄙微弱子泪尤酸。
淮乡穷土扬兵帜，黄海惊涛亮帅帆。
砥柱难消倭寇戾，铁槎怎补晚清孱？
忠魂今化屏藩箭，射向蓝疆镇宇寰。

右翼总兵、定远舰管带刘步蟾

洋士攻讦实有鬼，泰莱琅氏理不真。

著书着意编歪史，入影荒唐落罪身。
香港撤旗正义在，东沟变阵是非伸。
当年旧片该重摄，好让英雄返至尊。

左翼总兵、镇远舰管带林泰曾

一轮明月照仁川，斗智争雄胆小焉？
沉毅用兵良将勇，宽怀待士赤子贤。
东沟陷阵杀倭寇，镇远冲锋护帅幡。
舰裂与亡因愧殁，百年憾恨怎了然？

致远舰管带邓世昌

一将誉满乱言飞，阔论纷纭欲问谁？
勇撞倭船丧寇胆，义投腥浪耀龙威。
抛雷假说无头戏，带火真招有口碑。
习武巧作明志对，青莲丹桂①总葳蕤。

【注释】

①青莲丹桂：邓世昌从军励志联有“桂生高岭，莲出绿波”句。

附录一 历版《辞海》中的李鸿章

评价李鸿章的著作犹如汗牛充栋，各种观点大相径庭，一时难以尽述。但从历版《辞海》中之李鸿章词条，约略可看出其变化脉络。

《辞海》是国家社会科学、自然科学的工具书，系一国之重典。它渗透到社会各个细胞，发挥着无可替代的作用。

就李鸿章词条而言，既是中国近代史研究的一个缩影，也是引导人们认识这个历史人物的源头。现将其集中展示，相信读者会自有判断。为阅读方便，笔者对其中与本书有关部分略作比较与简述，其余不作评论。词条中之着重点为笔者所加。

一、《辞海》1936 年第一版

【李鸿章】清合肥人，字少荃，道光进士，咸丰间，洪杨事起，曾国藩议设淮扬水师，令鸿章统之，是为淮军。同治初，驻师上海，超擢江苏巡抚。英法常胜军隶焉，克敌复地，颇著勋绩。后又平定东西捻，历督直隶、湖广、两广，为人英断有远识，明达事务。光绪间创立海军，设机器制造局，开办轮船局，开采漠河、开平等处之矿，皆尝主理其事。甲午之役，中日马关条约；庚子之役，联军北京条约，皆其手订。累官太子太傅，授文华殿大学士，封肃毅伯，卒赠侯爵，谥文忠。

【简评】有褒语，无罪名。

二、《辞海》1961 年 11 月修订版《试行稿》，未列版次

【李鸿章】（1823—1901）清末淮军军阀和洋务派首领。字少荃。安徽合肥人。进士出身。1853 年在籍办团练抵抗太平军。失败后投靠曾国藩当幕僚。1861 年扩编安徽团练为淮军，次年到上海配合英法美抵抗太平军，升任江苏巡抚。依靠戈登洋枪队屠杀人民，夺取苏常。1865 年调淮军六万人对捻军作战，次年继曾国藩任钦差大臣，因在弥河和徒骇河打散了东西捻军，升任两江总督。1870 年又代替曾国藩任直隶总督兼北洋大臣，总揽外交、军事、经济大权，成为洋务派首领。他通过买办与外国侵略者勾结，从开办近代军事工业的江南制造局开始，逐步扩大其所谓“自强求富”的洋务事业，办招商局、开平煤矿、天津电报局、津榆铁路、上海织布局。利用鸦片税收购买军火和军舰，加强淮系军阀的势力。他在对外交涉中一贯妥协投降，纵容法国侵占越南、英国侵占缅甸和哲孟雄、日本侵略朝鲜、侵入台湾，致使中国边疆情况日益危急。又依靠外国人办外交、海军，被帝国主义掌握了中国政治、经济、军事的命脉。1885 年在谅山大捷后，他与法国订立了承认法国侵占越南的条约。1894 年在日本发动侵略战争后，他避战求和，陷于被动挨打，招致了中日甲午战争的失败和北洋

海军的全军覆没，签订了《马关条约》。他以“联俄”为名，允许俄国在东北修筑铁路，出卖主权。1900 年八国联军侵占北京后，他被任为全权大臣，与庆亲王奕劻一起代表清政府签订《辛丑条约》。临死前推荐从淮军出身的袁世凯继承他的职务。遗稿有《李文忠公全集》。

【简评】七宗罪：一、把洋务事业说成是通过买办与外国侵略者勾结；二、对外一贯妥协投降；三、纵容法国侵占越南，纵容日本侵略朝鲜和侵入台湾；四、依靠外国人办外交、海军，被帝国主义掌握了政治、经济、军事命脉；五、甲午战争避战求和，招致战争失败和北洋海军覆没；六、以联俄为名出卖主权；七、临死前推荐袁世凯继承其职务。

三、《辞海》1965 年 4 月版（内部发行），第二版[1]

【李鸿章】（1823—1901）清末淮军军阀、洋务派首领。字少荃。安徽合肥人。道光进士。1853 年在籍办团练抵抗太平军。继投靠曾国藩当幕僚。1861 年扩编安徽团练为淮军，次年调赴上海，在英法美侵略者的支持下抵抗太平军，升任江苏巡抚。依靠戈登“常胜军”屠杀人民，夺取苏常。1865 年署两江总督，调淮军六万人对捻军作战。次年继曾国藩任钦差大臣，先后在弥河和徒骇河打散了东西捻军。1870 年又继曾国藩任直隶总督兼北洋大臣，掌管外交、军事、经济大权，成为洋务派首领。他通过买办与外国侵略者勾结，从开办近代军事工业的江南制造局开始，逐步扩大其所谓“自强求富”的

〔1〕 此版 1963 年 12 月定稿，1965 年 4 月发行。

洋务事业，先后开办轮船招商局、开平煤矿、天津电报局、津榆铁路、上海机器织布局等企业。利用海关税收购买军火和军舰，加强淮军的势力。他在对外交涉中一贯妥协投降。1876年与英国签订《烟台条约》。1885年在中法战争中，与法国订立《中法新约》。1894年日本发动侵略战争，他避战求和，陷于被动挨打，招致了中日甲午战争的失败和北洋海军的全军覆没，签订了《马关条约》。1896年他以“联俄”为名，允许俄国在中国东北修筑铁路，签订《中俄密约》。1900年八国联军侵占北京后，他被任为全权大臣，与庆亲王奕劻代表清政府签订《辛丑条约》。临死前推荐袁世凯继承他的职务。他一贯主张投降卖国，并成为清政府的决策人物，为帝国主义侵略中国开辟了道路。遗稿有《李文忠公全集》。

【简评】六宗罪：一、把洋务事业说成是通过买办与外国侵略者勾结；二、对外一贯妥协投降；三、甲午战争避战求和，招致战争失败和北洋海军覆没；四、1896年他以“联俄”为名，允许俄国在中国东北修筑铁路，签订《中俄密约》；五、临死前推荐袁世凯继承他的职务；六、中国近代史上媚外卖国的典型人物。

四、《辞海》1979年9月第三版

【李鸿章】（1823—1901）清末淮军军阀、洋务派首领。字少荃，安徽合肥人。道光进士。1853年（咸丰三年）在籍办团练抵抗太平军，继而当曾国藩幕僚。1861年编练淮军，次年调至上海，在英、法、美侵略者的支持下与太平军作战，升任江苏巡抚。伙同戈登“常胜军”夺取苏常，扼杀太平天国革命。1865年（同治四年）署两江总督，调淮军六万人对捻军作战。次年继曾国藩任钦差大臣，先后在弥河和徒骇河镇压了东、西捻军。1870 年又继曾国藩任直隶总督兼北洋大臣，掌管外交、军事、经济大权。1872 年任武英殿大学士、继任文华殿大学士。从六十年代开始开办近代军事工业，逐步扩大其所谓“自强求富”的洋务事业，先后设立江南制造局、轮船招商局、开平煤矿、天津电报局、津榆铁路、上海机器织布局等企业。利用海关税收购买军火和军舰，扩充淮军势力，建立北洋海军。对外一贯妥协投降。1876 年（光绪二年）与英国签订《烟台条约》。1885 年在中法战争中，与法国订立《中法新约》。在 1894 年中日甲午战争中避战求和，招致战争失败和北洋海军覆没，签订了《马关条约》。1896 年接受沙俄贿赂，在莫斯科签订《中俄密约》，出卖主权，允许俄国在中国东北修筑铁路等。1899—1900 年间任两广总督。1900 年八国联军侵占北京后，被任为全权大臣，与庆亲王奕劻代表清政府签订《辛丑条约》。临死前还推荐袁世凯继承他的职务。是中国近代史上媚外卖国的典型人物。有《李文忠公全集》。

【简评】初步正面评价了洋务事业。五宗罪：一、对外一贯妥协投降；二、甲午战争避战求和，招致战争失败和北洋海军覆没；三、1896 年接受沙俄贿赂，签订《中俄密约》出卖主权，允许俄国在中国东北修筑铁路；四、临死前还推荐袁世凯继承他的职务。五、中国近代史上媚外卖国的典型人物。

五、《辞海》1989 年 8 月第四版

【李鸿章】（1823—1901）清末洋务派和淮军首领。字少荃，安徽合肥人。道光进士。1853 年（咸丰三年）在籍办团

练抵抗太平军。1858 年入曾国藩幕。1861 年编练淮军，次年（同治元年）调上海。在外国侵略者支持下进攻太平军，升任江苏巡抚。伙同“常胜军”屠杀太平军，攻取苏常。1865 年署两江总督，次年继曾国藩任钦差大臣，节制各军专办镇压捻军事务。1867 年至 1868 年间，镇压了东、西捻军。1870 年继曾国藩任直隶总督兼北洋大臣，掌管清廷的外交、军事、经济大权，成为洋务派的首领。后又授武英殿大学士、文华殿大学士，至 1895 年（光绪二十一年）才卸直督任。从 60 年代起开办近代军事工业，先后设立江南制造局、轮船招商局、开平煤矿、天津电报局、津榆铁路、上海机器织布局等企业。利用海关税收购买军火和军舰，扩充淮军势力，建立北洋海军。在对外交涉中一贯妥协。1876 年与英国签订“烟台条约”。1885 年中法战争中，与法国订立《中法新约》。中日甲午战争中，避战求和，招致战争失败和北洋海军覆没，签订《马关条约》。1896 年访俄，签订《中俄密约》。1899 年至 1900 年间任两广总督。1990 年八国联军侵占北京后，被任为议和全权大臣，与庆亲王奕劻代表清政府于次年签订《辛丑条约》。有《李文忠公全集》。

【简评】正面评价了洋务事业。两宗罪：一、对外一贯妥协（删除了上版“投降”二字）；二、中日甲午战争中，避战求和，招致战争失败和北洋海军覆没。

六、《辞海》1999 年 8 月第五版

【李鸿章】（1823—1901）清末洋务派和淮军首领。字少荃，安徽合肥人。道光进士。1853 年（咸丰三年）在籍办团练抵抗太平军。1858 年入曾国藩幕。1861 年编练淮军，次年

李鸿章

（同治元年）调上海。在外国侵略者支持下进攻太平军，升任江苏巡抚。伙同常胜军屠杀太平军，攻取苏、常。1865年署两江总督，次年继曾国藩任钦差大臣，节制各军专办镇压捻军事务。1867年至1868年间，镇压了东、西捻军。1870年继曾国藩任直隶总督兼北洋大臣，掌管清廷的外交、军事、经济大权。后又授武英殿大学士、文华殿大学士，至1895年（光绪二十一年）才卸直督任。从60年代起开办近代军事工业，先后设立江南制造局、轮船招商局、开平煤矿、天津电报局、津榆铁路、上海机器织布局和上海广方言馆等洋务事业。利用海关税收购买军火和军舰，扩充淮军势力，建立北洋海军。在对外交涉中主张妥协。1876年与英国签订“烟台条约”。1885年中法战争中，与法国订立《中法新约》。中日甲午战争中，避战求和，招致战争失败和北洋海军覆没，签订《马关条约》。1896年访俄，签订《中俄密约》。1899年至1900年间任两广总督。1990年八国联军侵占北京后，被任为议和全权大臣，与庆亲王奕劻代表清政府于次年签订《辛丑条约》。有《李文忠公全集》。

【简评】进一步正面评价了洋务事业，增加李鸿章肖像图。两宗罪：一、对外主张妥协（将上版“一贯”改成“主张”）；二、中日甲午战争中，避战求和，招致战争失败和北洋海军覆没。但甲午战争研究学者对此已有不同看法。

七、《辞海》2009 年 8 月第六版

【李鸿章】（1823—1901）清末洋务派和淮军首领。字少荃，安徽合肥人，道光进士。1853 年（咸丰三年）在籍办团练抵抗太平军，1858 年入曾国藩幕。1861 年编练淮军，次年（同治元年）调上海，擢江苏巡抚。与常胜军合作攻打太平军，攻取苏、常。1865 年署两江总督，次年继曾国藩任钦差大臣，节制各军镇压捻军。1867 年至 1868 年间，镇压东、西捻军。1870 年继曾国藩任直隶总督兼北洋大臣，掌管清廷外交、军事、经济大权。后授武英殿大学士、文华殿大学士。1895 年（光绪二十一年）中日甲午战争惨败始卸直督任。从 19 世纪 60 年代起创办近代军事工业，先后举办江南制造局、轮船招商局、开平煤矿、天津电报局、津榆铁路、上海机器织布局和上海广方言馆等洋务事业。利用海关税收购买军火和军舰，扩充淮军势力，建立北洋海军。1876 年与英国签订《烟台条约》。1885 年中法战争中，乘胜求和，与法国订立《中法条约》。中日甲午战争中，避战求和，招致战争失败和北洋海军覆没，赴日本签订《马关条约》。1896 年访俄，签订《中俄密约》。1899 年 12 月署两广总督，次年 6 月复调直督。八国联军侵占北京后，授议和全权大臣，与庆亲王奕劻代表清政府于次年签订《辛丑条约》。病死任上。有《李文忠公全集》，今辑有《李鸿章全集》。

【简评】完全肯定了洋务事业，保留上一版李鸿章肖像。一宗罪：中日甲午战争中，避战求和，招致战争失败和北洋海军覆没。但诸多甲午战争研究学者对此持决然相反的看法。新增“病死任上”四字，对李似予贬低。

八、综评

以上七部《辞海》所显示的李鸿章词条变化，贯穿其中的那些与甲午战争有关的过激不当评价，今天读来，仍然令人遗憾。经历半个世纪各种理念的碰撞和社会思潮的洗礼，近些年来，对李鸿章的研究终于又回归理性。毋庸讳言，李鸿章这个历史人物有其历史局限性，后人对他的认识同样也具有历史局限性。辞条中对李鸿章不当评论字数的逐渐减少，清晰地表现出对历史人物的评价正趋于客观化，这一现象值得我们深思：

其一，历史是不能容纳谎言的，治史和评价历史人物必须实事求是。词条中给李鸿章戴了那么多大“帽子”，大都与史实相差甚远，这就决定了它是站不住脚的，难以成为对李鸿章的定谳。

其二，研究历史，必须走进历史。史上对李鸿章众说纷纭，必须分清史实与舆论的区别。治史必须以史为据，而不应为社会舆论和政治需要所左右；对历史人物的评价，也只能依据他那个时代的标准，而不是以今之标准衡量古人之事。也许，这就是对李鸿章评价发生误判和出现偏差的主要原因！

当然，李鸿章对甲午战争的失败负有重要责任。诗人刘凤梧云“休将成败讯前辈”，这是智者的辨证法和正确解读历史以及历史人物的大度。

历史是一面镜子，既要照亮现实，更要照亮未来，这就是我们今天重评李鸿章的意义所在。

附录二　悲壮的挽歌

——关于所谓李鸿章《临终诗》浅析

一首扑朔迷离的所谓李鸿章《临终诗》，引发海峡两岸诗、史界的关注，属真属假？众说纷纭，莫衷一是，成了困扰史学界和大众媒体长达半个世纪的诗案谜团。对此，我倾心探研，历经多年的罗掘搜求，以诸多史实揭开谜底，以还原真相。

一、撼动人心的《临终诗》[1]

近半个世纪尤其是近二十年来，一首所谓李鸿章《临终诗》广为流传。这就是：

劳劳车马未离鞍，临事方知一死难。
三百年来伤国步，八千里外吊民残。

〔1〕 所谓李鸿章《临终诗》有多种不同的标题，如《绝命诗》《马关纪事》《终了前的自白》等。

秋风宝剑孤臣泪，落日旌旗大将坛。
海外尘氛犹未息，诸君莫作等闲看。

一大批撰写甲午战争史和评述李鸿章生平事迹的著作、报刊文章纷纷引用，一些历史电视连续剧则干脆将这首诗选作主题曲加以演唱，而网络领域传播则更广，如果“百度”一句“秋风宝剑孤臣泪”，便可找到九十多万项结果。

近些年来，虽然人们已知此诗源自台湾高拜石的署名文章《李鸿章泪尽秋风》（1965 年收入高氏《南湖录忆》第一集），认为这首诗其实系后人假托，并非李鸿章“易箦前……吟有”，但并未减弱人们对这首诗的喜好与青睐，其诗魂昭昭，魅力依旧，继续撼动着人心！

确实，这首诗以艺术效果上佳而有口皆碑，诗句平实易懂、朗朗上口，像是发自当事者李鸿章内心深处的悲鸣与哀叹，对其一生功业既坚于肯定，又道出其中的艰辛与无奈，并对后辈“诸君”给予提醒和寄托期待。读懂这首诗的人，无不为之感动，进而产生强烈的共鸣。

然而，也有与这首诗硬唱反调的。例如，十多年前出版的《盛世之毁——甲午战争 110 周年祭》这部点评甲午战争的书，在第七章“宝剑秋风”一节，就刊有该书三位点评者之一黄柏公的一首《步李鸿章〈马关纪事〉原韵》[1]的诗，然其诗意完全相反：

---

〔1〕 弘治、张鑫典、孙大超编著：《盛世之毁——甲午战争 110 年祭》，华文出版社 2004 年版，第 250 页。

一行驷驾御东鞍，遇事临危死太难。
几度和戎削国弱，数回资寇逼民残。
秋风断戟遗卒泪，暮日征旗降将坛。
从此妖魔狂不已，后人应作大奸看。

这首一反其意的步韵诗，反响微弱，仅见一位作者王晓秦将其反串到自己的小说《铁血残阳李鸿章》一书中。把甲午战争110年后今人的诗，硬生生地塞进李鸿章生前的年代，恐成为时空穿越的笑柄！

二、《临终诗》假托之谜

一般认为，所谓李鸿章《临终诗》，正规史料和李临终期间伺候其左右的家人、幕客均无记载、口述，而突然在李去世60余年后由台湾报纸披露，实属蹊跷。细读高氏《李鸿章泪尽秋风》一文，更是经不起推敲，其文竟用李的幕客范肯堂《闻李相至天津痛哭》一诗予以遮掩、忽悠，致使马脚显露。也许假托者要的就是这种“犹抱琵琶半遮面”的效果。然这首诗究竟源依何处，一直不甚了了！

笔者自2014年参与编纂《甲午战争120周年诗词选》，至创作本书研读资料时，偶然发现阿英编选的《甲午中日战争文学集》前言《关于甲午中日战争的文学》中引述陈玉树的两首诗与假托李鸿章《临终诗》、今人黄柏公的步韵诗有着密切联系。

陈玉树（1853—1906），亦名玉澍，字惕庵。江苏建湖（今江苏盐城）人。光绪十四年（1888）举人。诗人、学者。曾任三江师范教务长等职。光绪中负盛名于淮海间。陈氏除研经外，究心世务，主张变革，但痛恨康有为。中法、中日之役，颇多爱国诗篇。有著作《后乐堂诗抄》等。

在甲午战争期间，陈玉树曾作《拟李义山重有感》诗两组。在《甲午冬拟李义山重有感》十首中，其第六首：

居然元老总帅干，大纛高牙上将坛。
帝德如天容忍易，臣心似水古今难。
英年耄发同褒鄂，末路功名愧范韩。
青徼丹冥沦故界，尽销金甲铸铜山。

这首诗因作于1894年冬，当时《马关条约》尚未签订，所以诗中重点抒发对李鸿章作为“主帅”“上将”没有打好中日之战而不满。

次年，他又作《乙未夏拟李义山重有感》十八首，其中第一首云：

合肥韦虎不须歌，龙节星轺又议和。
壮岁威名身手健，衰年部曲爪牙多。
李纲空阻捐三镇，师道徒闻制两河。
高阁格天资敌国，千秋青史竟如何？

现以陈玉树前一首《重有感》诗的韵律、内容作基础，合并参照第二首《重有感》诗的相关文字，把它当作一首诗来研讨，这就不难看出，陈玉树的诗是所谓李鸿章《临终诗》和黄柏公步韵诗的“鼻祖”；他们之间有着一脉相承的“血缘”关系。三者共同、相似点如下：

其一，同样的韵律（陈甲午诗），平水韵 14 寒，且平起（首句入韵）也完全相同。

其二，韵脚使用了同样的字。“难、坛”三首诗相同。黄步李诗“鞍、残、看”共五字完全相同。

其三，使用了相似的语言素材。依次排列为：大纛、旌旗、征旗；末路、落日、暮日；上将坛、大将坛、降将坛；龙节星轺（陈乙未诗）、劳劳车马、一行驷驾；千秋青史（陈乙未诗）、秋风宝剑、秋风断戟；黄诗与陈诗相同处还有：资敌国（陈乙未诗）、资寇等。

其四，假托李诗，黄诗各回答了陈玉树两首诗中一个问题：假托李诗回答并深入解析、演绎了陈诗“臣心似水古今难”；黄诗则回答了陈诗“千秋青史竟如何”，他的答案是“后人应作大奸看”！

很明显，假托李鸿章“临终诗”与陈玉树诗是唱和、模仿关系，亦即假托李诗是陈玉树甲午冬《重有感》诗的和诗，不过却采用了两首诗中的语言素材和诗意内涵。假托李诗是顺其意而和，对李鸿章一生功业予以客观肯定、体谅和赞叹，为当今史学界所认同。而黄柏公的步韵诗则反其意而和，对李鸿章一生功业予以彻底否定、嘲讽与挞伐，不但与当今史学界的认识背道而驰，也与历史上诸多诗人对李鸿章的公正诗评相抵触。

黄柏公的和诗公开标明是“步李鸿章《马关纪事》（即《临终诗》）原韵”，但他岂止步假托李鸿章诗原韵，且使用了与陈玉树两首《重有感》诗颇多相似的语言素材，这是事实明摆着的。但是，假托李诗是不能说破与陈玉树诗有唱和关系的，因为一旦说出来就“露馅”而假托不成了。要说巧合，怎么也巧合不到这种神似的程度！这就从诗之源头证明：所谓李鸿章《临终诗》，与李本人无关。

三、代笔之人究属谁？

甲午战争失败，被迫签订《马关条约》而割地赔款，把李鸿章这个当事人推到了历史审判台的风口浪尖上。起初，李鸿章并没有被扣上投降卖国的“大帽子”，所谓“谤满天下”，仅仅是在民间。当时的社会精英阶层及此后的正史，对李鸿章的评价是客观公正的：梁启超在李过世三个月即写出《李鸿章传》，把李鸿章一生功业与诸葛亮相比拟；权威的《清史稿·李鸿章传》称李“生平以天下为己任，忍辱负重，庶不愧为社稷之臣”；孙中山先生说：“我中堂佐治以来，无利不兴，无弊不革，艰难险阻，尤所不辞。”1936 年出版的《辞海》第一版对李鸿章有褒无贬，说李“为人英断有远识，明达事务”。

然而，1945 年世界反法西斯战争和中国人民抗日战争胜利后，中国历史学界开始对李鸿章的评价发生转变。部分学者似乎想用抗日战争的伟大胜利来证明李鸿章是历史的罪人。从范文澜 1947 年 2 月第一版《中国近代史》〔1〕上册出版开始，即给李鸿章扣上了“无耻”“卖国”的“大帽子”。李鸿章一下子变成了千古罪人，被斥之为汉奸、卖国贼，至 1958 年竟惨遭掘墓碎尸。随着 1961 年《辞海》修订稿的出现和 1965 年

〔1〕 范文澜著《中国近代史》上册于 1947 年 2 月出版后，至 1962 年连出 9 版以上。本书依据人民出版社 1955 年 9 月第 9 版、1962 年 9 月第一次印刷本。

《辞海》内部发行，对李鸿章的不公正评价推上了高潮！其李鸿章词条说："他通过买办与外国侵略者勾结""他在对外交涉中一贯妥协投降""他纵容法国侵占越南，日本侵略朝鲜和入侵台湾"等，这些给李鸿章戴上的"大帽子"，今天看来，实为当时研究中国近代史和甲午战争史走过的一段弯路。

今天的史学界和国人显然已经不这么看了。《辞海》此后历经四次修订，为李鸿章逐步除罪，至2009年8月《辞海》第六版，仅保留至今仍有争议的"中日甲午战争中，避战求和，招致战争失败和北洋海军覆没"这一项。

阿英《甲午中日战争文学集》初稿完成于1936年，首版于1948年，书名为《中日战争文学集》，在其《叙例》中，列有七条简短评述，其中第二条，仅有"清廷对于甲午战争之失，不在战败，而在议和。覆灭之基，实肇于此。故当时和议初定，举国哗然，无论朝野，咸主再战。电疏纷驰，和几为沮。无如局势已成，劫持愈固，终至难挽"[1]之评述，通篇对李鸿章只字未提。中华人民共和国成立后，该书更名为《甲午中日战争文学集》正式出版于1958年。陈玉树的两首诗被阿英写入对李鸿章变调评价《关于甲午中日战争的文学》的长篇序言中，其实是过于牵强的。因为陈诗"臣心似水古今难"，是对李鸿章的同情，阿英把它放大到"痛诋那些误国的庸臣，尤其是那些卖国的汉奸"；"高阁格天资敌国"虽把李鸿章比况为秦桧，但紧接着便发问"千秋青史竟如何"？仅是对应该如何评价李鸿章的一种探讨。而"资敌国"，仅指"割地赔款"而已，并非说李鸿章有资敌事证，阿英却把它直接上

〔1〕 见《阿英序跋集》，河南大学出版社1989年版，第122页。

高拜石像

升到“痛骂李鸿章”的高度。

作为一贯以研究历史掌故而著称的台湾报人、作家高拜石，对以上种种情形尤为关注。旁观者清，高拜石也许考虑到由第三者来替李鸿章辩污，可能会显得苍白无力，只有以当事人的身份出面辩解，才最有说服力。于是，一首假托的李鸿章《临终诗》便于20世纪60年代初横空出世，并迅即传播开来而一鸣惊人！

高拜石（1901—1969），字懒云，又字般若，笔名芝翁、南湖、介园。浙江镇海人，先世宦游八闽，后寄籍福州。斋堂为古春风楼，自号古春风楼主人。高氏善属文，工诗词，长于近代史事，熟谙人物掌故，故文名籍甚。

创作这首《临终诗》，必须热衷研究中国近代史且对李鸿章功业烂熟于心，必须置身于对李鸿章变调评价事外，必须工诗词。这些，高氏全都具备；其在《李鸿章泪尽秋风》文中采取含混、支吾和不置可否的笔法，乃是欲盖弥彰。高拜石苦心著文，三弯九转，布下迷魂阵，貌似仅为“披露”此诗，其实他就是这首诗无人能替代的作者，舍此何以假托？

我们不妨反推一下，既然《李鸿章泪尽秋风》是出自高拜石之手笔，作为工诗词的他，能找谁合作？谁又好意思接受他的特邀和定制，专此赋诗供他假托呢？显然只有他自己更为合适。

在《李鸿章泪尽秋风》发表三年后，高拜石在他的《古春风楼琐记》中一篇名为《李鸿章晚年之际遇》的这篇文章中，不但将《临终诗》写作时间从“易箦前”改为“（辛丑）九月十五以后……病榻上”，而且将这首诗第7句“海外尘氛犹未息”改成“塞北尘氛犹未已”。这些“善意的谎言”进一步证明，“假托”诗文均出自高拜石一人之手。

四、诗凝史实歌悲壮

这首假托李鸿章《临终诗》之所以能如此打动人心，几乎成了评价李鸿章的“热点”和“标杆”，关键在一个“真”字。它字字凝聚着真情，句句展现历史事实，体谅了历史人物的艰难困顿和历史的局限性，迎合了绝大多数国人对李鸿章惨遭冤屈的同情。

李鸿章在马关和谈时遇刺，疗伤期间所作一首七律《赠日本总医监佐藤》[1]最近面世：

耄年秉节赴东瀛，愿化干戈见太平。
盟约重申同富弼，伏戎一击鄙荆卿。
奇才医国君无敌，妙手回春我更生。
待乞宝星邀上赏，绿章归去达通明。

李鸿章以北宋名相出使辽国拒绝割地自许（但他自己没有成功）；他鄙夷刺客枪伤其面，不惜以耄年残躯赴汤蹈火，化

〔1〕 见《日清交战录》第三十九号第三十七页，并据日本石刻拓本碑文校正。

干戈，寻太平……史实证明，李鸿章在马关的七次谈判中，据理力争，行为可圈可点。李鸿章被迫签订这个丧权辱国的条约，实为万般无奈的情况下不得不吞下的一杯“苦酒”！

马关条约签订伤透了李鸿章的心，他发誓再不踏日地，并说到做到：1896 年 9 月，李鸿章结束欧美之行，途经横滨，日本政府在岸上特意提前准备了食宿之所，不论怎样劝说，他就是不肯上岸，坚持在船上过夜。后又在两船之间搭飞梁（跳板）换乘。这样的场面，让人颇为动容！

今天的人们终于认识到，李鸿章尽管犯有错误或有误国之嫌，但是，他当年马关谈判却犹如“虎口夺食”而无愧于晚清王朝的忠臣！

假托《临终诗》，恰似李鸿章一曲凄凉悲壮的挽歌！

跋：悉心秉笔析疑声

拙作自成书到出版，经历了一年又四个月的增减、打磨、改定之旅，由此竟然写了三次跋（分别写于 2016 年 12 月、2017 年 7 月、2018 年 4 月），时跨三年，故以写作时间先后排列之。这些跋，是本书诞生始末的真实记载，也是我的喁喁心声，愿以此与读者交流，并给关注本书出版的首长、同仁和朋友们一个明确交代。

一跋：诗史互证说甲午

中华诗词和楹联不仅是文学作品，也承载着历史的记忆，是历史的佐证。诗的语言，言简意赅，富于情感、哲思，更是时代的强音。写历史事件、人物诗之作者群体，或是历史的见证人，或以精准的语言和抒情的方式诠释历史，其优秀作品本身就是历史的一部分。

由此，以诗的语言写历史事件、人物，必须懂得历史，走进历史，把握历史事件的真实与本质，认识其发展过程，不能误读、误判和滥情。否则，其作品就有可能与事实不符或背道而驰，最终在历史的长河中被淘汰。

然而，时代的车轮滚滚向前，改革开放近四十年来，史学界通过不懈地研判、考证，对甲午战争史实的认识发生了深刻变化。其明显标志是，《辞海》在不断跟进，一路改来，天翻地覆。甲午战争诗词作者群体乃至社会各界应该了解这些新的情况，不能罔顾事实，仍然自说自话。可是，长期以来，人们受到史学研究极“左”思潮的影响远未肃清，惯性思维仍然根深蒂固，陈旧的认识和观念继续占据着“频道”，许多人至今仍蒙在“鼓”里，对一些重大变化一无所知，甚至以为那些敏感话题，还是不能触碰的禁区！

这本书正是试图用诗词说话，以诗史互证的方法，探索、弄清甲午战争诗词及其吟咏的一些历史事件、人物的事实真相，让人们从“不知”“不觉”中猛醒过来，删除脑海中陈旧的信息，重建新的认识，得到有益的启迪，获得到位的思考，接受扎实靠谱的经验教训，走好我们国家强国、强军崛起之路，迈向光辉灿烂的明天。

同样的历史，有诗为证和无诗为证是大不一样的。一些历史学家和历史工作者不会忽视诗歌的作用，他们总是在其著作中独辟蹊径，运用诗歌诠释和丰满某些历史情节，从而获得加分。

同样道理，好的纪念地、纪念馆，应该是诗词楹联荟萃，古韵生辉，让人眼前一亮。否则，仅是干巴巴的铺陈，就缺少了底蕴、气场与凝练、厚重。

在甲午战争 120 周年的 2014 年 9 月 17 日，由威海诗词楹联学会编纂的《甲午战争 120 周年诗词选》登上了中国史学会、中国社会科学院和山东省政府在威海召开的“甲午战争120周年国际学术研讨会”的大雅之堂，受到了与会者的认可和欢迎，这给了我写作此书的动力。

本书写作成书，首先要感谢威海诗词楹联学会，是这个平台和诸位同仁的携手合作，让我有机会投入《甲午战争120周年诗词选》的全国征稿活动中，并以执行主编之一的身份参与编纂、出版工作，从而有缘迈进甲午战争诗词爱好者的行列，从中得到许多教益、历练和知识、资料的积累。这是我写作这本书的基础。

我还要感谢的是，本书在写作过程中，得到了许多同志的帮助。特别是为本书提供重要历史资料、线索和资讯的陈悦先生、夏冬波先生、王垒教授等，他们的热心和学识让我钦佩；侯杰博导、王小蕾老师合著的《1896李鸿章的世界之旅》一书给我许多启发，本书直接引用了其中某些片断，或为本书亮点之一。

我还要感谢现代网络，它使我几乎想要什么书，就能购到什么书。比如，我轻易地从“孔夫子旧书网”补购、配齐了从1936年至今各个时期的七部《辞海》，而且价格低廉。还有网上资讯，更是取之不尽，用之方便，为我提供线索，找到源头，顺势购得其书或查实、引用某些扎实可靠的内容。这是我身在滨海小城写成这本书的重要条件。

痴迷于甲午战争诗词研究，在遗憾中寻找某些真相，这是我给自己出的一道难题。答案不可能圆满，但鄙人已尽洪荒之力了！

“诗草墨含醇酖味，英灵名破海天荒。”甲午战争诗词研究应该成为史学、社会科学研究的课题之一。愿以拙作抛砖引玉，希冀引发人们的兴趣与社会响应。

丙申年冬尽春来，值此甲午战争122周年之际，《诗话》样稿成。捧读书稿，百感交集，遂成七律二首，奉和先人陈玉树《重有感》，兼和后人假托李中堂《临终诗》及黄柏公步“李”诗原韵，以此敬慰先贤和英烈：

有所思

悠悠甲午话征鞍，青史公评委实难。
谤口一开吞月满，崇声四起扫云残。
秋潮秃笔牵横海，晚魅银丝理韵坛。
百磋辞书归止水，孤臣宁作伟人看。

有所感

玄黄再造跨征鞍，荜路蓝疆岂畏难。
万里练兵谋阵整，一隅拜鬼吊魂残。
秋蝗枯草倭相泪，长剑旌旗汉将坛。
莫惧妖魔狂不已，中华崛起尽情看。

再跋：爬梳完善补新篇

本书2016年3月动笔，12月印出30册样稿，分送威海、合肥、广州各位甲午战争研究学者朋友手中，反馈回来的信息多是鼓励、指导和某些线索的提供。

经过进一步在网上爬梳，我又有新的发现：购到了姜鸣先生研究“晚清政局和人物”的《天公不语对枯棋》等两本书和日本出版的《日清交战录》（第21—40号）、《春亩公诗文录》等。借助这些书籍资料，既弥补了样稿中个别诗证阙如的不足，又增写了涉及甲午战争中日两国关键当事人李鸿章和伊藤博文的章节四篇。其中写李鸿章的有两篇：一篇是厘清由迷信活动而衍生的一首假李鸿章“遗诗”和一篇新发现的一首真李鸿章“马关诗”。这一真一假，形成鲜明对照，再现尘封已久的甲午战争诗作陈年旧事；写伊藤博文的两篇，是对中国甲午战争博物院2013年收藏一幅伊藤博文手书条幅“海陆大捷歌”作考证时，淘到鲜为人知的日本汉文版的《春亩公诗文录》。根据这一可靠资料，通过剖析其发动甲午战争的诗作和史实，撰写了两篇角度不同而又互相联系的述评，得以透视伊藤博文“弱肉强食的兽性邪念和侵略有理的诡辩逻辑”及其影响。

感谢各位同仁悉心引导和施以援手，使得这本《诗话》收集所需诗词史料更加完善，信已竭尽所能。在此，再次感谢陈悦先生、夏冬波先生和中国甲午战争博物院王记华副院长等。他们在帮助发掘资料过程中，或指引迷津，或欣然割爱，这在相关篇章中均已有所交代。

我还要感谢《中华诗词》副主编宋彩霞女士，远方未曾谋面的王垒教授，威海诗词楹联学会罗福江顾问、徐武增会长和隋鉴武、吴学模、杨秉忠副会长，老友尹长山（威海市委宣传部原调研员）同志等。他们认真阅读样稿，提出宝贵意见，并对本书选择“诗话”文类，予以赞许、鼓励，还就文字、内容细心指正，无微不至，感人至深！

自日本“购岛”以来，东南亚国际局势波谲云诡，人们惯看风云之变幻，无不忧心忡忡。拙作以“诗话”将昔年中日甲午战争之点点滴滴奉献于读者分享，如能在读者脑海激起小小涟漪与浪花，引发一些思考和联想，实为幸事！这大概就是自诩为“甲午战争诗词爱好者”的我的一份责任和心愿吧！

诗话，指评论诗歌、诗人、诗派及记录诗人故实的著作；其体制有诗也有散文，旧时可以说唱。拙作大抵不出其左右。竭力发掘相关诗作，甄别真伪，剖析内涵，还原细节真相，以启迪思考，或为本书基本特色。

拙作从动笔到完稿，历经一载；反复打磨，又已半载。此时此刻，木成小舟，初心扣舷，诗桨荡漾，不禁信笔再赋一首：

书稿即成感发

甲午叨叨一卷成，悉心秉笔析疑声。
理清往日尘封事，扶正先贤久垢名。
史里含诗催战鼓，诗中有史咒东瀛。
更燃世纪图强火，照亮神州踏锦程。

三跋：润色增图转求精

拙作自 2017 年 7 月中旬送交出版社，签订出版合同，至今已经九个多月了。出版时间由合同定的 2017 年 11 月，延至口头约定 2018 年春节前，这不，又延迟到现在。

回顾一下出版社审读、修改过程，现在，我不但没有怨言，甚至认为这是拙作之幸。

本书责任编辑由齐鲁书社刘海军先生担任，他所做的编审工作大致包括如下内容：

一是精心改正了书稿中的错别字、标点和语句错误，对其中口语化的句子予以精心加工润色。

二是删除了一些不妥的诗作和章节。主要是：本人参与《甲午战争120周年诗词选》全国征稿和编选出版工作，对当时中华书局要求修改、删除的少量作品，我在本书中又以诗话举证评说，似有不当传播之虞；也包括我所选入的日本间谍自我标榜“坚贞不屈”和日本将领自夸“勇猛顽强”的数篇诗作及述评。

三是查证核实书中所用诗词和引文，明确出处。如李鸿章的一首《五绝》：“楚材膺国运，腰背适时弯。反问诸夫子，何人敢学蛮？”很能说明李鸿章的性格，但因出处无据，予以删除；对一首诗多种版本的，选用善本，尤其是对原书错误，通过多版比对，予以纠正；对所引古人、今人的作品文字，予以一一校对，以防错讹。

四是根据责编的意见，选配了少量历史图片或原书、原文照片。有些图照，尚为鲜见，文图互证，交相辉映，以期起到诗、文、图并茂之功效。

这本书审稿颇为艰辛，所涉诗词、文章、图片遍及古今中（台湾尤多）外（涉日、韩）资料典籍，困惑重重，但终予一一排除。因为这是一本以史实为据、指错纠偏的书，自身更应严谨和经得起检验，当然，这也是责编固有的标准与“尺子”。为此，出版社三次将修改稿返给作者商榷、核实，其慎重、认真的态度感人至深，令我肃然起敬！

限于篇幅，出版社最后建议将附录于书后、不属于我本人创作的三篇文章予以删除。这三篇文章是：

一、台湾高拜石的《南湖录忆》书中《李鸿章泪尽秋风》；

二、广州体育学院社科部王垒教授的《李鸿章“临终诗”辨伪》；

三、由王鲁湘主持对话并成书的《晚清五大名人》（现代出版社 2015 年版）中的第三章《皖人李鸿章》第一小节《千年变局之漩涡中人》。

因为这三篇文章，现在读者可以轻易查到，阅读方便。

此刻，我尤要对王垒教授当初慨然应允全文录用《李鸿章“临终诗”辨伪》而谨致谢忱，对最终未能收入，深表遗憾！

拙作审稿过程如此大费周章，既说明作者本人学养、水平有限，也说明我所选的出版社高度负责，精神可嘉。我庆幸遇到了知音。在此，谨向他们致敬！致谢！

1888 年 10 月，清朝政府批准了李鸿章具体负责制订的《北洋海军章程》，并予颁布实施，标志着北洋海军正式成军，这是中国近代海军建设的发端，值得纪念。但北洋海军在此后的甲午战争中遭受惨败，神州为之陆沉，国人刻骨铭心。甲午战败，重在总结经验教训，但百年反思，众口纷纭，说法不一，多是当事人遭殃。显然，这既不公道，也不真实。在四十年改革开放大潮的冲击下，对于甲午战争史实、经验教训的研究和总结，终于挣破了极“左”的桎梏，吹来了求实的春风，出现了敢讲真话、让讲真话的转机。本书正是从“诗话”这个独特的侧面，梳理、还原这场战争中的一些人物、事件的本来面貌，辨伪觅真，平冤正名。通过这类书籍的传播，期待我国今天的国防力量在强军备战、走向深蓝的实践中有所借鉴。

拙作这个“幸运儿”，恰好赶在北洋海军成军130周年到来之际，作为小小的纪念，得以付印，向全国发行，我不禁心潮澎湃，感慨万千！现再度咏成诗二首、词一阕，同编者共襄，与读者共勉：

北洋海军成军130周年纪念

战歌古韵曲高昂，铁甲艨艟尽带伤。
覆灭并非军有罪，御凶却遇国无方。
朵颐禽兽仍饥饿，执仗倭奴总发狂。
百载深仇疼刻骨，争锋岛链固金汤。

《诗话》数易其稿有感

遍开甲午诗思穷，故实裁成点石篇。
假话虽能喧万刻，真情岂可误千年？
师夷督帅明冤日，抗敌勋将脱罪天。
抹黑泼污非善策，清源正本已昂然。

浣溪沙·《诗话》行将付梓抒怀

《诗话》偶开甲午簧，磨去锁锈亮堂堂。史诗互鉴意飞扬。　　借得史潭千载月，唤来诗海万言章。一卷在手梦难忘！

图书在版编目（CIP）数据

甲午战争诗话／王新顶著. --济南：齐鲁书社，2018.11

ISBN 978-7-5333-4054-4

Ⅰ. ①甲…　Ⅱ. ①王…　Ⅲ. ①中日甲午战争-史料　Ⅳ. ①K256.306

中国版本图书馆CIP数据核字(2018)第248325号

甲午战争诗话

JIAWU ZHANZHENG SHIHUA

王新顶　著

主管单位	山东出版传媒股份有限公司
出版发行	齊魯書社
社　　址	济南市英雄山路189号
邮　　编	250002
网　　址	www.qlss.com.cn
电子邮箱	qilupress@126.com
营销中心	(0531)82098521　82098519
印　　刷	山东新华印务有限责任公司
开　　本	700mm×1000mm　1/16
印　　张	26.5
插　　页	6
字　　数	298千
版　　次	2018年11月第1版
印　　次	2018年11月第1次印刷
标准书号	ISBN 978-7-5333-4054-4
定　　价	**58.00元**